U1074363

井冈山革命根据地历史研究丛书

Jinggangshan Gemingenjudi Lishi Yanjiu Congshu

井冈山革命根据地

政权建设史

李　忠　肖子华／著

江西人民出版社
Jiangxi People's Publishing House
全国百佳出版社

教育部人文社会科学重点研究基地：
井冈山大学中国共产党革命精神与文化资源研究中心资助
江西省 2011 协同创新中心：
井冈山大学红色文化研究与传承应用协同创新中心资助
江西省高校人文社会科学重点研究基地：
井冈山大学井冈山研究中心资助

井冈山革命根据地历史研究丛书编委会

主任

张泰城

副主任

罗学渭　李　忠　陈　钢

成员

张泰城　罗学渭　肖长春　李　忠　刘家桂
陈　钢　肖云岭　黄惠运　欧阳小华　肖子华

茶陵县工农兵政府主席谭震林

遂川县工农兵政府旧址——张家祠

遂川县工农兵政府副主席王次淳

宁冈县工农兵政府旧址
——龙市婆婆庙

宁冈县工农兵政府
主席文根宗

新遂边陲工农兵政府旧址
——茨坪李亚

永新县工农兵苏维埃政府旧址——左家祠

酃县工农兵苏维埃政府旧址——大坝里

莲花县工农兵苏维埃政府旧址——宾兴馆

序

80年前，以毛泽东为代表的中国共产党人在井冈山建立了中国第一个农村革命根据地，开辟了一条适合中国国情的革命道路——井冈山道路。井冈山道路是马克思主义中国化的伟大开篇，是中国共产党人把马克思主义普遍真理与中国革命的实际相结合的光辉典范，是引导中国革命走向胜利的正确道路。井冈山斗争历史孕育的井冈山精神是中国共产党优良革命传统的重要源头。

井冈山革命根据地虽然只有短短两年零四个月的时间，但它在党的建设、政权建设、经济建设、文化建设等方面都进行了有益的探索，积累了丰富的经验。如在党的建设方面，注重在士兵中、在农村中发展党员，扩大了党的阶级基础和社会基础；实行“三湾改编”，把“支部建在连上”，确保了党对军队的绝对领导，铸就了人民军队的军魂；厉行“九月洗党”、提出“思想建党”、强调“铁的纪律”，加强了党的组织建设、思想建设、作风建设。在政权建设方面，推行民主选举制，实现人民当家作主；正确处理党与苏维埃政权的关系，提高政府工作效率；强化红色政权的内部管理，纯洁苏维埃政府组织。在经济建设方面，围绕根据地建设，发展工业和手工业，兴办圩场，自力更生、艰苦奋斗，打破敌人的经济封锁，保障根据地军民的需要，有力地支援了革命战争；制定《井冈山土地法》，以法律的形式，保障农民分得土地的权利；服务人民群众，依靠人民群众，赢得了人民群众的拥护。在文化建设方面，宣传党的政策，巩固红色政权；创建红色文化，鼓舞军民士气；开展识字运动，普及群众教育；创办党团训练班和军官教导队，广泛开展学政治、学军事、学文化活动，培养了一大批治党、治国、治军的优秀人才。

这些极为丰富和宝贵的历史经验，对我们深刻了解过去、全面把握现在、正确创造未来，对当前提高党的执政能力，加快中国特色社会主义建设，构建社会主义和谐社会仍具有十分重要的借鉴意义。坚苦卓绝的井冈山斗争孕育了伟大的井冈山精神。井冈山精神，集中体现了我们党的性质和宗旨，深刻反映了中国共产党人的崇高思想和高尚情操，对中国革命历史进程产生了广泛而深远的影响，也是我们党团结带领人民夺取革命、建设、改革胜利的强大精神力量。

井冈山革命根据地和革命前辈留下的许多珍贵的文物和史料，是一座丰富的红色宝库，是没有围墙的博物馆。井冈山大学坚持"以井冈山精神办学育人"，充分利用地处井冈山的优势，坚持不懈地开展研究井冈山斗争历史和学习井冈山革命传统的活动，让师生从井冈山革命斗争历史和现实的比较中加深对我国国情和中国特色社会主义道路的理解和认识，从井冈山革命理论和实践的结合上去传承、去弘扬，并进一步结合新的时代条件将伟大的井冈山精神发扬光大。

2006 年 5 月，我们成立了《井冈山革命根据地历史研究丛书》编写委员会，编委会经过反复讨论、研究，拟定了四个选题——《井冈山革命根据地党的建设史》《井冈山革命根据地政权建设史》《井冈山革命根据地经济建设史》《井冈山革命根据地文化建设史》，提出了严格遵循历史事实，充分吸收党史界的最新研究成果，全面、准确、客观地反映井冈山革命根据地历史的写作要求。为了完成这项任务，编委会成员走遍了井冈山斗争时期湘赣边界各县，访问了许多井冈山斗争历史的知情者、研究者，搜集了大量的有关史料，借助江西省高等学校人文社会科学重点研究基地——井冈山大学井冈山精神研究所这个平台，分别进行撰写。

经过一年多时间的酝酿、调查、甄别、撰写、讨论、修改等程序，这套《井冈山革命根据地历史研究丛书》终于出版发行，同广大读者见面了。虽然我们水平有限，错误在所难免，但这套《丛书》凝结了我们的心血，表达了我们对革命前辈的崇敬心情。在恰逢井冈山革命根据地创建八十周年之际，以此来告慰井冈山的英烈们，并请专家、学者和广大读者提出宝贵意见。

张泰城

2007 年 9 月

再版序

井冈山是中国革命的摇篮，是中国第一个农村革命根据地。井冈山革命根据地虽然只有两年零四个月的时间，但在党的建设、政权建设、经济建设、文化建设、军事建设等方面都进行了开创性的探索和实践。这些探索和实践开启了马克思主义中国化的历史进程，对中国共产党领导中国革命胜利产生了极其重要而深远的影响。

2007 年 10 月，井冈山革命根据地创建 80 周年之际，我们撰写并出版了《井冈山革命根据地历史研究丛书》，包括井冈山革命根据地党的建设史、政权建设史、经济建设史、文化建设史四个方面。现今，这套丛书已经出版发行 7 周年。7 年来，这套丛书既得到了专家学者的肯定，也获得读者的好评。2009 年，这套丛书获江西省社会科学优秀成果二等奖。7 年来，随着我们对井冈山革命时期史料收集的不断丰富，对井冈山历史研究的不断深入，对丛书进行修订也就成了大家的意愿。

2012 年 6 月，丛书编委会启动修订工作。修订的主要方面，一是增补了一些新的史料，修订并校正了原书中存在的错讹疏漏之处；二是对原书中一些观点、评述和提法做了新的归纳概括，使之更为精当；三是增加了军事建设史方面的内容，单独成册；四是完善了引文注释和参考文献体例。

本丛书的修订，得到了教育部人文社会科学重点研究基地井冈山大学中国共产党革命精神与文化资源研究中心、江西省“2011 协同创新中心”井冈山大学红色文化研究与传承应用协同创新中心、江西省高校人文社会科学重点研究基地井冈山大学井冈山研究中心的资助，得到了江西人民出版社的大力支持，在此深表感谢。

张泰城

2014 年 9 月

目　录

绪　论

在井冈山革命根据地的创建过程中，毛泽东、朱德等老一辈无产阶级革命家将土地革命、武装斗争、根据地建设有机地结合起来，卓有成效地进行了政权建设。毛泽东根据马克思主义的基本原理，结合中国革命的实际情况，以巨大的理论勇气，提出以“工农武装割据”为核心的农村包围城市、武装夺取政权道路的思想，为复兴中国革命和争取中国革命的胜利指明了一条正确的道路。

一、井冈山革命根据地红色政权的创建历程

（一）初创时期（1927 年 10 月—1928 年 2 月）

1927 年 11 月 28 日，工农革命军攻克茶陵后，建立了茶陵县工农兵政府，这是井冈山根据地第一个工农兵政权，也是全国的第一个县级红色政权。这标志着井冈山斗争发展到了建政的阶段，也标志着中国共产党开始在革命根据地建立红色政权的尝试。尽管这个政府因强敌进攻，存在的时间仅一个月，有些工作来不及充分展开或做得还不够，但它为以后的苏维埃政权建设，提供了许多宝贵的经验和教训，有着重要的实践意义。工农革命军先后攻克遂川、宁冈县城

后，并分别于1928年1月24日和2月21日，也建立了县工农兵政府。同年2月底建立的还有新遂边陲特别区工农兵政府、永新县小江区工农兵政府和部分乡工农兵政府。边界红色区域面积2600平方公里，人口13万。

（二）发展时期（1928年4月—1928年7月）

1928年3月，工农革命军应湘南特委的要求调往湘南，致使边界被国民党军占领一个多月，平原地区均为敌人占据。割据区域只剩井冈山上的大小五井、茨坪、行洲、白银湖、草坪、荆竹山、下庄和宁冈茅坪、桃寮及九陇山一带的小块山区。

4月下旬，朱毛两军胜利会师井冈山，开创了边界的新局面。5月底，成立了湘赣边界工农兵苏维埃政府，下辖茶陵、遂川、宁冈、新遂边陲特别区、永新、莲花、酃县等县、区工农兵政府。

6月底，红四军粉碎了湘、赣两省国民党军的第一次“会剿”，井冈山革命根据地进入全盛时期。各县红色政权改称工农兵苏维埃政府。5月9日永新县工农兵苏维埃政府成立，6月上旬酃县工农兵苏维埃政府成立，6月30日莲花县工农兵苏维埃政府成立。此时，红色区域包括宁冈、永新、莲花三个县全县以及遂川、酃县、茶陵、吉安、安福各一部分，面积达7200平方公里，人口50多万。

（三）恢复时期（1928年9月—1929年1月）

“八月失败”，各县县城和平原地区均为敌占据，白色恐怖笼罩城乡，红色区域只剩下宁冈西区和北区、莲花上西区、遂川井冈山区、酃县青石岗区和大院区。这时，投机分子反水，红色政权也遭到很大的破坏。1928年9月以后，边界在“洗党”的同时，各级政府也进行整顿，清除用骗术钻进政府委员会中的坏分子。同时，加强政府内部的民主集中制，强调党组织必须充分发挥政府的职能作用。

1928 年 9 月至 11 月，红四军先后在遂川、宁冈、永新三战三捷，打破了湘、赣两省国民党军对井冈山革命根据地的第二次“会剿”，之后红色区域恢复到宁冈全县和遂川、酃县、永新、莲花各一部分，面积为 4200 平方公里，人口 14 万。

（四）持续时期（1929 年 5 月—1930 年 10 月）

1929 年 1 月，井冈山革命根据地第三次反“会剿”失利，井冈山红色政权遭到很大破坏。同年三四月间，红军独立团粉碎了茶陵、永新、酃县、宁冈四县反动武装对九陇山的联合进攻。这时，永新的小江区、天龙山区，宁冈的九堡、小亚山区，井冈山区的大小五井等，均恢复公开的苏维埃政权，莲花县也恢复红色区域。

1929 年 2 月 20 日，由毛泽东、朱德等率领的红四军与红二、四团在东固螺坑胜利会师，毛泽东高度赞扬了东固根据地的成就及东固人民和红二、四团的斗争精神以及东固根据地的成功经验。

1929 年 5 月 10 日，在宁冈古城召开的湘赣边界特委第四次执委会，根据前委来信精神和东固根据地经验，决定将原来公开割据形式改变为公开与秘密相结合的形式，边界红色政权进一步得到巩固和发展。

10 月，永新、宁冈、莲花三县地方武装攻克永新县城后，工农武装割据除原井冈山革命根据地六个县外，还发展到湘赣边界其他各县，形成一大块红色割据区域，为后来湘赣革命根据地的建立打下了基础。

10 月，在东固革命委员会的基础上成立了东固区苏维埃政府。11 月，成立赣西临时苏维埃政府。1930 年 2 月“二七”陂头会议后，召开赣西县、区苏维埃联席会议，成立了赣西苏维埃政府。赣西苏维埃政府的成立，标志着赣西苏维埃运动进入了一个新的历史发展时期，即统一的赣西苏维埃区域形成时期。

1930 年 3 月下旬，在赣西苏维埃政权的基础上，成立了赣西南地区统一的革命政权组织——赣西南苏维埃政府。赣西南苏维埃政府的成立，标志着赣西南革命根据地正式形成。

1930 年 10 月 4 日，赣西南地方武装和革命群众配合红一方面军第九次攻打吉安，并一举攻克吉安城，摧毁了赣西最后一个反动堡垒——吉安。7 日，宣告江西省苏维埃政府成立。江西省苏维埃政府的最高机构为执行委员会，委员共 53 人，曾山为主席。江西省苏维埃政府的成立，标志着赣西南土地革命形势的高涨，是第二次国内革命战争时期政权建设的一个里程碑，它既是井冈山革命根据地的拓展，也是湘赣根据地和中央根据地建立的基础。

二、井冈山革命根据地红色政权的最初实践

（一）独辟蹊径

苏联革命成功的模式一直是中国共产党人的指路明灯。在这种思想指导之下，早期中国共产党的主要领导错误地估计形势，照搬照抄苏联经验，拟定暴动计划，在中心城市组织武装暴动，创建城市苏维埃政权，无一例外地都失败了。残酷的现实充分说明，像苏联十月革命那样首先在中心城市建立政权在中国这样一个农村地域辽阔、农民占人口的绝大多数的半封建、半殖民地国家是行不通的，在反动势力较强的中心城市建立政权是不可能持久的。

毛泽东是这种思想的最早认识者。毛泽东充分认识到中国革命就是农民革命，应该把战略重点从城市转入乡村。因此，毛泽东不唯

书、不唯上，坚持实事求是的原则，在他亲自主持召开的秋收起义准备会议上，旗帜鲜明地提出了“在我们暴动力量发展最大的地方，应即刻建设苏维埃式的政府”①，而这种“政权是工农的，不是纯粹无产阶级的”。从根本上解决了井冈山革命根据地苏维埃与俄国十月革命建立的苏维埃政权在性质上的区别问题，克服了当时党内普遍存在的照搬苏联政权建设经验的错误。在会上，毛泽东还阐明了没收地主土地分配给农民和用枪杆子夺取政权、建设政权的重要性。

毛泽东是这样说的，也是这样做的。毛泽东率领攻打中心城市失败受挫的秋收起义部队到达井冈山后，吸取党在中心城市建设苏维埃政权失败的惨痛教训，根据井冈山的实际和中国革命的特点独辟蹊径，在湘赣边界开始了苏维埃政权建设的伟大实践，在广大的农村建立了一个又一个的红色政权。这些红色政权的建立具有深远的历史意义和巨大的政治影响，为中国共产党创建农村革命根据地和建设红色政权理论的创立提供了多方面的可以借鉴的宝贵经验。

(二)扎实推进

永新县工农兵苏维埃政府是继茶陵、遂川、宁冈工农兵政府之后成立的湘赣边界第四个县级工农兵红色政权。永新地域较大、人口集中、影响面广，群众基础好，最有利于开展“工农武装割据”。因此，毛泽东提出，“永新比一国还重要”，要“大力经营永新”。“所谓大力经营永新”，就是要在全县深入土地革命，层层建立党的组织，建立工农兵政府和地方武装，打倒土豪劣绅，把田地分下去，把各项政策贯彻下去。永新县工农兵苏维埃政府根据毛泽东的这种思想，

① 中共湖南省委党史资料征集研究委员会《湘赣边界秋收起义》协作组：《湘赣边界秋收起义》，湖南人民出版社 1987 年版，第 99—100 页。

积极配合红四军在永新境内的近距离分兵,积极开展“创建群众割据,布置长期斗争”的工作,以造成罗霄山脉中段政权的坚实基础。刘真、刘作述、王怀、贺敏学、贺子珍、彭文祥等永新县委、县政府的领导人积极配合红四军第二十八团、二十九团、三十一团的广大指战员,分头行动,分兵发动群众,深入东乡的石桥、高桥,南乡的洲湖、龙安、烟阁,西乡的塘边、夏幽、南城、沙市,北乡的花溪、象形等乡村集镇,领导和发动农民群众打土豪,分田地,发展地方武装,建立红色政权。

毛泽东还从部队中派出得力的干部谭震林、蔡会文、宛希先、陈士榘等分别到小江区、东南特区、西北特区等地指导当地党组织和苏维埃政府开展工作。谭震林回忆:“在永新,我们半个月内分兵发动群众,建党,扩军,成立红色政权,打土豪分田地,很快形成了比较巩固的根据地。”①

经过一段时间的工作,永新县境内普遍开展了打土豪、分田地的运动,群众广泛发动起来了,各级权力机构和行政机关都建立起来了,县、区、乡三级工农兵代表大会和执行委员会的职权也得到了明确。

县、区、乡三级工农兵代表大会是本级苏维埃政权的最高权力机构。其职权为:接受上级机关的一切决议;决议本级区域内一切行政方针;接受和批准本级执行委员会的报告及建议;解决本级区域范围内的一切争执及特殊的地方问题;选举、撤换本级执行委员会委员,选举出席上级代表大会代表。

---

① 《井冈山革命根据地》(下),中共党史资料出版社1987年版,第11页。

县、区、乡三级工农兵苏维埃政府执行委员会对县工农兵代表大会直接负责，设主席一人、副主席一人。在代表大会闭会期间，为最高的立法、行政管理机关。其职权为：接受并执行上级苏维埃政府的命令及决议；接受并执行本级代表大会的一切决议；接受并批准下一级苏维埃政府的报告及决议；选举、撤换本级常务委员会委员，选举出席上级和下级行政会议的代表；根据实际情形，决定本级代表大会的代表人数，并召集代表大会，准备对大会的一切报告，编定议事日程。苏维埃政府执行委员会内设常务委员会，常务委员由五至七人组成，常务委员经执行委员会全体会议选举产生。常务委员会对县执行委员会直接负责，在执行委员会闭会期间，为执行县工农兵苏维埃政府全部事务的管理机关。苏维埃政府下设内务、劳务、财务、土地、军事、裁判六部和管理一般杂务的总务处等各种办事机构。

（三）民主清政

在井冈山斗争初期，大部分工农群众乃至党员没有认识到苏维埃的内涵，不懂得工农兵代表大会是最高权力机关，而执行委员会只是代表大会闭会期间处理具体事务的机构。因此，在政府机构内不重视民主、独裁专断的事时有发生。为了克服各级工农兵苏维埃政府中的种种不民主的现象，毛泽东和边界党倡导“民主集中主义”原则，在红色政权建设中，除注意充分发挥各级工农兵代表大会的权力和作用以外，还十分注重健全各级工农兵苏维埃政府执行委员会的民主集中制，在思想上加强对群众宣传民主集中的意义和实质，在制度上制定详尽的苏维埃组织法，在斗争实践中动员和吸收广大人民群众参加苏维埃工作。毛泽东曾经指出：“民主集中主义的制度，一定要在革命斗争中显示出了它的效力，使群众了解它是最能发动群众力量和最利于斗争的,方能普遍地真实地应用于群众组织。”

在当时的工农兵苏维埃政府中,存在着一种极其可怕的现象,一些地主富农投机钻营混入政府,把持红色政权的权力,而贫苦农民出身的委员却成了配角。因此,整顿组织内部、纯洁红色政权是当时一项重要工作。为此采取了两项措施:一是发动群众,在斗争中识别阶级异己分子和投机分子。如当时宁冈新城区工农兵苏维埃政府中,刘泽贤、尹日汗、吴美如等都是土豪子弟,为了维护家庭利益钻进革命队伍,被群众识别后把他们从政府中驱逐出去。二是对一些被地主、富农和投机分子把持的苏维埃政府,进行“重新改组,限苏维埃的代表和委员会之成分与质量,选出代表,重新组织苏维埃”。经过整顿,红色政权更加纯洁了。

(四)依靠群众

服务人民群众是得到群众真心拥护和积极支持的前提和基础。正如毛泽东后来所说:“要得到群众的拥护吗?要群众拿出他们的全力放到战线上去吗?那末,就得和群众在一起,就得去发动群众的积极性,就得关心群众的痛痒,就得真心实意地为群众谋利益,解决群众的生产和生活的问题,盐的问题,米的问题,房子的问题,衣的问题,生小孩子的问题,解决群众的一切问题。”

人民政府要想得到群众的拥护和支持,就得为人民群众服务,时时处处关心爱护群众,实实在在服务群众。为此,工农兵苏维埃政府一是将打土豪所得的浮财、稻谷分给贫苦农民,给老农送棉衣,给孤寡老人送木炭,解决农民生活上的一些实际困难。青黄不接时,政府委员们拿出自己的粮食和银毫子帮助贫苦缺粮户。二是积极发动群众,废除农村封建制度,开展分田运动,解决农民几千年来梦寐以求的土地问题，从而解除了农民一直以来的最大痛苦，实现了农民的根本利益。三是忠实地代表广大人民群众的利益，一心为老百姓办事，时刻将群众的冷暖疾苦挂在心上。井冈山斗争时期党群之间、干群之间、军民之间同生死、共患难，关系密切、血肉相连、鱼水情深。军民同心铸造的铜墙铁壁使得数倍于红军的国民党军“不但不能破坏此割据，并且不能阻止此割据的日益扩大”。

依靠群众是建设红色政权的主要措施和必要手段。毛泽东指出：有很好的群众是工农武装割据的存在和发展需要具备的条件之一，也是工农兵苏维埃政府战胜困难的法宝。一是依靠群众建立苏维埃政权。秋收起义部队受挫后，工农革命军依靠袁文才、王佐打开了山门，建立了中国第一个农村革命根据地；依靠群众先后攻克了茶陵、遂川、宁冈、永新、酃县、莲花县城，成立了各县区乡工农兵苏维埃政府和湘赣边界工农兵苏维埃政府。二是依靠群众选举产生工农兵代表，由工农兵代表大会选举产生苏维埃政府组成人员，让苏维埃政府的权力掌握在人民手中，从而做到执政为民。三是依靠群众做好苏维埃政府的工作。那时的政府工作全部是军事化的，政府依靠群众的力量战胜了许多困难，粉碎了敌人的军事进攻和经济封锁。

井冈山斗争的无穷力量蕴藏在广大人民群众之中。正是因为边界党和政府密切联系群众，真心实意为群众谋利益，因而从井冈山人民中获得了源源源不断的人力、物力、财力的支援。边界群众无论男女、无论老少都积极行动起来，为红军站岗放哨、送信、抓坏人、探敌情、送茶送饭，粉碎了赣敌四次“进剿”和湘赣两省敌军的三次“会剿”。

(五)职责分明

从1927年开始，边界县区乡苏维埃政府相继建立。但在红色政权建设中，存在着一个棘手问题，就是党与政府的关系如何处理的问题。

在井冈山斗争时期，一方面由于边界的红色政权是在中国共产党的领导下建立的，党在边界的干部在民众中享有崇高的威信；另一方面由于党缺乏领导革命政权的经验，再加上其他种种原因，在实践中以党代政的现象时有发生。有些县特别是区乡两级党的负责人同时兼任政府主席或秘书。虽然当时对党领导政府的基本方式有一些规定，但以党代政的倾向使党的组织陷于一些行政事务工作，束缚了政府机关的手脚，抑制了苏维埃政权的作用。党组织处于行政工作第一线，常常使党处在矛盾的焦点。同时，集决策和执行于一身的党组织缺乏有效的监督。

针对根据地内政权建设中出现的以党代政、党政不分的现象，毛泽东和井冈山的前委确定了党不包办政府工作的原则，党的主张由政府和民众组织去执行。这是我党历史上最早提出的“党政分开”的政策主张。边界党明确指出：“各级党部与各级苏维埃的关系要弄清楚，免除党即政府的弊病。关于党与政府的不同，特委颁布发一通告，各级党部要作一普遍宣传。”

为了加强对各级工农兵苏维埃政府的领导，边界党要求各级政府加强自身建设。一是改组苏维埃政府。“过去苏维埃政府差不多完全是农民协会的变形，所以它的工作，是秘书长和主席包办，甚至有些政府还是富农当权，成为知事衙门。这些所谓苏维埃政府，应一律改组。”二是依法行政。“由特委制定苏维埃组织法，各县各区各乡苏维埃，应一律照组织法组织之。”三是真正做到工农兵掌权。“苏维埃必须以工人贫农革命士兵为主要力量，反对富农秘书长把持，实现一切政权归苏维埃。”四是要求“湘赣边界政府重新彻底改造”。

（六）组织整顿

1927年11月18日工农革命军团长陈浩、第一营党代表宛希先率团部和一营及特务连一举夺取茶陵县城，成立了“茶陵县人民委员会”，陈皓委任谭梓生当县长。

茶陵县城是工农革命军在井冈山占领的第一座县城。由于没有管理一个县的经验，也没有思想准备，虽然上海政法大学毕业的共产党员谭梓生曾经担任过旌德县长，但对如何当红色政权的县长心中无数，“没有经验，开始是按旧章程办事”。旧军人出身的团长陈皓，由于旧军队的积习很深，从艰苦的山沟里进到茶陵县城便故态复萌，享乐思想抬头，每日吃饱餐，甚至不顾军纪嫖妓，后来发展到私吞黄金。他不去带领部队发动群众打土豪筹款子，部队的供给由商会派；部队“只停留在每天‘三操两讲二点名’上，既不做发动群众的工作，也不做御敌的准备。茶陵的群众大为失望，总是同旧军队、旧政府相比，‘换汤不换药’”。

宛希先目睹新成立的茶陵县人民委员会的种种弊端以及陈皓等军官的所作所为，甚为忧虑，写信向毛泽东汇报。毛泽东当即指示：“由部队派县长是不对的。新的政权不能按国民党那一套搞。要成立工农兵政府，要发动群众，要保护商店，保护邮局，保护医院，保护学校。”宛希先迅速进行了传达，要求部队遵照毛泽东的指示，积极发动群众，坚决依靠群众，组建工农兵政府。“1927年11月27日，县总工会、县农民协会和士兵委员会，分别选出了谭政林、李炳荣、陈士榘为各自的代表。当天，宛希先召集他们三人开会，研究茶陵县工农兵政府如何组建。当讨论到由谁来出任政府主席问题时，三位代表互相谦让……宛希先见他们谦让不下，便说：'不要推了，依我看，"工农政府"，是"工"字排头，还是工人代表谭震林来当主席吧！'"

1927年11月28日，井冈山革命根据地第一个县级工农兵政权——茶陵县工农兵政府成立大会在县城洣江书院操场上举行。谭震林在大会上公布了《茶陵县工农兵政府布告》，号召全县群众行动起来，恢复工会、农会，建立基层政权，惩治土豪劣绅。撤销了原县人民委员会，谭梓生回归部队。茶陵县工农兵政府吸取了县人民委员会的教训，深入群众宣传党的主张，动员广大农民踊跃参军，投身革命，深得群众拥护。

1928年"八月失败"期间，湘赣边界各县的苏维埃政府遭受严重挫折。经过"八月失败"的严峻考验，"边界苏维埃可以说已深入人心"，但也有些区、乡工农兵苏维埃政府存在成分不纯、阶级立场不稳、革命意志薄弱等问题。针对这些问题，边界特委1928年9月至10月间，在恢复失地、重建工农兵苏维埃政权的过程中，对各级政权机关进行了大力整顿。经过整顿后的苏维埃政府气象一新，焕发出勃勃生机。

三、井冈山革命根据地红色政权建设的教训

（一）民主集中制度不健全

边界红色政权是工农民主专政的民众革命政权。把民主集中主义运用于政权组织，是区别买办豪绅阶级独裁的反动政权与工农民主专政的人民革命政权的一个重要标志，也是边界红色政权建设的中心环节。

但是，受边界复杂的社会历史条件所限，又缺乏政权建设的经验，井冈山革命根据地“县、区、乡各级民众政权是普遍地组织了，但是名不副实。许多地方无所谓工农兵代表会。乡、区两级乃至县一级，政府的执行委员会，都是用一种群众会选举的。一哄而集的群众会，不能讨论问题，不能使群众得到政治训练，又最便于知识分子或投机分子的操纵。一些地方有了代表会，亦仅认为是对执行委员会的临时选举机关；选举完毕，大权揽于委员会，代表会再不谈起。名副其实的工农兵代表会组织，不是没有，只是少极了。所以如此，就是因为缺乏对于代表会这个新的政治制度的宣传和教育。封建时代独裁专断的恶习惯深中于群众乃至一般党员的头脑中，一时扫除不净，遇事贪图便利，不喜欢麻烦的民主制度”。“现在民众普遍知道的‘工农兵政府’，是指委员会，因为他们尚不认识代表会的权力，以为委员会才是真正的权力机关。没有代表大会作依靠的执行委员会，其处理事情，往往脱离群众的意见，对没收及分配土地的犹豫妥协，对经费的滥用和贪污，对白色势力的畏避或斗争不坚决，到处发现。委员会也很少开全体会，遇事由常委处决。区乡两级政府则常委会也少开，遇事由主席、秘书、财务或赤卫队长（暴动队长）各自处理决定，这四个人是经常驻会的。所以，民主集中主义，在政府工作中也用得不习惯。”①有些苏维埃执行委员会没有健全的代表会议作依靠，缺乏群众的监督，办事往往脱离群众的监督。这种倾向，在边界红色政权建设中普遍存在。

（二）党政关系处理不够好

井冈山革命根据地红色政权的建设，除了政权组织中的民主与

① 《毛泽东选集》第一卷，人民出版社 1991 年版，第 71—72 页。

集中的关系问题外，还有一个党与苏维埃政府的关系问题，即党政关系问题。

在井冈山革命根据地的红色政权建设中，出现了一些党政不分、以党代政的不正常现象，造成了党组织忙于政府中的事务，削弱了党的领导，也束缚了政权机关工作人员的手脚，降低了苏维埃政权的作用。“党在群众中有极大的威权，政府的威权却差得多。这是由于许多事情为图省便，党在那里直接做了，把政权机关搁置一边。这种情形是很多的。政权机关里的党团组织有些地方没有，有些地方有了也用得不完满。以后党要执行领导政府的任务；党的主张办法，除宣传外，执行的时候必须通过政府的组织。国民党直接向政府下命令的错误办法，是要避免的。”①

(三)政权内部组织不太纯洁

由于斗争环境的复杂，边界在建立红色政权的过程中，有一些小地主、富农和投机分子乘机混入红色政权机关，在少数区政府中存在，乡政府一级就更为严重。“初期的政府委员会中，特别是乡政府一级，小地主富农争着要干。他们挂起红带子，装得很热心，用骗术钻入了政府委员会，把持一切，使贫农委员只作配角。只有在斗争中揭破了他们的假面，贫农阶级起来之后，方能去掉他们。这种现象虽不普遍，但在很多地方都发现了。”②

(四)政权形式比较单一

在井冈山革命根据地两年多的政权建设中，苏维埃政府工作基本上是公开的，这种单一的形式在统治阶级还很强大的情况下，是有

①② 《毛泽东选集》第一卷，人民出版社 1991 年版，第 73 页。

害而无利的。这不仅会失掉群众，连党也可能会失掉；不仅会造成群众的经济痛苦，而且连城市农村的经济基础也会毁坏。1929年5月20日，中共湘赣边界特委给江西省委并转中央的报告中指出："过去边界各县都有赤卫队，都是扯起红旗，挂着苏维埃的红招牌，堂乎皇哉的公开割据。但依我们两年来的经验，及此次介绍赣南东固各地的事实，在全国至少有一省用总暴动方法，推翻统治阶级政权以前，小区域苏维埃政权，公开的割据是有害而无利的，这样不仅失掉群众，连党也几乎失掉完了，不仅不能解脱群众若干的经济痛苦，城市农村的经济基础亦一齐毁坏完了，既此问题就足使群众失掉而有余。因此有由公开的割据转变到秘密的割据之必要，党和苏维埃亦都应秘密着，武装形式也应由守土的赤卫队改为游击部队，采用漂流不定的游击战术，使敌人找不到目标，在接近总暴动之前这种形式是最好的"；"在接近总暴动之前上述的政权形式和武装形式是非常正确的，但要纠正过去的错误，改变过去的形式。"①中共湘赣边界特委第二号报告中又指出："这番我们到东固则另是一种形式，反动势力已驱逐了，权利完全是我们的，但公开的政权机关和固定的赤卫队都没有……边界所受到的痛苦此地完全没有。敌军到来寻不到目标，党的组织和群众的组织（农民协会）完全秘密着。在接近总暴动之前，这种形式是最好的，因为这种形式取得群众不致失掉群众，武装群众不是守土的赤卫队而是游击队。"②上述两个报告，总结了东固等地

① 《中共湘赣边界特委报告》，《井冈山革命根据地》（上），中共党史资料出版社1987年版，第313—314页。

② 《中共湘赣边界特委报告》（第二号），《井冈山革命根据地》（上），中共党史资料出版社1987年版，第321页。

武装割据的经验，提出在白色恐怖环境下红色政权的形式，应该由公开向秘密或公开与秘密相结合转变。

四、以“工农武装割据”为核心的红色政权理论的初步形成

（一）以“工农武装割据”为核心的红色政权理论的形成过程

大革命失败前夕，毛泽东就关注农民问题，主张将军事组织置于农民政权的领导之下，使其在农村权力变换中发挥更大的作用。在实践上，毛泽东还把农会作为新生政权的萌芽加以热情地支持和扶持，使农民运动得到了飞速发展。毛泽东根据“马日事变”后的形势，主张“上山”，认为“上山”可以造成军事势力的基础。

八七会议后，毛泽东于1927年8月20日以中共湖南省委名义给中共中央写信，同意共产国际关于在中国立即实行工农兵苏维埃的意见。信中说：“某同志（指共产国际代表马也尔）来湘，道及国际新训令，主张在中国立即实行工农兵苏维埃，闻之距跃三百”；“工农兵苏维埃完全与客观环境适合，我们此刻应有决心立即在粤、湘、鄂、赣四省建立工农兵政权。此政权即建设，必且迅速的取得全国的胜利。”信中还提出：在工农兵苏维埃建立的时候，“我们不应再打国民党的旗子了。我们应高高打出共产党的旗子，以与蒋、唐、冯、阎等军阀所打的国民党旗子相对。国民党旗子已成军阀的旗子，只有共产党旗子才是人民的旗子”①。毛泽东还提出了实行枪杆子上夺取政权、建设政权的设想。

秋收起义受到挫折以后，毛泽东思考和总结了中国历史上农民起义的经验教训，指出李自成的失败，其主要原因就是没有巩固的根

① 《毛泽东年谱》上卷，中央文献出版社1993年版，第211—212页。

据地;提出要到崇山峻岭中当红色割据的,有主义、有政策、有办法的,代表人民利益的工农武装的"革命山大王"。

在井冈山革命根据地的实践中,先后建立了六个县级工农兵政府,一个特别区工农兵政府,一个湘赣边界工农兵政府。提出了"以宁冈为大本营"和"工农武装割据",即武装斗争、土地革命、根据地建设三位一体的政权建设思想。

1928年10月、11月和1930年1月,为了回击党内教条主义者对实行"工农武装割据"的责难,回答红军内部一些人"红旗到底打得多久"的疑问,毛泽东写了《中国的红色政权为什么能够存在?》《井冈山的斗争》《星星之火,可以燎原》等文章,系统地论证了中国红色政权发生、发展的原因和条件,提出了"工农武装割据"的基本思想,标志着毛泽东红色政权理论初步形成。

在"三月失败""八月失败"特别是在第三次反"会剿"失利、革命处于低潮后,毛泽东满怀信心地告诉大家:"边界红旗子始终不倒,不但表示了共产党的力量,而且表示了统治阶级的破产,在全国政治上有重大的意义。所以我们始终认为罗霄山脉中段政权的创造和扩大,是十分必要和十分正确的。"①

(二)以"工农武装割据"为核心的红色政权理论的基本内容

"工农武装割据",是毛泽东在井冈山革命根据地首先提出的,以革命根据地红色政权建设为依托、以土地革命为主要内容、以武装斗争为主要斗争形式的三者的密切结合。

武装斗争是中国革命的主要形式,只有坚持武装斗争,才能进行

① 《毛泽东选集》第一卷,人民出版社1991年版,第81页。

土地革命并建立发展革命根据地，同时使红军本身得到发展壮大，成为最后夺取全国政权强有力的工具。

根据地是工农武装割据的结果，同时也是工农武装的依托。没有根据地，革命武装就无从开展土地革命，革命也就成了黄巢、李自成式的流寇行动。必须把农村根据地建设成巩固的阵地，才有可能与占据中心城市的强大敌人作长期的艰苦的斗争。

土地革命是“工农武装割据”的中心内容。农民是中国民主革命的主力军，只有广泛深入地开展土地革命，才有可能把农民发动起来，从根本上摧垮反动统治的基础，使党和革命武装最大限度地赢得人民群众的拥护和支持，使根据地和红军得到进一步发展，为夺取全国政权奠定基础。

“工农武装割据”思想，是毛泽东集中了全党在这一时期艰苦探索的成果提出的。这一思想的形成，标志着中国共产党人在探索有中国特色的革命道路理论方面迈出了坚实的一步。

(三)以“工农武装割据”为核心的红色政权理论的重大贡献

在实践上实现了党的工作重心由城市到农村的转移。中国共产党成立后，工作重心一直放在城市，发动和领导工人运动，组织领导工人武装起义。大革命中，党虽然也发动农民运动，但从指导思想上看，开展农民运动的目的是配合城市工人斗争，并非是工作重心放在农村。这种做法，违背了中国国情，使革命接连遭到失败，革命力量受到很大损失。秋收起义后，毛泽东率领起义部队进军井冈山，在那里发动群众，开展土地革命，整顿和恢复地方党组织，建立红色政权，开辟了中国革命第一个农村根据地，实行“工农武装割据”。这是中国共产党在实践上把工作重心由城市转移到农村的开始。这一伟大转折，从实践上解决了在革命转入低潮的形势下，如何把革命的退却与革命的进攻结合起来的问题，使在大革命中遭受惨重损失的革命力量得到保存、恢复和发展，开始了中国共产党领导中国革命的新时期。

点燃“工农武装割据”的星星之火，在实践上开辟了一条农村包围城市、武装夺取政权的革命新道路；但在中国共产党内，当时的主导思想却是走苏联模式，走以城市工人运动为主的革命道路。尽管在大革命后期和大革命失败后，毛泽东等人提出了“上山”“枪杆子里面出政权”的思想，然而在党的指导思想上，一时间并未改变城市中心论。南昌起义、秋收起义、广州起义等一系列有重大影响的起义，起初都是受城市中心论支配而举行的。毛泽东率领秋收起义部队在农村建立革命根据地，实行“工农武装割据”，为中国革命找到了一条新道路，这就是以小块农村根据地的巩固与扩大来促进全国革命高潮的到来，进而夺取全国革命的胜利。这个思想显然是与城市中心论对立的，是对城市中心论的否定。因此，实行“工农武装割据”，是以毛泽东为代表的中国共产党人在实践上开辟以“农村包围城市，武装夺取政权”道路的开始，成为中国革命的伟大转折。

第一章

井冈山革命根据地经济政治基础

井冈山革命根据地是毛泽东、朱德、陈毅、彭德怀、滕代远等老一辈无产阶级革命家领导湘赣边界军民创建的第一个农村革命根据地。井冈山革命根据地的创立，是中国共产党领导的新民主主义革命历史性的一步，是中国革命“以农村包围城市，最后夺取全国胜利”道路的起点；井冈山的斗争模式，是马克思主义中国化的典范；井冈山斗争两年多的时间里，红军先后攻克茶陵、遂川、宁冈三个县城并成立工农兵苏维埃政府的伟大实践，开创了中国共产党依靠人民群众进行政权建设的探索和实践的先河。因而，井冈山革命根据地的创立、斗争的伟大实践，具有重大的典范意义和深远的历史意义。井冈山由此被誉为“中国革命的摇篮”“天下第一山”。

第一节　边界各县的历史沿革与地理环境

井冈山革命根据地位于江西、湖南两省交界的罗霄山脉中段，主要由井冈山军事根据地和九陇山军事根据地两个核心部分组成。

其中井冈山军事根据地东起江西永新的拿山，西至湖南酃县的水口，两地相距 90 公里；南起江西遂川的黄坳，北至江西宁冈的茅坪，两地相距 45 公里；周长全程 275 公里，是为“五百里井冈”。自古就被誉为“郴衡湘赣之交，千里罗霄之腹”，地缘政治位置可谓得天独厚。从当时的行政区划看，范围包括江西的宁冈（于 2000 年撤销建制，并入井冈山市）、永新、遂川、莲花四县和湖南的酃县（1994 年改为炎陵县）、茶陵两县，总面积达 7200 多平方公里，人口约 50 万。从民族构成情况看，除汉族以外，还有畲、满、壮、瑶、蒙古、布依等少数民族，但只占很小的比例。历史上来自中原和江浙、福建一带的客家人在此分布较广，土、客籍的划分，是边界山区特别是根据地中心所在地宁冈地区族群分布的一个重要特点。

井冈山军事根据地群峰交错、重峦叠嶂。在大革命时期，以胡亚春、袁文才为首的一支绿林武装“马刀队”在宁冈的茅坪一带活动，另外一支以王佐为首的绿林武装则在遂川的茨坪（现属井冈山市）一带活动。1926 年，这两支绿林武装分别在中共宁冈和中共遂川地方党组织的影响下改称“农民自卫军”。在国民党反动派发动四一二政变后，全国各地的农民武装遭到极大的破坏，而茨坪王佐和宁冈袁文才的农民自卫军仍然各保存着 60 支枪，活跃在罗霄山脉中段的山区。

在中国革命的危急关头，毛泽东率领湘赣边界的秋收起义部队经“三湾改编”后，于 1927 年 10 月 7 日胜利到达宁冈茅坪，安下革命营寨，随后继续沿湘赣边界开展游击战，扩大军事、政治影响，并于 10 月 27 日到达茨坪。从此，以宁冈为中心，开始了创建井冈山革命根据地的峥嵘岁月。1928 年 4 月 24 日前后，朱德、陈毅率领南昌起义保留下来的部队与毛泽东的秋收起义部队在井冈山胜利会师，随即两军合编为"中国工农革命军第四军"。接着，召开了中共湘赣边界第一次代表大会，会上讨论和制定了巩固和发展根据地的政策，决定在湘赣边界全面开展打土豪、分田地的革命运动，从而使井冈山革命根据地进入一个全面建党、建军、建政的新时期。

井冈山革命根据地的创建，成为中国革命力量的立脚点、武装力量的集合点和革命胜利的出发点，它标志着中国共产党独立领导的革命武装开辟了一条以农村包围城市、武装夺取政权的正确道路。

一、历史沿革

井冈山革命根据地涵盖了当时江西的宁冈、永新、遂川、莲花四县及湖南的酃县、茶陵两县，总面积达7200多平方公里。在历史上，井冈山革命根据地所在的湘赣边界地区，早在新石器时代，境内就有人类在此繁衍生息。秦汉以后，北人南来，居民渐多。到了三国两晋南北朝时期，人口益繁。由于朝代的更替、人口的迁徙以及社会的发展，井冈山革命根据地范围内各县的建制也不断变迁。

宁冈县，位于江西省西南边陲、湘赣两省间的罗霄山脉中段。元朝至顺年间(1330—1333年)，从永新州划出胜业乡第四十五都至第五十二都等地置县，以"长宁之义"定名为永宁，县治设升乡(今古城)，隶属江西行省吉安路。元至正十二年(1352)，迁县治于瓦冈(今新城)。元末朱元璋起义获胜初，于壬寅年(1362)，改吉安路为吉安府，县属吉安府。明洪武九年(1376)，废元置行中书省，设江西承宣布政使司，划全省为五道，统辖府县，县属湖西道吉安府。清顺治九年(1652)，县属江西省吉安府。1912年撤销府一级建制，县由省直辖。1914年，由于国内同时称为"永宁"地名的就有四个地方，不便邮递，所以改县名为宁冈，县属庐陵道。1926年撤道，县直属省。宁冈县城所在地变迁较大。元朝至顺年间建县，县治开始设在升乡，至正十二年（1352），由于遭受兵火焚毁，把县治迁到瓦冈，一直持续到1933年，国民党宁冈县政府迁到龙市。而在此之前的1928年2月21日，宁冈县工农兵政府成立时，就是把驻地设在龙市①。

1926年，共产党员龙超清发动袁文才的县保卫团举行武装暴动，驱逐了县知事沈清源，成立了宁冈县人民委员会，龙超清任委员长。1927年1月，县公署改称县政府，县知事改称县长。苏区时期（1927年10月—1934年8月），宁冈建立的苏维埃政府先后属湘赣边界工农兵苏维埃政府、赣西南苏维埃政府和湘赣省苏维埃政府。1934年4月，与茶陵县合并为茶宁县，后又几经并立，但一直属江西管辖，现无宁冈县建制（最后一次撤县是在2000年）。

永新县，地处赣西，毗邻湘东，古称"楚尾吴头"。早在商周时期，境内即有先民居住；秦汉以后，北人大量往南方迁徙，居民逐渐增多；到了三国两晋南北朝时期，人口开始比较兴旺。春秋战国时期，永新地域先后属吴、越、楚。秦灭楚之后，属秦朝的九江郡。汉高祖元年（前206），立英布为九江王，永新地属九江国；汉高祖四年（前203），改九江郡为淮南国，领豫章等4郡，永新地属豫章郡，其后增设庐陵县，永新地属庐陵县，隶淮南国豫章郡；汉高祖十二年（前195），拜刘濞为吴王，豫章郡庐陵县属吴王国；汉景帝三年（前154），实行削藩政策，削去吴王国之豫章等地直属朝廷。东汉建安四年（199），孙策分扬州豫章郡设庐陵郡，并置西昌县，永新地属西昌；建安八年

① 《宁冈县志》，中共中央党校出版社1995年版，第69—70页。

(203)，孙权分遣诸将击败豫章、庐陵等郡的山越人；建安九年至二十年(204—215 年)之间，分扬州庐陵郡地置永新县，县治在现在的沙市下排洲与澧田洲头交界的高洲。吴宝鼎二年(267)，孙皓分长沙郡的安成、萍乡和豫章郡的新喻、宜春及庐陵郡的平都、永新共 6 县置安成郡，隶属扬州。晋武帝太康元年(280)，安成郡划归荆州，永新县属荆州安成郡；惠帝元康元年(291)，以扬州的豫章、鄱阳、庐陵、临川、南康、建安、晋安与荆州的武昌、桂阳、安成共 10 郡置江州，永新县属江州安成郡。420 年到 589 年，南朝历经宋、齐、梁、陈 4 朝，永新县隶属未变。隋朝实行州、县二级制，以州统县，开皇十一年(591)，废安成郡，置吉州，永新并入吉州泰和县；大业三年(607)，废州复设郡，永新地属庐陵郡泰和县。唐武德五年(622)，分泰和县的部分地方设置南平州，重新设置永新县归南平州管辖；武德八年又废南平州，改泰和为太和，永新并入吉州太和县；贞观元年(627)，将全国分为 10 道(监察区)，永新地属江南道吉州太和县；显庆二年(657)，分太和县又设置永新县，隶属江南道吉州，县治改设在禾川镇；开元二十一年(733)，江南道分为东、西两道，永新县隶属江南西道吉州，此后州郡名称几经更易，永新县隶属关系未变。902 年到 975 年，永新县先属杨吴，后属南唐。宋代在州之上设路，吉州永新县始属江南路；江南路分为东、西两路后，属江南西路。北宋建炎四年(1130)改属鄂州路，绍兴元年(1131)仍属江南西路吉州。元至元十四年(1277)，设置江西行中书省(简称江西行省或江西省)，吉州路永新县归属江西行中书省；元贞元年(1295)，吉州路改吉安路，永新升为州。明洪武二年(1369)，永新复为县，隶江西行省吉安府；洪武九年(1376)，废除行省制度，置布政司，分领府、州、县，永新县属江西布政司吉安府。清朝初期基本沿袭明朝体制，永新县隶属江西省吉南赣宁道吉安府；康熙二十一年(1682)撤销道，永新县仍属吉安府。1912年，撤销府一级，各县直属于省，设县知事一人，为县的行政长官。1914年，江西省划分为4道，永新属庐陵道。1926年，废除道的建制，各县仍直属于省。1932年，江西全省划为13个行政区，永新属第十行政区①。

1926年9月中旬，北伐军朱耀华部在欧阳洛、刘真、刘作述等接应下，从茶陵、莲花进入永新，赶走盘踞在永新的北洋军阀陈修爵部，10月，国民党永新县党部和永新县临时行政委员会成立，贺梦周任临时行政委员会委员长。3个月后，南昌派来周坚任永新县县长，临时行政委员会结束。第二次国内革命战争时期，永新属苏区。1928年，永新县工农兵政府成立，隶属湘赣边界工农兵苏维埃政府，后又隶属赣西和赣西南苏维埃政府西路办事处、江西省苏维埃政府赣西办事处，1931年隶属湘赣省苏维埃政府管辖，省苏维埃政府设于永新县城。

遂川县，夏商时属于古扬州地域的南部地区。春秋战国时，先后属吴、越、楚三国。公元前222年秦灭楚国后，属九江郡管辖的庐陵等县。汉高祖四年(前203)封英布为淮南王，管辖豫章郡等郡，遂川属豫章郡庐陵县。东汉初平二年(191)，立南部都尉置庐陵郡，隶扬州刺史部；建安四年(199)孙策平定庐陵，同年，建县于遂水之口(今万安县五丰乡云洲)，名叫遂兴县，这是遂川最早建县的开始。三国时期，属吴国领地，吴大帝改遂兴为新兴。晋朝时期，太康元年

① 《永新县志》，新华出版社1992年版，第41—42页。

(280),迁县治于上流光化乡景云观(即今雩田镇中洲,民间称"旧县"),复改新兴为遂兴县,隶属庐陵郡。南北朝时期,基本沿袭晋制。隋朝开皇十年(590)废遂兴等六县,设置安丰县,遂兴为其中一部分;次年改安丰为泰和县。唐朝因袭隋制。五代十国时期,唐天祐十六年(919),杨隆演占据江南,国号"吴"。南唐保大元年(943),分出泰和龙泉乡什善镇置龙泉场;保大十八年(960)升场为县,更名龙泉县,以旧场治为县治,在水南十七都慈云寺(今瑶厦乡小溪村境内)。北宋开宝八年(975),南唐国灭亡,龙泉县地归宋管辖;宣和三年(1121)改龙泉为泉江县;绍兴元年(1131)复改泉江为龙泉县,隶属江南西路吉州军。元贞元年(1295),龙泉县隶属江西行中书省吉安路。明代,龙泉县隶属江西承宣布政使司湖西道吉安府。清初,沿袭明制,雍正九年(1731),吉安府改为隶属吉南赣道,龙泉县仍隶属吉安府管辖。1912 年冬,县直属省;1914 年,为避免与浙江、贵州两省的龙泉县同名,改名遂川,遂川县名从此延续至今①。

1928 年 1 月,毛泽东率领工农红军来到遂川,先后建立了县、区、乡三级工农兵政府,遂川属湘赣边界特区,1931 年后,遂川属湘赣省苏区,一直到 1934 年红军撤离,苏区沦陷。

莲花县,位于江西省西部。传说很早以前莲花县城附近莲花很多,所以当地以莲花命名的有莲花村、莲花山、莲花桥。唐宋时期在此设莲花市,市内有桥就是取名"莲花桥"。清朝乾隆八年(1743),设厅治于莲花市,所以厅名莲花。莲花县名由此而来。从地域归属上看,晋朝太康元年(280)改安成为安复,分永新西北境设置广兴

① 《遂川县志》,江西人民出版社 1996 年版,第 56 页。

县，莲花分隶广兴、安复县地。南朝时期，梁太平元年（556）割临川、安成、豫章、巴山四郡置高州，广兴、安复归属高州；陈永定二年（559）以安成郡中部、广兴六洞置安乐郡，郡治设广兴。隋开皇九年（589）陈灭，开皇十年废安成郡，安复并入平都，改平都曰安成，广兴入泰和（一说入安成），开皇十八年改安成为安复。唐武德五年（622），于安复县设颍州，分泰和和复置广兴县均属南平州，莲花属颍州之安复、南平州之广兴二县地域；武德七年又废除颍州，改安复为安福，归属吉州，广兴仍隶属南平州；武德八年废南平州，广兴入太和（泰改太），属吉州，莲花属吉州之安福、太和县地；显庆二年（657），又分出太和置永新、广兴县，没多久，广兴县被撤销，并入永新（一说显庆二年分泰和置永新县，广兴之地并入），从此，莲花分属永新、安福二县地。北宋太平兴国元年（976），分江南为江南东、西路，永新、安福隶江南西路之吉州庐陵郡；建炎四年（1130），置鄂州路，吉州庐陵郡属之；绍兴元年（1131）复分东、西路。吉州庐陵郡仍隶属江南西路。元至元十三年（1276）设行都元帅府及安抚司，同年，吉州归属元朝；至元十四年，改元帅府为江西道，设置江西守处行中书省，吉州升为吉州路总管府；元贞元年（1295），改吉州路为吉安路，升永新、安福为州。明洪武元年（1368）改吉安路为吉安府，洪武二年又降永新、安福州为县。清顺治二年（1645）清兵平江西，九月收吉安，基本因袭明制。康熙三十九年（1700 年）设分防府于莲花，设治于莲花桥；雍正五年（1727），以吉安府同知移驻莲花桥；乾隆八年（1743），割永新、安福两县共 32 都设置莲花厅，仍于莲花桥设治，属吉安府。自从康熙三十九年以吉安府同知立治莲花桥后，改称吉安分防府；到咸丰二年（1852），改称吉安抚民府莲花厅。

1912年冬，全省废除旧制13府；1913年二月，颁发大总统令统一全国县制，所有州厅一律改县，莲花废厅为县；1914年，全省分4道，莲花属庐陵道；1926年废除道的设置，县直接隶属省①。

第二次国内革命战争时期，莲花属湘赣边界苏区。1928年6月起，莲花县苏维埃政府成立。

茶陵县，古称茶乡。春秋战国时期属楚地。秦王政二十六年（前221），属长沙郡。汉高祖五年（前202）设茶陵县，隶属长沙国；元朔四年（前125）改为茶陵侯国，是长沙定王之子刘欣的封邑；太初元年（前104），茶陵侯刘阳（刘欣之孙）死，因无子世袭，就废除侯国，重新设县。新王莽始建国元年（前9），茶陵易名声乡，归属荆州填蛮（一说镇蛮）。东汉建武六年（30）恢复称茶陵县，隶属荆州长沙郡，建武十二年（36）改为归属临湘侯国；建安十三年（208），茶陵随长沙郡归刘备管辖；建安二十年（215），吴将吕蒙攻占长沙，茶陵因而归孙权管辖。晋太康元年（280），晋武帝平定吴国，茶陵归晋，隶属湘东郡。此后至南北朝刘宋王朝，隶属关系没变。刘宋亡，先后为萧齐、陈梁属地，都归属衡州。隋开皇九年（589），茶陵与攸水、阴山、建宁等县并为湘潭县，仍属衡州。唐武德四年（621）废湘潭县，茶陵复置县，属南云州；贞观元年（627），茶陵与阴山、建宁、安乐、新兴等县并入攸县，归衡山郡管辖；圣历元年（698）又恢复县置，仍属衡山郡；天宝元年（742），属衡州衡阳郡；上元二年（761）至五代的后周，均属衡州管辖。北宋乾德元年（963）又为衡阳郡管辖。南宋绍兴元年（1131）归属衡州，绍兴九年（1139）升县为军，仍属衡州。元

① 《莲花县志》，江西人民出版社1989年版，第45—46页。

初废军为县,至元十一年(1274)归属衡州路;至元十九年(1282)升县为州,直属湖南道,后又改属衡州路。明洪武元年(1368)归潭州府管辖;洪武五年,废州为县,改属长沙府;成化十八年(1482)重新改为州。此后直到清朝,都是叫州,隶属长沙府。1913 年 9 月废州为县,属湖南省湘江道长沙府。1922 年,废除道制,茶陵县直属湖南省。1926 年 12 月,全省设 9 个行政督察区,茶陵属第五行政督察区①。

第二次国内革命战争时期,茶陵属湘赣边界苏区。1927 年 11 月,茶陵县工农兵政府成立。

酃县,于 1994 年更名为炎陵县。宋嘉定四年(1211),析茶陵军康乐、霞阳、常平三乡置酃县,以汉朝时期的酃县(地名,在现在的衡南县境内和衡阳市东区一带)之名取名,以霞阳乡治所为县治,隶属茶陵军。元至元十一年(1274),废茶陵军,酃县改为隶属衡州路。明洪武三年(1370),废路置府,酃县隶属衡州府。清朝基本没有变化。1913 年,废府置道,酃县隶属湖南省衡州道;1920 年,又废除道,酃县直属省管②。

第二次国内革命战争时期,酃县属湘赣边界苏区。1928 年 6 月,酃县工农兵政府成立。

二、地理环境

1928 年 10 月,毛泽东在《中国的红色政权为什么能够存在?》一文中论述道:“一国之内,在四围白色政权的包围中,有一小块或若干小块红色政权的区域长期地存在,这是世界各国从来没有的事。

① 《茶陵县志》,中国文史出版社 1993 年版,第 29 页。

② 《酃县志》,中国社会出版社 1994 年版,第 35 页。

这种奇事的发生,有其独特的原因。而其存在和发展,亦必有相当的条件。"①以宁冈为中心的罗霄山脉中段,由于其特殊的地理环境,成为井冈山革命根据地武装割据成功并发展壮大的重要条件。

罗霄山脉北起湖北的通城、崇阳、通山,南至广东的南雄、始兴,沿着湘赣之交,南北绵延数百公里。总体看来,罗霄山脉中段重峦叠嶂、连绵不断,高山和丘陵面积占85%以上,许多山脉海拔在1000米到1500米之间,其中酃县境内与江西交界的酃峰海拔高达2115米,其他如永新和宁冈境内的万洋山、莲花的武功山、遂川的江西凹海拔均在1000米以上,地势非常险要。湘赣边界地区属亚热带湿润气候,一年四季气候温热,雨量充沛,光照充足,霜期很短,为水稻、花生、大豆、茶油等农作物的生长提供了很好的条件。加之这里森林密布,野生植物资源丰富,为工农红军在此割据、开展游击战争提供了天然屏障。以宁冈为例,1937年县志记载该地区"可伏千军万马",并可以"一年耕而三年食"②。

整个罗霄山脉跨越湖南、江西、湖北、广东四省,北段离湖北、湖南两省的政治中心较近,不利于政治、军事割据;而南段虽然地形更为复杂,但又远离政治中心城市,在政治上难以对周边地区产生影响;而以宁冈为中心的罗霄山脉中段处于湘赣两省交界处,是一个难以进行有效统治的政治、军事上的盲点,如凭借井冈山复杂的地形和丰富的物产,在军事上可以做到进可攻、退可守,确实是一个易守难攻的天然屏障。毛泽东经过实地考察和分析后得出结论:"整个的罗霄山脉我们都走遍了;各部分比较起来,以宁冈为中心的罗

① 《毛泽东选集》第一卷,人民出版社1991年版,第48—49页。
② 《民国宁冈县志后志》,江苏古籍出版社1996年版。

霄山脉的中段,最利于我们的军事割据。”①这里作为湖南和江西两省的结合部,敌人的统治力量相对薄弱,边界六县的敌人驻军很少,基本上是依靠地方民团维持。1926 年至 1927 年 10 月间,永新只有陈修爵部,后被北伐军朱耀华部赶跑;茶陵、酃县一带有战斗力的反动力量只有罗定的湘东保安团;宁冈豪绅为“清剿”袁文才部,曾请来八师二十四团和二十三团王秉清营,也无功而返;遂川只有赣州的刘士毅独立七师具有威慑作用②。从两省总的军力分布情况看,湘军较强、赣军较弱,但边界六县中只有两县属湖南,对其威胁不大,而有四县的江西虽然感到威胁大,但因兵力少,战线长,又往往力不从心;且两省军阀矛盾重重,只想自保,因此难以协调一致,甚至由于利益冲突而发生分裂和战争。毛泽东对此深有认识:“因为有了白色政权间的长期的分裂和战争,便给了一种条件,使一小块或若干小块的共产党领导的红色区域,能够在四围白色政权包围的中间发生和坚持下来。湘赣边界的割据,就是这许多小块中间的一块。”③加上国共合作和大革命以来,马克思主义的传播在湘赣边界产生了深远的影响,工农运动的开展使湘赣边界产生了翻天覆地的变化。到 1927 年秋收起义后毛泽东引兵井冈之前,尽管全国的革命形势陷入低潮,但比较而言,由于大革命的洗礼,湘赣边界的群众基础更好,党的组织和力量保存得更好,并有袁文才、王佐两支具有革命倾向的绿林武装盘踞在井冈山上,这一切为井冈山革命根据地的

① 毛泽东:《井冈山的斗争》,《毛泽东选集》第一卷,人民出版社 1991 年版,第 79 页。

② 余伯流、陈钢:《井冈山革命根据地全史》(修订本),江西人民出版社 2007 年版,第 53 页。

③ 毛泽东:《中国的红色政权为什么能够存在?》,《毛泽东选集》第一卷,人民出版社 1991 年版,第 49 页。

创建打下了坚实的基础。

第二节　大革命前夕边界地区的经济政治状况

湘赣边界地区特殊的地理位置造成了其相对特殊的经济、政治状况:经济上,封闭、落后的小农经济占据了主导地位;政治上,北洋军阀割据统治下的政治腐败,农村地主政权与族权结合下的宗法压迫,使湘赣边界广大的平民百姓生活在水深火热之中。

一、落后封闭的小农经济

湘赣边界由于罗霄山脉贯穿其中,山地和丘陵面积占到全境的85%以上,宁冈、遂川、莲花等更是高达90%以上;又由于地处偏隅,交通闭塞,边界地区的经济水平非常低下,基本上是依靠农业经济支撑着当地的民生,近代以来的资本主义国家的工业革命和晚清以降的洋务运动对该地区几乎没有产生任何影响。尽管帝国主义的入侵冲破了中国过去的封闭状态,搅动了农村自给自足的自然经济,但由于辛亥革命以来革命的不彻底性,导致千百年来维持封建统治的地主土地所有制不但没有被触动,反而在新军阀、新官僚、新兴民族资本家的加入下,土地兼并之风日长,土地所有权越来越集中。辛亥革命以后,军阀割据长期存在,作为湘赣两省的结合部,由于交通条件的限制,边界各县的经济和社会发展较之其他地区受重视的程度要小,与外界经贸往来很少,封闭落后的小农经济占着主导地位。

大革命之前,以宁冈为中心的边界地区,除了遂川、酃县、茶陵、莲花部分地区外,人们基本上过着日出而作、日落而息的小农生活,商人及读书的占极少数,乡绅在农村占据着统治地位。边界地区的生活状况,基本处于自给自足的状态,杨克敏(即杨开明)在1929年关于湘赣边苏区情况的综合报告里对当时边界的经济生活做了比较详细生动的描述:"边界的经济本来是一个小农经济区域,自耕农甚多,日常生活程度颇低。米一元可买四五十斤;茶油每元钱可买八九斤;盐每元七斤。普通一个人生活,有一元多钱就可度过一个月。宁冈出米,每收获一年可够两年之吃。以是农民都家给人足,生性颇懒。出产以木为大宗,茶油、米、花生、豆次之。因为地处边陲的原因,受资本经济的侵蚀颇迟,洋货业在市场不甚发达,有些地方的交易还是'日中为市'的逢圩办法,如宁冈的茅坪、遂川之黄坳水〔小〕井等是。有些地方更还是杵臼时代,如山上的农民却还是用手臼打米的,只有到山下如宁冈之龙头、古城、永新等才有碓臼。经济的状态,因地域的关系(较偏僻,与交通较便利之处)与此微有不同。茶、酃、永新各县要较进步,宁冈、遂川要较落后。平地与山上又不同,平地的进步些,山上的落后些。"①

(一)土地集中

据1916年北京政府农商部统计,全国耕地面积大约15亿亩,但掌握在地主、富农手里及公共土地(如族田、庙产、公堂等)就占将近11亿亩。广大的贫雇农和中农只占4亿亩左右②。北洋军阀头子袁世凯本人就在彰德(府名,1913年废)、汲县、辉县占田400顷左

① 杨克敏:《关于湘赣边苏区情况的综合报告》(1929年2月25日),《井冈山革命根据地》(上),中共党史资料出版社1987年版,第248—249页。

② 孔永松:《中国共产党土地政策演变史》,江西人民出版社1987年版,第4页。

右[①]。1927 年 6 月，国民党农民部对当时全国土地占有状况有一个统计：有土地的 1.5 亿人占农民总数 45%，无土地的佃农、雇农、游民共 1.86 亿人，占农民总数的 55%；占农村人口 75% 的贫农、雇农、游民仅占有土地 6%，而占农村人口 32% 的地主、富农却占土地达 81%[②]。湘赣边界地区落后、封闭的小农经济是建立在封建土地所有制基础之上的。早在 1928 年，毛泽东经过调查研究，就对湘赣边界各县的土地占有情况做了比较准确的判断："边界土地状况：大体说来，土地的百分之六十以上在地主手里，百分之四十以下在农民手里。江西方面，遂川的土地最集中，约百分之八十是地主的。永新次之，约百分之七十是地主的。万安、宁冈、莲花自耕农较多，但地主的土地仍占比较的多数，约百分之六十，农民只占百分之四十。湖南方面，茶陵、酃县两县均有约百分之七十的土地在地主手中。"[③] 1929 年 2 月，时任湘赣边界特委书记的杨克敏在写给中央的报告里，也针对湘赣边界的土地占有情况做了描述："遂川、茶陵、酃县、莲花等县土地比较集中，农民的被剥削较严重……然而土地百分之六十五以上仍是操在地主手里，农村中大多数的群众，对于土地革命，仍然是他们所要求所拥护的。"[④]

现就边界各县在大革命时期至 1927 年毛泽东引兵井冈山，实行土地革命前夕的土地占有情况作一简单介绍。

---

① 《中国农业近代史资料》(第二辑)，三联书店 1957 年版，第 14 页。

② 《第一次国内革命战争时期的农民运动资料》，人民出版社 1983 年版，第 4 页。

③ 毛泽东：《井冈山的斗争》，《毛泽东选集》第一卷，人民出版社 1991 年版，第 68—69 页。

④ 杨克敏：《关于湘赣边苏区情况的综合报告》(1929 年 2 月 25 日)，《井冈山革命根据地》(上)，中共党史资料出版社 1987 年版，第 249 页。

宁冈作为井冈山革命根据地的中心，在土地革命前，其土地集中的程度较之边界其他地方相对较小，基本情况是：土地多为地主和半地主式富农所占有，占人口大多数的劳动农民则无地或少地。1928年苏区进行土地革命前，茅坪村共有233户、1540亩土地，其中贫农141户、雇农26户、中农57户，计224户，占总户数的96.14%，拥有土地570亩，占土地总面积的37.01%，户均2.54亩；地主4户、富农5户，计9户，占总户数的3.86%，拥有土地970亩，占土地总面积的62.09%，户均107.78亩。

遂川县的土地状况。据土地改革前遂川部分乡村的调查资料，人均耕地1.28亩。其中：地主占总人数的5.1%，人均占有耕地12亩；富农占4.5%，人均耕地2.61亩；中农占27.2%，人均耕地1.13亩；贫雇农占61.7%，人均耕地仅0.36亩，是地主人均的3%，不到富农人均的七分之一①。

莲花县的土地状况。据资料统计，1928年时，全县有土地29.9万亩，其中富农以下的农民有10.95万亩，占总数的36.62%；祠会书院有田近2.55万亩，占总数的8.53%；地主富农有16.4万亩，占总数的54.85%。大地主颜贱茂通过各种方式买卖、兼并土地，有田3000多亩，地跨莲花、永新、茶陵三县，成为远近闻名的大土豪。另一个大地主金保吾家有田2700多亩，占有县内汤渡、彭兴、斜溪、泰垣、湾溪、汉上等村的大部分土地，甚至在萍乡也有庄田②。

永新的土地状况。根据毛泽东1928年4月参加永新县田西乡分田试点工作时的调查统计：全乡3个自然村，共148户人家、851

① 《遂川县志》，江西人民出版社1996年版，第361页。

② 《莲花县志》，江西人民出版社1989年版，第270—271页。

人、1645 亩土地，其中 5 户地主土豪占地 1170 亩、中农占地 330 亩、贫农占地 145 亩，占有比例分别为 71% 强、20% 强、9% 弱。田西乡塘边的大地主徐美山，一人占有耕地 426 亩，占全乡地主土地的 36.4%①。

茶陵县的土地状况。有资料记载，大革命前，茶陵地主人口仅占全县人口的 5% 左右，而占有土地 70% 以上。当时茶陵上严塘的大地主陈济吾，占有农田 3600 余亩，茶、松、杉山地 2 万亩。河坞地主周松甫，占有农田 800 余亩，拥有茶山“九陇十八坳”，房屋 70 余间。其他地方，如高陇的地主谭国铭和八团的周纪勋，都是茶陵县内的土地大户②。

（二）地富盘剥

由于土地主要集中在地主手上，边区山民当中，除了小部分拥有自己的土地成为自耕农、半自耕农外，大部分是佃农或贫农，而少数连土地都租佃不到的山民只能沦为地主的长工。贫苦农民作为当时社会的最底层，要同时遭受封建主义、官僚资本主义和军阀的多重压迫，其中地主豪绅的经济盘剥是套在边区人民脖子上的最粗的绳索。

千百年来，封建地主剥削农民的基本形式有租佃、雇工、高利贷、典当等。放佃收租是地主剥削农民的主要方式。地主出租土地给农民耕种，纳租形式有谷租、分租、钱租三种。谷租是每年秋收后，佃农一次性向地主或祠会交纳租谷，租额由田主额定；分租是在收获时对半分成；钱租租额因地而异，一般分三等定价，采用钱租的

① 《永新苏区志》，南海出版公司 1990 年版，第 168—169 页。

② 中共茶陵县委党史办：《茶陵人民革命史》，中共党史出版社 1994 年版，第 1 页。

比较少。如在宁冈,每亩租谷一般为上等田 3 石、中等田 2 石、下等田 1.5 石,也有的地租甚至占收获量的 70% ~80%;在永新,每亩租谷上等田 100 ~125 斤、中等田 80 ~100 斤、下等田 50 ~75 斤。租额基本上占到收获量的一半左右,丰年或歉年基本不变。一般在稻谷收割后一次性交纳,并且还要佃农送上门入库。如茶陵东乡长乐村农民彭头姑租种地主土地 3.4 亩,租约规定年交纳谷 6 石 5 斗。1932 年,地主见收成较好,以退佃要挟加租 5 石,过了两年又加租 5 石,彭头姑一家劳累一年,只有 1 石多谷子。民国时期,在湘赣边界几乎所有地区,不少佃农除向地主交纳正常租谷外,还需一次性交纳顶租或顶耕金,否则,地主可向佃农随时收回出租土地。如在莲花县,佃农租种 1 亩田,每年要向地主交纳 1 只鸡、数斤肉,叫做“田鸡、田肉”。在酃县,农民租种地主的批租田,每亩需交批金(押银)5 ~10 元(银元),均高于租额。在遂川,农民收获后要为地主置办“收租酒”。许多封建地主还利用对封建宗族的统治地位,把持祠会、庙会、神会等多种土地的出租权,攫取佃户的高额租谷。

雇工一般分为长工(年工)、月工和零工(日工)。长工是为地主连续劳动 1 年以上者,一般每年农历正月十六日上工、12 月十五日完工,一名长工一般要耕种 10 亩地。月工和零工多在农忙时为雇主劳动。据 1936 年资料,莲花县长工工资一年最高 35 吊,合银元 5 元,最低 21 吊,合银元 3 元;日工工资,忙时男工最高 0.4 吊,最低 0.15 吊,女工最高 0.38 吊,最低 0.10 吊。在永新,据 1938 年资料,工资情况是长工一年 30 元左右,月工一个月为 3 元左右,零工一天为 0.2 元左右。1947 年,宁冈男长工年工资最高 80 元、最低 30 元;男月工月工资最高 10 元、最低 3 元;男零工日工资农闲时最高 0.50

元,最低0.03元,农忙时最高1元,最低0.50元。在酃县,做长工的每年最高工价是80吊铜钱,折合大米400来斤,每天工时都在12小时以上。许多地主家庭还廉价雇用童工、婢女等劳动力,这些人的工资更低,劳动量更大,还没有人身自由,生活境况更加悲惨。

高利贷是中国封建社会持续到民国时期封建地主剥削农民的一种残酷的手段。借贷分借钱、借粮。据1939年十二月统计,宁冈全县借钱户占总农户数的50%,月利率最高3%、最低1%、普通1.5%;借粮户数占总农户数的40%。春季借粮1石,秋收时加利息0.5石~1石。据1937年资料显示,遂川县内80%以上的农户要借钱、粮、油等。借钱的利率每月最高50%、最低10%、一般25%左右;农户在年初借谷1.5担、借油1.5斤,秋后至少多归还谷1担、油1斤,到期无力偿还便利上滚利。县城有个农民李金茂,借地主1箩谷,到期无力偿还,6年后本利滚到32担。酃县城关大地主谭友渔,放高利贷之利率为钱30%、谷40%,青黄不接时,利率高达100%以上;一年不还,利上滚利,多年不还,还需田土房屋抵押。黄挪潭农民向大地主周德裕借钱借谷,得事先给他做工10天,才能借上一二石谷。大部分地方借高利贷都实行"九出十归",即借时先付利息,如息额为1/10,则借10元先付利息1元,实际只得9元。

连最低生活难以维持的农户,需钱、粮救急,又借贷无门时,只得把未登场的新谷、新油贱价预卖给地主,秋后交油交谷,叫卖青苗(俗称粜新谷)、卖生油(俗称捡油钱),农民称之为"阎王救命钱"。预卖的油谷只能得到原价的一半。

土地典当形式,即是农民急需现款现物时,将土地当做抵押品向地主富农借贷,议定每年应交利谷(典租谷),限定赎取年限。土地典当,其价远远低于土地买卖。

地主对农民的剥削,除以上几种形式外,还挖空心思采取各种方式来盘剥农民,如采取小斗出大斗进和使用"黑心秤"、特制风车等。另外,由于地主掌握土地租佃的主导权,佃农被迫经常去地主家帮工,只给饭吃,没有报酬;逢年过节,婚丧喜庆,佃户都要给地主送礼。例如在茶陵,有所谓"五租""三酒":"五租"即佃户向地主交租柴、租草、租油、租鸡、租鸭,"三酒"即请地主吃春酒、吃看禾酒、吃新谷酒。农民由于依赖土地,只能忍受地主的剥削和压迫,敢怒而不敢言。

二、军阀割据下的腐败政治

清朝末年,由于农民起义和列强入侵的双重打击,清政府陷入军事、政治、经济的多重危机,国库空虚,统治摇摇欲坠。为了弥补军政费用之空,清政府大肆卖官鬻爵,庸碌之辈、投机之徒充斥官府,以至民间有"京堂满街走,员丞不如狗"之说,"一年清知府,十万雪花银"的现象极其普遍,这种风气一直延续至北洋军阀统治时期。

辛亥革命之后,袁世凯窃取了革命果实,虽然推翻了清王朝,但并没能完成反帝反封建的任务,民族矛盾和阶级矛盾依然十分尖锐。李烈钧于1912年回江西任都督,1913年由于追随孙中山发动二次革命被袁世凯镇压,北洋军阀势力开始进入江西,随后李纯、陈光远、蔡成勋、方成仁、邓如琢等军阀先后统治江西,北洋军阀统治江西十几年。这种局面一直持续到北伐战争结束后的1926年底,此后国民党势力开始取代北洋军阀势力。湖南的情况相对比较复杂。1917年之前,统治湖南的是以谭延闿为首的湘桂军阀,1917年北京的段祺瑞政府派傅良佐督湘,谭延闿被迫下台,由此引发了傅良佐与湘联军的冲突，傅良佐被赶出湖南，后皖系的张敬尧、直系的吴佩孚和冯玉祥先后进入湖南，湘桂军退守邵阳、郴州、永兴一带，在湖南的茶陵、酃县等地形成皖系的张敬尧部与湘军之间“南北对峙”的局面，以至于在茶陵一县竟同时一度出现北、南两个茶陵县政府，这种局面维持了一年多，直到1920年，谭延闿、赵恒惕等湘人军阀打着“湘事湘人自治”的旗帜，又把外省军队统统赶出了湖南。湖南全省实现表面上的统一。在整个军阀统治江西、湖南时期，政治腐败，贪渎盛行，地方乡绅势力与军阀勾结欺压百姓。由于兵事不断，经济上实行竭泽而渔的政策，边界人民的生活是每况愈下。

在政治上，军政府实行军事管制，对百姓实行高压政策，贪污腐败盛行。从中央到州县，各级官吏纳贿买官司空见惯。据茶陵县议会1921年四月的一份咨文记载：“自高知事接任后，图饱私囊，违反民意，竟将都公举之征收员逐渐更换。每换一名暗得洋银二三十圆或四五十圆不等。”高知事仅此一项纳贿不下千元。每一任县知事，“单骑上任，数骑而归”。而这些靠行贿买来的征收吏，就变本加厉地捞钱，如咨文记载：“催征吏下乡遂肆行无忌，到一家多则需索数千文，少亦数百，稍不如意，即飞误加害，累及其身，甚至有倾家荡产者。”大小军阀与地方乡绅势力相互勾结欺压人民，地主乡绅集团是直接统治边界各县的小军阀，他们盘踞在城镇乡村。例如在酃县，有所谓“四大天王”“八大金刚”的贾少棣、谭子谷、谭友渔、吴耀庭、孙秉文、刘晓阁、袁跃庭、周炎卿、何鼐臣、罗秀庭、霍凤梧、罗汉猷。在莲花，除了颜贱茂、金宝吾、李成荫这些大土豪外，还有一批地方恶霸，如沿背彭唯周、瑶坊贺克安、三板桥贺振华、下坊郭格飞等。他们与衙门官吏相勾结，操纵全县军、政、财、文、人权，上可以左右县衙知事,下可以支配各地乡绅;他们收买游兵散匪枪支,组织团防武装,横行全县,勒索粮饷,欺压人民。上至县长议员,下至团总书吏、豪绅地主,都是高居在农民头上的统治阶层。专揽官司之讼棍,勾结官府,包揽全县诉讼民刑案件,事情不论大小,如果要诉讼到官,必先求助于书吏讼棍写状纸,每做一份状纸,不管后果如何,讼棍照收状纸费,少则三四元,多则十数以至数十元;而且他们两面受贿,视谁钱多势大就替谁说话。酃县的周炎卿即为全县之一大讼棍,专靠诉讼敲诈发迹,家财万贯,南乡百姓对其无不切齿痛恨。而官府衙门所收取的诉讼费用名目之多无以复加,同样是茶陵县议会民国十年(1921)四月咨文记载:"有所谓传词费、投案费、检场费、录供费、草鞋费、到单费、站堂费、油烛费、和解费、新词费、旧词费、结案费……""一人系狱,举家彷徨,而看役复敲诈异常,煤水需费、歇宿需费、和协汤需费。入狱出狱无一不需费。"可见在军阀统治下的边界各县的吏治和司法均已腐败透顶。

经济上,由于连年军阀混战,兵事不断,军阀政府实行竭泽而渔的政策,苛捐杂税名目繁多,弄得民不聊生、怨声载道。以酃县为例,农业税在1912年,以清税额折合长平银9279两为基数,地方附加4217两,正附合计13496两,地方附加为正税的45.5%。尔后,地方附加名目繁多,数目逐渐超越正供多倍。民国十年(1921),水旱虫成灾,庄稼四成失收,赋谷不但未免,反而超征2万余石。1928年,国民政府通令豁免历年欠赋,酃县不但未免,反而重征两年,加以额外苛索,致有逼死团总之举。1930年,地方附加增至59164元(银元),为正供的2.9倍。1925年,茶陵农业歉收,田产量每亩不到300斤,农民交完地租后,尧水团防局长刘珠煌以购买枪支名义,逼迫农民在交纳每亩2元的田赋外，还收5角附加税，激发了民众抗税斗争，这些抗税队伍就是后来尧水农民自卫军的基础。工商税收除沿用清末税种杉木税、油税、牙行税、当税、田房契约税、鸡鸭鱼税、纸棚税、墓土税、关税等外，先后开征屠宰、印花、盐、货物、房产、产销、遗产、土地（分地价、土地增值）、筵席及娱乐、薪给报酬所得、财产租赁出售所得、营业牌照、车船使用牌照等税，共计20余种，且多有附加。另外杂捐繁苛，摊派数额惊人，计有国防附加、房捐、竹木捐、积谷捐、团练捐等等。据《湖南全省赋税团防警察司法统计概要》载："民国十八年，酃县竹木捐及团防摊派75191元（银元，下同），规费及附加69082元，各项赋税27341元，共计171614元，人平负担1.44元，居全省第四位。"

三、宗法压迫

宗法制度在中国经历了几千年的演变和发展，与封建专制统治是相始终的。在广大农村，族权成了宗法制度的集中体现。因此，在中国漫长的农业社会里，皇权和族权乃是农村专制统治结构中的两大支柱。辛亥革命推倒了清王朝这根皇权支柱，但建立在地主土地所有制和小农经济基础之上的族权，仍是辛亥革命后束缚广大农民的一大绳索。在农村，人们都是以家族血缘关系为纽带，群集而居，形成了一个一个相对独立、封闭的村落；而每一个村子，都有一整套的独立于国家政权之外的内部权力体系，高居在权力金字塔顶端的是各个家族的族长。在每一个村子，各姓都有宗祠，各族都有族长；族长往往凭借其权力和特殊的地位，为自己谋取利益，慢慢的，他们当中的一些人逐步演变成地主；一些豪绅地主又往往凭借其经济实力而逐渐把持族权。这样，在农村，地主政权便与族权紧紧结合在一起。一方面，他们利用家法族规来进行统治和管理，一旦触犯了这些家法族规，处罚是残酷的，轻则打板子、除名，重则予以活埋、吊死甚至沉潭；另一方面，他们利用把持本族大小事务的便利，往往贪污公钱、祠款，或借口修谱、修祠、祭祀，向本族民众派款勒索。有时候，村庄与村庄之间，家族与家族之间，因为争夺水源、林地等发生矛盾，豪绅地主往往制造和利用这些矛盾，挑起事端，引起械斗，受残杀和迫害的是农民。这种现象在湘赣边界的农村是非常普遍的。1923年，酃县的霍家与台山张家两个家族为建造一座文塔产生矛盾，在族绅的指使下，两姓群众发生械斗，打死打伤数十人。辛亥革命后大革命前，中国广大农村包括湘赣边界地区，宗法压迫丝毫没有减弱。

辛亥革命以来的湘赣边界人民虽然摆脱了封建皇权的统治，但仍然没有摆脱封建地主和具有浓厚封建色彩的新旧军阀的统治，经济的盘剥、政治的高压、战事不绝和宗法压迫，使得边界人民依然生活在水深火热之中，一遇到兵荒马乱、天灾人祸，下层民众便没有活路。茶陵等地在1922年和1929年发生灾荒，农民没有粮食，以树皮、草根、观音泥为食，有的嫁妻卖子，外出逃荒者络绎不绝。当时，在湘赣边界地区流传这样一首民谣：

清早煮“橡皮”①，
中午捞“虾米”②，

① 指红薯皮。
② 指稀粥。

晚上钳鸟鸡①,
荒年向天要:
“仙果”②、观音泥。

这成为20世纪20年代湘赣边界地区穷苦人民生活的真实写照。

第三节　边界山民的反抗斗争

哪里有压迫,哪里就有反抗。湘赣边界山区人民千百年来一直就富于抗争精神,特别是清末民初以来,由于封建专制统治日趋反动没落,社会矛盾日益尖锐,尤其是民族矛盾和外部世界的强烈冲击,湘赣边界人民的反抗斗争风起云涌、此起彼伏,震撼和动摇了固有的统治阶层和秩序,为新的革命高潮的到来奠定了社会心理基础。

一、清朝初期边界人民的反抗斗争

早在清顺治初年,江西爆发了著名的棚民起义,这次起义声势浩大。顺治三年(1646)七月,江西棚民起义军张克臣部由永新攻入永宁(即宁冈),夺取了县城,焚烧了县署,转战县境古城、新城、鹅岭等乡,威震全县。顺治五年(1648),永宁棚民再次响应南昌金声桓、王得仁反清复明的号召,又攻占县城,知县王化行被义军所杀。顺治六年(1649),南昌的反清军金声桓部将盖遇时在永宁棚民的配合下,再度攻克永宁县城,次年被清军夺回。当年,盖遇时联合万洋山棚民起义军刘京部万余人大举反攻,重新攻克了永宁县城。顺治九

① 指芋头。
② 指野果。

年(1652),清军参将任仲良、罗映怡和守备齐登科统兵前来镇压盖遇时、刘京,交战年余,至顺治十年(1653)终因征战日久,粮尽援绝,义军失败,其首领刘京被俘就义。

清顺治四年(1647),吉州"苍头蜂起",由安福、庐陵发展到永新,"每村千百人,各有渠魁,裂裳为旗,销锄为刃",号称"铲平王",谓"铲主仆贵贱贫富而平之"。

清康熙二十七年(1688),茶陵生员陈丹书起兵反清。生员陈丹书是茶陵县严塘岩口人,在1688年农村历十二月二十四日起兵反清后,很快就攻下茶陵、安仁两州、县城,进逼衡阳的江东。衡州叶尔藏、王安儿起兵响应,七月聚众安仁,渡湘江攻衡州失败,叶尔藏、王安儿阵亡。陈丹书退至常宁,被捕就义。相传陈丹书选择农历十二月二十四日过小年这天起义,是因为官兵在这一天防范松懈,他便通知参加起义的队伍提前到二十三日这一天过小年。为了纪念这次起义,茶陵民众现在仍然保留了在农历十二月二十三日过小年的习俗。

二、太平天国运动波及湘赣边界

1851年至1864年太平天国战争时期,太平军转战湘、赣两省,在遂川、茶陵、莲花等地活动频繁,战事不断,对清朝在该地区的统治造成了毁灭性冲击,也激发了该地区其他农民起义。

太平军曾多次深入茶陵境内,三次攻克茶陵州城。清咸丰二年(1852),太平天国西王肖朝贵进军长沙,从攸县攻克茶陵。农历八月上旬,太平军先锋队在长沙攻城受挫后,驻郴州的天王洪秀全和东王杨秀清率全军北上赴援,攻克茶陵州城,活捉知州刘旭。咸丰五年(1855),广东何禄的天地会起义军(后加入太平军)陈荣、邓象、周培春部从郴州出发，经安仁攻茶陵，占领州城。周培春率部前往江西永新，与太平军会合。九月初九，岳州知府王葆生、统军赵焕联率部分三路反攻茶陵，陈荣率部突围，分别退至酃县和永新。太平军转战茶陵时，先后有州民数千人加入起义军。

太平军血战龙泉（遂川）。咸丰六年（1856）春，太平军攻克吉安，接着由吉安分道入龙泉，占据龙泉城。全县各地也揭竿响应。农历七月，桂东城守曾新贵统兵抵龙泉镇压，被太平军击溃；蓝大椿率兵增援，亦被击溃。次年，多路清兵夹攻太平军，城被攻破，首领张谦（举人）、钟起凤（武举）等被处死，悬首四城门示众。嗣后，张琳、廖清华率太平军余部数百人，退至北乡社溪一带活动。咸丰八年（1858）正月，太平军郑世标、张铁头集余部，在（永）新、宁（冈）、泰（和）、龙（泉）四县及湖南酃县边界活动，知县汪世梅联络各县清兵"会剿"，兵败被杀。

太平军转战永新。咸丰二年（1852）七月，太平军一部由广东进军至湖南茶陵。永新县令吴攸之督县绅募乡勇于城隍界防御。咸丰三年（1853）七月，泰和邹思滏响应太平军，聚众起义，攻占泰和县城，进而包围吉安府，再攻永新，被黄万铭督兵击败于北门城外，邹退走莲花厅。清咸丰五年（1855）九月，天地会卢纬、葛耀明等统众数万，由茶陵入永新，攻克永新城后占领安福，向袁州进发。接着王潮义等率天地会一部，自湖南茶陵攻占永宁城，随即进攻永新。清咸丰六年（1856）正月二十五日，太平军翼王石达开率军攻克吉安，在吉安府属各县设立监军，以柯景春为永新监军。柯景春旋即率太平军一部进驻永新，后撤离；接着检点傅忠信率太平军1万余自吉安攻永新，大败清军。后湖南巡抚骆秉章遣前桂阳知州俞昌会统兵，由湖南茶陵进攻永新,太平军退走龙泉。

咸丰三年(1853)三月,遂川爆发反清起义,刘通义、胡志尧等在左安倡立“天地会”,拥众数千,震慑邑郡。吉安王太守、韩参戎及知县杨倪、都司马占魁重兵前往堵剿。义军奋勇拼杀,并放火烧毁左安分司衙署,杀清兵2名。韩与上乡团勇合剿,义军被杀数十人,后退扎藻林山林。五月十五日,骆斌超、钟辉山(武生)、廖飞鼠等聚众于西溪暖水萧家祠,以忠义堂名义,起事反清。二十九日,杨谆带兵会同乡勇攻剿,起义军寡不敌众,骆斌超等7人被擒斩首。是夜,清兵围击竹坑,杀数百人,首领廖飞鼠等10人被擒,清兵退扎大汾。六月,钟辉山等280余人均被清兵杀于大汾。

清同治二年(1863)五月,永新杭江发生石角牛兄弟率山民聚义。接着,清同治五年(1866)九月,永新绥源山斋民聚集起义,应者以千数,影响很大。

清光绪十四年(1888),宁冈爆发黄三祥起义。永宁(宁冈)源头石洞村农民黄三祥拳师结交贫苦农民1000余人,以木棍、大刀、乌铳为武器,率众攻破永宁县城,焚毁县署,惩办豪绅,全县震动。光绪十九年(1893)冬,黄三祥联合酃县邓世恩、安仁县赵飞龙和龙泉(今遂川)李安辉、张亚田组成“草珠军”,于次年正月初八日再次攻打永宁县城。同月十二日,起义军于深夜进攻永宁县城,因知县郑恭早有戒备,起义军误中敌计而败,阵亡100余人,被俘64人,邓世恩、赵飞龙、李安辉、张亚田均被生俘英勇就义,黄三祥率部分起义军突出重围。

三、清末民初边界的反抗斗争以劫富济贫、为民请命为主旨

(一)永新的“洪江会”和“吴楚龙门山”起义活动

1909年,永新关北李达里、石洪里和北乡曹振国、邹生朵等为首

组织“洪江会”。李达里、石洪里据井冈山，曹振国、邹生朵据天龙山，年底会合攻打永新县城。“洪江会”在永新城乡发展组织，募集武器，建立武装。

1911年（清宣统三年），永新龙门、台岭、澧田、合田一带的贫苦农民在首领刘党（台岭人）的倡导下组织“吴楚龙门山”（实是“洪江会”的一支，取永新地处吴头楚尾之意），于禾山龙门起事。当年在田味祠堂召开大会，与会500余人；第二年开会，与会800余人；第三年开会，与会1000余人。1913年，率众攻打县城，并接应省讨袁斗争，在当地产生重大影响。

（二）“梭子兵”起义活动

1918年，广西军阀沈鸿英部被江西沈光运部击溃，以吴德明为首的两个连溃兵流窜于茶陵、莲花、永新、攸县一带，打家劫舍，出没无常，因其梭来梭去，被称为“梭子兵”。开始势力很小，同党很多是“洪江会”的成员，一度发展到拥有200多支枪，声势浩大。后来在莲花、永新先后又爆发了几路“梭子兵”起义。1922年，以刘石里、谢黄仔、黎忠善等人为首，在莲花垄西瑶坊一带爆发了一路“梭子兵”起义，他们提出的口号是：“富户有钱不要乐，穷人无钱莫煮粥，只要我们团结紧，定叫豪绅活不着。”他们白天隐藏在深山老林，晚上出来捕捉土豪劣绅，令其交款。神泉大地主宁家仔因常年欺压百姓，刘石里带了“梭子兵”捕杀了宁家仔。1923年，贫苦农民组织另一路“梭子兵”，活动于永新县境西南、西北两地深山老林，昼伏夜出，劫富济贫。“梭子兵”各路由于互相分裂，不相统属，不能很好地协调配合，后在各县团练武装和军阀的联合剿杀下，被各个击破，相继失败。

（三）1924年宁冈的“马刀队”起义

1920年，宁冈的半冈山青年农民胡亚春、张斐卿等被官府所迫，走投无路，领导农民在半冈山组织“马刀队”，树起“劫富济贫”的旗帜，经常没收豪绅的财物分给贫苦群众。1921 年，胡亚春、张斐卿联合遂川茨坪的绿林邹勇等进驻宁冈的茅坪一带，声势颇大。后宁冈茅坪的袁文才由于被逼加入了胡亚春的“马刀队”，使得“马刀队”如虎添翼。袁文才（1898—1930），又名选三。出生于宁冈茅坪马源坑村的一个客籍农民家庭，小时候读过几年私塾，成年后因新婚妻子被当地土豪霸占，埋下仇恨的种子。1922 年进永新禾川中学读书，结识了刘真、贺敏学、王怀等进步青年，后因父亲去世中途退学，回家务农。当时胡亚春的“马刀队”专“吊”土豪劣绅的“羊”（即绑票），胡亚春看中了袁文才有文化，又与当地土豪有仇，具有反抗精神，便劝袁上山。袁不想落草为寇，只答应暗中帮忙。不久被土豪谢冠南知晓，向官府告密，官府马上派兵捉拿。袁文才幸免逃脱，但官兵将袁家一把火烧毁，并枪杀了袁母。袁文才怀着夺妻、杀母之恨，投奔“马刀队”。1924 年 7 月，胡亚春、袁文才等联合茨坪杨祝三、罗冬生的义军攻克宁冈县城，焚烧县署，县知事左树暄潜逃永新。月底，北洋军派兵“进剿”，“马刀队”转入深山与敌周旋。1925 年春，江西省政府派出第三军第八师牛文田团刘汉涛一营兵力，分路进剿，袁文才等凭借地形熟悉，跟敌人巧妙周旋，使得敌人疲于奔命，毫无收获。“马刀队”从此威名大振。

（四）遂川王佐的绿林武装

王佐（1898—1930），又名云辉，号南斗，出生于遂川县黄坳乡下庄（现属井冈山市）的贫农家庭。幼年丧父，从小跟随哥哥给人家做长工。10 多岁的时候分别拜师学做裁缝和武艺。20 多岁的时候，投奔了当时井冈山上的著名绿林首领朱孔阳，充当“水客”（即侦察）兼采购。1924年春，王佐独自“吊羊”（即打土豪）得银洋80元，便买了1支毛瑟枪，后又缴获遂川几个税警的4支枪，遂脱离朱孔阳，公开打出“劫富济贫、除暴安民”的旗号，通过招募人员，自己制造土枪、鸟枪，队伍扩展到50多人，并把队伍拉到遂川茨坪一带。1925年，因为受宁冈的“马刀队”攻克宁冈县城的影响，江西省政府派出第三军牛文田部进剿井冈山。王佐利用井冈山的有利地势与敌人周旋，牛文田怎么也奈何不了他，军阀政府只得对其进行招安。王佐与另一支绿林队伍罗冬生部同时被改编为新遂边陲保安团，罗、王分任正、副团长。但不久罗冬生便被反共指挥尹道一谋害，王佐虽然升为团长，但被尹道一的部属限制，而王佐原来的一些老部下又背叛了他，所以成了一个傀儡团长，而且几次险被杀害。王佐只得率领一小部分下属躲进深山，重新做起了山大王，1926年部下发生内讧，王佐又险些被杀。后逃奔到袁文才处求援，由于和与袁文才同年，便和袁文才义结金兰。袁派一批人马护送王佐回到茨坪，铲除了内讧分裂分子，重整旗鼓，队伍逐渐发展到300多人，拥有60条枪，成为井冈山地区一支重要的绿林武装，与井冈山茅坪的袁文才部遥相呼应。

千百年来，湘赣边界人民从没有停止过反对剥削和压迫的武装反抗斗争，特别是清初以来，民众的反抗运动更是风起云涌、此起彼伏，尽管斗争基本上都失败了，但却沉重地打击了封建专制统治和军阀的腐败政治，提高了当地民众的斗争觉悟，涤荡了传统封建思想的禁锢，为稍后的革命思想的传播特别是马克思主义的传播和发动民众，起到了重要的作用。

第二章

第一次国内革命战争时期湘赣边界各县形势

第一节　马克思主义的传播

辛亥革命后，由于清末以来西学东渐的影响，加上辛亥革命的冲击，更加激起了国人对外部世界的兴趣。来自欧美各国的新思潮纷至沓来。深受英美资产阶级革命思想影响的孙中山把中国带入了国民革命的洪流，中国的思想界以前所未有的开放姿态，如饥似渴地学习和吸收各种进步思潮。1917 年十月革命一声炮响，给中国带来了马克思、列宁主义。俄国十月社会主义革命的胜利，极大地鼓舞了中国先进的民主主义者，新文化运动率先举起了传统中国思想革命的旗帜。在新文化运动中，以陈独秀、李大钊为代表的左翼知识分子，接受了马克思主义并进行了热情的宣传，马克思主义开始在中国大地传播，为中国共产党的产生奠定了思想基础。1919 年 5 月 4 日，北京爆发了以学生为主体的反帝爱国运动，在全国引起了极大反响。从此，革命浪潮在中国大地风起云涌。湘赣边界地区一大批知识分子怀着救国救民之心，来到省城和北京、上海等思想文化活跃的都市求学，或办实业，或投身革命。随着对外部世界的了解，他们的思想也在起变化，有的人崇奉实业救国，有的人信奉孙中山的三民主义，有的人信奉无政府主义，也有的人信仰马列主义，主张在中国实行一场彻底的无产阶级革命。

1921年7月，中国共产党成立，从此，中国的历史翻开了新的一页。湘赣边界各县一大批在外求学、深受马列主义熏陶的革命仁人志士纷纷回到家乡，以各种形式开展马克思主义的传播，开展轰轰烈烈的工人运动和农民运动，为湘赣边界迎接工农革命高潮的到来奠定了坚实的基础。

一、湘赣边界各县革命志士的作用

（一）宁冈龙超清、刘辉霄等人的革命活动

龙超清（1905—1931），又名龙济民，宁冈塘南村人，1905年生于一个书香门第、官宦之家。中共宁冈党组织的创始人之一。

1921年秋，龙超清小学毕业后，考入省立南昌二中。其嫂萧国华是江西妇女界著名共产党人，见龙超清关心时政，思想进步，便主动接近他，并不断介绍《向导》、《新青年》等新书刊给他看。在萧国华的帮助下，龙超清逐步走上革命道路，不久加入社会主义青年团（1925年1月改称共青团）。1925年转为中国共产党党员。这年3月，龙超清在孙中山先生逝世万人悼念大会上登台演说，宣扬孙中山的“三大政策”和功绩。“五卅”惨案发生后，他终日奔走于学校、工厂、商店，配合党组织发动群众罢工、罢课、罢市。在公祭遇难烈士的大会上，龙超清作了一次慷慨激昂、催人泪下的演说，并带头为“沪案之涉江西后援会”募捐，声援“五卅”运动。

1925年,龙超清经萧国华介绍加入中国共产党,担任过南昌共青团地委经济斗争委员会领导人,发动广大工人、店员开展反对资本家剥削工人的经济斗争。同年暑期,龙超清与刘辉霄、刘克犹等回宁冈度假,秘密开展革命活动,积极争取武装力量。他们先向北洋军阀县知事沈清源反复劝说招安绿林"马刀队"。沈应允后,他们又到井冈山劝说"马刀队"接受招安。是年9月13日,袁文才率领"马刀队"部分队员来到新城,接受县知事沈清源招安,编为宁冈县保卫团,趁机扩充队伍,壮大力量。

1926年暑假,龙超清受中共江西省党组织的派遣回到宁冈,与刘辉霄、刘克犹于7月间组织了马克思主义学习小组,发动和领导宁冈农民运动,响应北伐,先后建立农会、工会、商会、妇女解放协会等组织;并积极开展马克思主义的宣传,扩大党的影响,教育边界革命群众,为以后井冈山时期的革命斗争奠定了坚实的思想基础、组织基础和群众基础①。

刘辉霄(1900—1930),又名善庆,宁冈白石村人,1900年出生于一个富裕家庭。1922年考入南昌私立法政学校,很快接受了新文化运动中的进步思想,并加入中国社会主义青年团。1925年转入中国共产党。早在1924年,从法政学校毕业回县后,刘辉霄就在新城创办文明学校,自任校长,秘密宣传革命思想;同时,与龙超清组织"文明社",公开与地主豪绅组织的"新民社"相抗衡。

1925年暑假,刘辉霄与龙超清、刘克犹秘密开展革命活动,最先提出并积极协助龙超清说服县知事沈清源将绿林武装"马刀队"招

① 《宁冈县志》,中共中央党校出版社1995年版。

安下山，对说服袁文才也起了关键作用。1926年10日，趁北伐胜利之机，龙超清、刘辉霄策动袁文才的部队举行武装暴动，攻克新城，摧毁反动政权，成立宁冈县人民委员会，开创了共产党领导下武装推翻旧政权、建立新政权的先河，意义深远①。

（二）永新欧阳洛和“三刘”的革命活动

欧阳洛（1909—1930），永新北乡芦溪阳家村人。欧阳洛幼年跟随父亲读书，1926年在南昌省立第一师范读书时加入中国共产党。每次寒暑假回家，欧阳洛总是向群众宣传革命道理。在他的启发和带领下，全村30多户有10多名青壮年参加革命，并先后加入共产党，后来都为革命献出了生命。

欧阳洛在省立第一师范毕业后，奉组织指示回吉安参加革命活动，随即与刘真、王怀、刘作述、萧之慧等回到家乡策应北伐，住在永新县模范小学。他不怕危险，深入城乡各地，向群众宣传革命，并努力筹集武装，并秘密发展共产党员或共青团员。后来在湘赣边界特委担任主要领导职务的朱昌偕、刘天干等，都经过他的培养。1926年7月，中共永新支部成立，欧阳洛为书记。8月，北伐军进抵湘东南，欧阳洛同刘真、刘作述、王怀等赴茶陵与第二军党代表李富春、第六师师长戴岳商谈东进事宜。北洋军阀孙传芳驻永新的陈修爵部自知难以抵挡，被迫北撤。9月中旬，国民革命军第六师第十六团进入永新。10月，成立了过渡性的政权机构——县临时行政委员会，欧阳洛任临时行政委员会委员。3个月后，南昌委派来的县长到职，临时行政委员会结束。1926年年底，在中共永新支部的组织指

① 《宁冈县志》，中共中央党校出版社1995年版。

导下，各地建立了农会，开展打倒土豪劣绅、实行减租减息的斗争。1927年3月，欧阳洛与刘真一起支持北乡农民的请愿活动，促使县长周坚批准枪毙大土豪曾辉光，大大赢得了民心。

1927年4月以后，国民党右派反共日益猖獗，欧阳洛积极领导左派展开斗争。永新"六一〇事变"发生后，国民党永新县党部和工人联合会、农民协会等民众团体被李益连所部捣毁，县党部及各民众团体干部颜炯、胡国槐、龙中桂、贺灿珠、吴正宇、贺敏学等被逮捕。欧阳洛逃脱来到吉安，然后赴南昌汇报。7月中旬，在中共吉安地方组织领导下，安福、莲花、宁冈三县农民自卫军收复永新城。

欧阳洛在南昌参加了八一起义。8月7日，受命转移，来到九江，由于路费用完，沿途靠乞讨才抵达上海，几乎饿死在黄埔江边。找到党组织后，被分配在中共沪东区委宣传部工作，后任中共湖北省委书记兼组织部长。1930年4月5日由于叛徒告密，被捕后就义于武昌阅马场。有文献记载："临刑时他抬头高呼口号，其势雄久。后随三人唱《国际歌》和之，悲壮激烈，视死如归。"

永新"三刘"，即刘真、刘作述、刘家贤。他们是土地革命中的著名人物。"若要永新安，除非三刘上神龛。"①这话充分显示了土豪劣绅等反动分子对三刘是何等畏惧。三刘的早期活动多与王怀在一起。

刘真(1906—1929)，原名珍，西乡珠塘村人。家里世代以租田种为业。刘真从小聪颖，加上勤奋异常，因此得到了村粮会每年的奖励，顺利读完高小，1924年秋考入吉安省立第七师范，1925年加入共青团，同年转为中共党员。

① 《永新苏区志》，海南出版公司1990年版。

刘作述(1905—1930),又名纯德,西乡汉山村人。从小爱读书,先进了澧田开智小学,后毕业于联珠高小。18 岁考入吉安省立第七师范。

刘家贤(1904—1933),西乡沙堤村人。家里世代以务农兼制革为业。14 岁入澧田联珠小学读书,17 岁考入吉安阳明中学。后考入吉安省立第七师范。1926 年加入中国共产党。由于家庭贫苦休学,回家后从事革命活动。

王怀(1906—1932),高市乡江边村人。由于家里贫穷,17 岁才入莲洲小学读书,1924 年考入吉安省立第七师范。1926 年加入中国共产党。

1925 年"五卅"惨案发生后,刘真、刘作述、王怀等人奔走呼号,积极参加共产党领导的吉安全市的反帝爱国运动。暑假回家乡开展革命活动,办夜校,创青年革命团体"民声社"。1926 年夏,刘真、刘作述、王怀与欧阳洛、萧之慧等受中共组织派遣,回永新策应北伐。他们秘密发展共产党员和共青团员,并积极筹建武装组织。8 月,刘真、刘作述、王怀与欧阳洛赴茶陵同北伐军联系。北洋军阀驻永新的陈修爵部不战自退,县长张劭传逃走。刘真与王怀等率农民、工人收缴警察局与商会枪支,接管县政权。9 月中旬,北伐军第二军第六师副师长朱耀华率第十六团兵不血刃进占永新。全县农工商学各界代表选举成立县临时行政委员会,欧阳洛、王怀与贺梦周、萧之慧、刘爱亲等一同当选为委员。县农民协会成立后,刘真当选县农会会长。在这些革命志士的带领下,永新县的工农运动风起云涌,尤其是永新的西乡开展得更加如火如荼。三刘在以封建堡垒著称的西乡枧田村培养了一批像李仕忠、李仁庆、李维垣那样的农运骨干，发展了近600名农会与工会会员。1927年3月，经刘真同意，刘作述、刘家贤带领农民自卫军摧毁了龙田花汀村贺调元家的私人武装“武士队”，没收其财产，焚烧其房屋。当时王怀负责指导北乡农会的工作。北乡大土豪曾辉光罪恶深重，北乡农民强烈要求惩治，欧阳洛与刘真大力支持，促使县长周坚批准将曾辉光枪决，群众拍手称快。

(三)遂川陈正人、王遂人等人的革命活动

陈正人(1907—1972)，原名陈林，字文伦，遂川县盆珠乡大屋村人，出生在一个破落地主家庭。父亲陈治安是前清秀才，年过四十就因病去世，家境日渐衰落。陈正人读了几年私塾就面临辍学，艰难读完小学，考入吉安省立六中读书。从此开始了革命生涯。

陈正人在青少年时期阅读过《独秀文存》《劳工神圣》等书籍。在吉安读书时，受《新青年》《向导》《觉悟》《政治生活》等刊物影响很大。1925年，“五卅”惨案的消息传到吉安，工人、学生纷纷罢工、罢课，陈正人以学生代表身份，与吉安各界一起声援“五卅”运动。他负责学生和工人的组织工作，起草了《痛斥江西督办方本仁的公开信》，并在声讨“五卅”惨案的大会上慷慨陈词，揭露军阀政府的腐败无能。同时组织募捐委员会、仇货检查队，深入街头、农村募捐，支援上海工人的罢工斗争，抵制洋货，劝用国货。后转入省立第七师范学校，继续从事组织学生罢课、工人罢工的斗争，被军阀当局以煽动工潮嫌疑开除出校，并遭通缉。陈正人遂改名陈振林转移到万安上宏小学教书。在这一时期的斗争中，陈正人先后加入中国共产主义青年团和中国共产党。

1926年4月，陈正人调中共江西地委秘书处工作。同年冬，北伐军攻克南昌,他受组织派遣,以国民党省党部特派员身份回遂川,组建了中共遂川特别支部,亲自担任书记。此后他在遂川广泛发动群众,宣传马克思主义和革命思想,积极组建工会和农会。不到半年,全县建立基层工会10多个,发展会员1000多人,成立了县总工会。许多乡村成立了农民协会,参加农协的农户有2万多户,成立了县农民协会筹备处。随着工农运动的蓬勃发展,中共党员由初建特支时的几人发展到近百名。

王遂人(1901—1929),又名瑞麟,字次柱,遂川县瑶厦乡西庄村人。先后在乡育德国民初级小学和遂川第一高等小学读书。1920年考入江西省第一甲种工业学校,开始接触进步思想。由于不满学校的教学和管理,第二年转入江西国语讲习所短期学习班,学习6个月后便回乡任教。1924年辞去教员,和陈正人等人一起考入吉安省立六中初中班学习,进一步了解马克思主义等进步思想,经常参加学生运动。1925年"五卅"运动期间,积极配合中共党团组织进行活动,被推任中等学校学生联合会主席、纠察队长、抵制"仇货"委员会委员。1925年寒假,他受组织的派遣,回遂川开展农民运动,积极宣传革命道理,组建了遂川县第一个农民协会小组。1926年8月,他又和同学萧万夔再次回遂川县,组织"风俗暑期讲演团",宣传革命主张,揭发罗普权等遂川"四大金刚"的贪污罪行。此后加入共产党,协助陈正人开展建党工作,年底建立了中共遂川特别支部,任组织委员。在陈正人、王遂人等一批共产党员的领导下,遂川的革命运动进入了新的阶段①。

① 《遂川县志》,江西人民出版社1996年版。

（四）莲花朱绳武、朱亦岳、陈竞进等人的革命活动

在马克思主义从外地传播到莲花的过程中，莲花早期具有进步倾向的知识分子起了关键作用。由于他们的努力，党的组织得以在莲花建立并得到迅速发展，代表人物主要有朱绳武、朱亦岳、陈竞进等人。

朱绳武，莲花县花塘人，出生于破产地主家庭，1913 年毕业于莲花琴水高等小学，后升入吉安第七师范学习，当时年仅 15 岁。在学校中成绩优秀，思想进步，胸怀救国救民之志。在声援“五卅”运动中，带领学生上街游行示威，号召抵制日货。1926 年毕业前加入共产党组织，并受党的派遣回莲花开展工作。同时分赴各县的共产党员“永新则有刘珍（即刘真）、刘作述等，宁冈则有龙超清、陈某等，莲花则有朱绳武等”，“十多名第七师范第六中学阳明中学吉州中学学校的学生”，他们日后都成了各县党组织的负责人①。朱绳武回莲花后，即任莲花总工会执行委员，领导广大工人向资本家作斗争，要求增加工资，减少工时，废除打骂学徒制度。自 1926 年下半年至 1927 年春仅半年时间，即数次组织工人罢工游行示威，抓资本家戴高帽子游街示众。反动资本家对朱绳武恨之入骨，派人至广州找“国民政府”上“请愿书”，控告“共产分子朱绳武、朱宗云（即朱亦岳）蹂躏备至”，请求“速派驻赣党军就地进剿以解倒悬”。1926 年 9 月，朱绳武与朱亦岳、陈竞进等同志秘密创建了莲花党小组，朱绳武为负责人，成员有朱亦岳、陈竞进、朱义祖、贺昌炽、贺铁汉、贺子霄、陈大任。1927 年 3 月底，成立中共莲花支部，朱绳武为支部书记。1927 年 7

① 彭泽远、李谷成主编：《莲花县人民革命史》（内部），1992 年编。

月朱绳武被反动派杀害。由于工作积极，他受到在莲花指导工作的方志敏的称赞，说他“很积极地在该县工作……他若不死，无疑的会成为我们党的一个得力干部”①。

朱亦岳，字首云，莲花县花塘人。省立吉安六中毕业，1919 在北京国民大学读书时，开始接受马克思主义，毕业后随同学赴武汉从事革命活动。1923 年加入中国共产党。1924 年回到莲花，以办教育学为名，在莲花等地秘密宣传革命思想，与朱绳武等共建莲花党的组织。1926 年秋北伐军攻克莲花，朱亦岳与朱绳武等组织和领导全县的工农运动。

陈竞进，又名兆林，莲花县坊楼人。1919 年在南昌大同中学读书时参加声援五四运动的示威游行，后转入萍乡达成师范学校。1926 年回到莲花从事革命活动，与朱亦岳、朱绳武等在坊楼组织“青年学会”，推进新文化运动，传播革命思想，陈竞进为“青年学会”的实际负责人。“青年学会”的宗旨是号召青年继续发扬五四爱国光荣传统，为发展新文化、传播马克思列宁主义思想而奋斗。其具体任务有三：一是介绍与宣传五四运动和苏联社会主义革命胜利的伟大意义；二是领导学生、教职员开展新旧学派的斗争，反对旧文学，提倡新文学，反对八股文，提倡白话文，反对旧道德，打倒孔家店，提倡新道德，提倡科学民主思想；三是推荐与学习进步刊物，如北京的《新青年》、上海的《星期评论》和《新潮》、湖南的《湘江评论》等等。“青年学会”深受广大进步青年和知识分子的欢迎，申请参加者日益增多。虽然这个组织后来受到破坏，不久被北洋军阀政府查封，但

① 方志敏：《我参加革命斗争之略述》（1935 年），载于《可爱的中国》，江西人民出版社 1984 年版，第 75 页。

它是莲花进步青年的第一个群众组织，为莲花党小组的成立奠定了基础。同时，陈竞进又在家乡新城村创办了新城小学，并以办学为名，秘密发展党的组织，新城小学就是莲花党小组的诞生地。中共莲花支部成立后，陈竞进为宣传委员。他是莲花红色地方武装的最早领导人。

贺昌炽，又名匡生，莲花县琴亭镇人。吉安省立第七师范毕业，肄业于武汉大学。在学校时就参加了共青团的组织，并经常把进步书刊寄回莲花供亲友阅读。1924 年第七师范举行成绩展览会，其中一个教室专门展览进步刊物和马列主义书籍，学生对此馆特别感兴趣，参观的人特别多，这个馆的讲解员就是莲花来的贺昌炽。贺昌炽在第七师范毕业后考入武汉大学学习，但仍利用假期回莲花，与朱绳武、朱亦岳一道发动群众，开展革命斗争，如捉拿贪官污吏朱吉谦游街示众等，贺昌炽都积极参与。1925 年暑期，贺昌炽在县城附近的院下村举办英文补习班，以补习英文为名，组织同志开展革命活动。1926 年贺昌炽加入中国共产党组织后，逐渐成长为党的职业活动家。

刘企勋，莲花县南陂村人，吉安吉州中学肄业。少年时家庭贫困，由于他哥哥在吉安任公职，所以全家迁居吉安。刘企勋从小由哥哥抚养，读书也是由哥哥资助，但刘企勋对哥哥的腐败官僚作风极为不满，兄弟之间常发生矛盾。刘企勋立志投身革命事业。1924 年 8 月，刘企勋在吉州中学加入共产党，并担任该校学生代表。北伐军收复吉安以后，当选为学联会常委，后任中共吉安地委组织部长。1926 年 2 月至 3 月，代理南昌团地委书记。刘企勋虽然早期革命活动不在莲花，但他在上级党的组织部门工作，经常通过书信与莲花党员同志联系，对莲花党组织的发展有很大影响。

甘青山，吉安阳明中学毕业，1920年考入上海大学，后赴苏联留学。甘青山在阳明中学读书时，与刘企勋、陈竞进、贺昌炽、甘步衢等过从甚密。由于甘青山入党时间很早，陈竞进、贺昌炽等人很受他的影响。甘青山留学苏联之后，仍然与莲花党员保持联系，将苏联革命情况告诉国内战友，鼓舞他们的战斗热情。

莲花具有进步思想的早期知识分子代表人物还有刘仁堪、朱义祖、贺子霄、颜清珍等人，他们在传播革命思想，领导开展莲花的工农革命运动中，都发挥了不可替代的作用。

1919年北京学生五四反帝爱国运动爆发的消息传到江西以后，江西各大中城市先后举行了游行示威。在南昌读书和工作的朱亦岳、陈竞进、刘云茂等人积极参加了这一运动。“五卅”运动期间，朱绳武、朱亦岳、贺昌炽、陈竞进等人在莲花，由贺昌炽负责邀集在外地读书回乡度假的青年，在县城附近院下村办英文补习班，特请在南京金陵大学学习的莲花人李鸣岗为教习，以补习英文为名，联络进步青年，传播革命思想，并秘密联系和组织全县工人、农民、学生参加声援“五卅”运动的活动。1925年8月上旬，朱绳武、陈竞进、李树声等分别从莲花的湖上、九都、荷塘等地率领许多青年学生，与贺昌炽等在县城组织起来的青年学生、工人、市民会合，在县城城隍庙内举行了声势浩大的莲花各界人民支援“五卅”运动群众大会。当日晚上，又举行3000余人参加的提灯大会。次日，县城工人、学生、店员举行罢工、罢市、罢课斗争，并组织莲花工农群众捣毁了莲花县自治局，进一步清算了一批贪官污吏，有力地冲击了北洋军阀政府在莲花的统治。

1926年6月，吉安省立第七师范党组织布置各县在校学生党员，回各县开展工农运动，建立党的组织，朱绳武等奉命回县开展工作。此前，已回莲花的朱亦岳下乡传播革命思想，物色建党对象。朱绳武等回县以后，便与朱亦岳等商量，决定成立党组织。9月，外地回县的党员先后齐集莲花，由朱绳武、朱亦岳、陈竞进、朱义祖、贺昌炽、贺铁汗、贺子霄、陈大任8人发起建立中国共产党莲花小组，朱绳武为负责人，隶属中共吉安特支领导。1927年3月，朱亦岳、朱绳武、朱义祖等分别吸收了一批人入党，月底召开莲花县第一次党员大会，成立中共莲花支部，朱绳武为书记。中共莲花支部的诞生，标志着革命的种子已在莲花土地上扎根，莲花很快将迎来革命的高潮。

（五）茶陵革命志士的活动

1912年，在辛亥革命影响下，茶陵州（1913年改县）成立了茶陵历史上的第一届议会，开创了茶陵民主制度的先河。议会基本上是由州内有识之士组成。他们对于教书育人颇为重视，于1913年就议决留学津贴一案，鼓励学生上进，造就了茶陵一大批知识分子。这些外出求学的知识分子，有的崇奉实业救国，有的追随谭延闿、孙中山倡导的国民革命，有的信仰马列、加入共产党。不管后来情况怎样，他们的初衷都是为了探索救国救民之路的。

怀着实业救国思想外出的，以龙乾为代表，此外还有彭师勤、彭宽赴法国留学，谭劲琛到南洋等。跟随孙中山国民革命的则大有人在，周庭藩很得谭延闿的赏识，谭延闿将其带到了广州，后来他在广州加入中国共产党，积极投身北伐战争。有些知识分子学成回县，或兴办学校，或创办刊物，意在为茶陵开一代新风，探索改变黑暗现实之路。刘澹丁省立第一师范毕业后，1921年经县议会批准，开办了“茶陵私立甲种师范讲习所”，自任所董，兼任《雅言》报社社长。1924年尹任、陈应炳创办“茶陵县私立汇文中学”，李炳荣、李芬、刘悔余、谭民觉等都曾在汇文中学从教。王友德从省立甲种工业学校毕业后，回到茶陵创办并编辑了刊物《洣声》，影响很大。

还有一些在外求学的茶陵籍学生，他们或边求学边革命，或全身心投入革命。谭云山于湖南省第一师范学习期间，参加了“新民学会”“新文化书社”。段振拔1919年赴湖北武昌就学后投身革命，加入中国共产党，参加了省港大罢工，担任省港罢工委员会纠察大队长。谭醒（醒吾）1924年加入共产党，1926年进广州中国国民党政治讲习班学习，结业后，被派往国民革命军第四师第二团任党代表、政治部主任。1925年，段振拔向茶陵寄回《农运小册》，茶陵人士“始知革命须从农运着手”。周庭藩、颜道鹏均于1926年回县指导过农民运动。茶陵以学生为主的知识分子大都来自民众家庭，思想清新活跃，宣传颇具号召力，使得地处偏僻的茶陵风气渐开，使民众的革命意识大为增强，为茶陵农民运动的开展作了好的铺垫。

1926年6月，北伐军离开广州挺进衡阳。共产党员杨孔万受中共湖南区委员会的派遣，来到茶陵县开展革命工作。他以国民党湖南省党部农民运动特派员的身份作掩护，持省党部公函来到茶陵，住在县衙门附近的《洣声》社里，与城里的没公开身份的国民党党员尹任、谭民觉等人取得了联系。当时茶陵的知识分子两派纷争。以激进的知识分子陈应炳、尹任为首的汇文中学派，骨干多系国民党党员（左派），他们创办刊物《洣声》《自治周刊》，遭到了以刘澹、肖光国为首的甲种师范派的反对。甲种师范派思想守旧，主办《雅言》报与之相对抗。杨孔万一来就支持汇文中学派。1926年7月，杨孔万帮助茶陵县进行秘密活动的国民党员公开成立中国国民党茶陵县党部筹备处，为县党部的成立作准备；同时开始了秘密发展共产党员的工作，随后建立了中共茶陵支部，杨孔万任书记。1926年8月，由于党员人数增加，经中共湖南区委批准，在原有支部的基础上，成立了中共茶陵特别支部，受中共湖南区委员会的领导。杨孔万担任中共茶陵特别支部书记，林焕然为宣传委员，聂履泰为组织委员。在北伐战争节节胜利的推动下，在中共茶陵特别支部的组织下，茶陵县的革命形势日渐高涨。

（六）酃县的何孟雄、刘寅生等革命志士的活动

五四运动前后，酃县的何孟雄、郭春涛、李却非、贾纡青、孟湘鉴、段楠、周树吾等一批进步青年，纷纷奔赴北京求学，探索救国救民的真理，并勇敢地投入了推翻罪恶的旧社会、谋求彻底改造中国的斗争。

在这场运动中，何孟雄一直英勇地站在斗争第一线，成为五四学生运动中的一名重要骨干。参加过五四运动的朱务善在回忆五四运动时说："与我同时参加五四运动的有邓中夏、罗章龙、张国焘、何孟雄、黄日葵等等，他们都是这个时代的出色人物。"①解放后，《北京大学校史》也把何孟雄同陈独秀、李大钊、邓中夏、黄日葵、高君宇、范鸿吉、朱务善、张申府、张国焘、刘仁静和罗章龙等人列为五四时期北大进步力量的主要代表。

五四运动以后，新文化运动迅速发展成为传播马克思列宁主义的思想运动，在李大钊的培养和带动下，北京大学出现了一批热心

① 王锡堂主编：《炎陵县人民革命史》（内部），1994年编。

学习和积极宣传马克思列宁主义的先进分子。1920 年 3 月,何孟雄、邓中夏等 19 人秘密组织“北京大学马克思学说研究会”,自筹资金,搜集、购买、阅读研究、编译、刊印、传播马克思、列宁著作。在北京求学的酃县进步青年贾纡青、李却非(又名李树彝),在何孟雄的启迪和帮助下,也参加了北京大学马克思学说研究会。

与何孟雄同年进入北京大学学习的还有郭春涛。郭春涛于 1895 年生于酃县水口镇水西村,1918 年考入北京大学。五四运动后,他与蔡和森等人赴法勤工俭学,1921 年因参与中国驻法使馆请愿活动,被法国遣送回国。随后,参加了李大钊领导的“保障民权大同盟”和社会主义青年团。在党的领导下,他积极投身到统一战线的工作当中。

在何孟雄、郭春涛的影响下,贾纡青、李却非、孟湘鉴、贾鸿猷、孟清华、段楠等一批青年也先后来到北京,一边求学,一边探索革命真理。

大批青年北上,投身反帝反封建的斗争,为后来酃县的马列主义传播创造了良好的条件。他们通过书信,不断向家乡亲朋、学友传递五四运动情况和马列主义著作,灌输革命主张。不少青年在他们的影响下,纷纷到长沙、衡阳求学,进一步接受马列主义。孟清华、段楠等还先后从北京回到家乡,从事革命宣传工作,培训革命骨干,为酃县的革命播下了火种。

五四运动后,湖南驱逐军阀张敬尧的胜利,为马克思主义在湖南的传播创造了一个较为有利的客观环境,研究、传播马克思主义的书社、团体应运而生。新民学会联合社会各界发起了湖南自治运动,并组织了长沙共产主义小组。1921 年 7 月,毛泽东、何叔衡代表长沙共产主义小组出席中共第一次全国代表大会，参加创建中国共产党。回湘后，建立了中共第一个省支部——中共湖南支部，创办了研究马克思主义培养革命干部的新型学校——湖南自修大学；帮助黄爱、庞人铨改造了湖南劳工会，从而促进了马克思主义与湖南工人运动的进一步结合；继而建立了中共湘区委员会。此后，湖南自修大学、湖南第一师范学校、长沙甲种工业学校、长沙师范学校、衡阳省立第三师范学校等地也相继建立了党和团的组织。为探索革命真理，酃县的刘寅生、张经武、黎育教、潘祖浩、邝光前、郭垂芳、邓澍霖、周里、张平化等一大批进步青年纷纷奔赴衡阳、长沙等地求学。

五四运动以来，衡阳省立第三师范学校成为湖南反帝爱国斗争和新文化运动的营垒。1921 年起，毛泽东多次来到该校传播马克思主义，发展、筹建党、团组织。1921 年 10 月建立了社会主义青年团支部，1922 年 10 月建立了共产党的特别支部。在党、团组织的领导下，进步师生先后组织了“马克思研究小组”、“俄罗斯研究会”和“湘滨社”等学术团体。这时期，在酃县旅衡同学中，刘寅生是最早接受马克思主义的。1922 年秋，他考入省立第三师范，在进步思想的熏陶下，对革命理论的学习产生了浓厚的兴趣，并在共产党员教师张秋人（三师第一届党的特支书记）、彭痒夫、蒋啸青的启发帮助下，参加了“马克思研究小组”，认真钻研了达尔文的“进化论”、马克思和恩格斯的《共产党宣言》，阅读了《马克思主义解说》《俄国革命纪行》以及《新青年》《向导》等书刊。1922 年 12 月至次年 5 月，他和许多进步同学一道，参加了省立第三师范特支领导的声援水口山铅锌矿工人罢工和“反压迫、要民主、驱逐三师反动校长刘志远”的斗争。经过斗争的炼锻和考验,他于1923年下半年加入了中国社会主义青年团,1924年上半年转为中共党员。从1924年下半年起,他先后担任中共第三师范特支书记、衡阳所属中学团总支书记、湘南学联会长。1925年冬,被选为共青团衡阳地委委员(先分管组织、后代理书记)、中共湘南特委委员。1926年10月下旬,被任命为共青团衡阳地委书记,继续任中共湘南特委委员,分管青运工作。

1925年"五卅"惨案发生后,刘寅生根据湘南特委指示,于6月8日召集衡阳各界群众万余人,在雁峰寺联合举行声讨大会;并发动罢工、罢课、罢市,通电北京行政各部及各省长官,呼吁"停止内战,一致对外"。会后,他又组织第三师范、第三女子师范的学生,连日上街讲演,散发传单,痛斥日、英帝国主义侵华罪行;发动群众开展经济抵制运动,没收英、日仇货,惩罚崇洋媚外的不法奸商,动员工人、店员退出日、英工厂和商店,封闭所有日、英商行货栈,劝阻国人不乘日船;发动募捐活动,筹集万余元资金汇寄上海,救济失业工人,有力地支援了上海工人的罢工斗争。酃县旅衡同学黎育教、周里等人英勇地投入了这场斗争。

在声援"五卅"的斗争中,刘寅生发现周里等人思想进步、表现积极,便把《共产党宣言》《共产主义ABC》《向导》等革命书刊介绍给周里等人学习,并经常同周里畅谈革命形势,讲解革命道理和共产主义理想前途。此后,周里等人参加了夜校工作,组织酃县在衡阳读书的青年成立"酃县同乡会",创办《酃光》旬刊,推举黎育教为总编辑。旬刊运用通讯、消息、评论、杂文等形式,以犀利的笔锋宣传革命理论和中国共产党的主张,介绍各地反帝反封建的革命形势,痛斥帝国主义和国内反动统治者的罪恶,唤起民众起来革命。

每期出刊后黎育教都寄回家乡，对酃县的革命斗争起了启蒙、呐喊和助威的作用。1925 年冬，刘寅生介绍黎育教加入了中国共产党。

在学生运动中，刘寅生非常重视党团组织建设和发挥党、团员的先锋模范作用。在省立第三师范期间，他先后介绍了黄克诚、黄庭芳、戴奇等许多优秀青年加入党团组织。此后，求学衡阳第三师范和衡阳第三中学的谭文、万达才在他的影响下，也积极参加学生运动，先后加入了中国共产党。复学衡阳第三师范的张经武结识了伍云甫、曾希圣、张际春等一批有志青年，并参加了由学校党组织发动的驱逐该校反动校长刘志远的斗争。1926 年，张经武和同学张平化在北伐战争的影响下，投笔从戎，北上报考军官学校，张经武在北京考进了樊钟秀举办的泸案后援建国军军官学校。张平化来到汉口进入国共合办的国民革命军前敌总指挥部政治部政治工作人员训练班。后来几经周折，他们加入了中国共产党，后来成为我党、我军的重要领导骨干。考入长沙岳云中学的邓澍霖邀集潘祖浩、郭垂芳等人组织了“酃县旅长同学会”。他们秘密编印刊物，宣传党的主张，学习和传播马克思主义；他们出入工厂，广泛接触工人，积极支持工人的革命行动，为解救劳苦大众出力。1925 年，他们三人都加入了中国共产党①。

求学长沙、衡阳的酃县学生逐步增加，为酃县传播马克思主义、开展农民运动、创建党的组织创造了条件。1925 年 10 月，中共湘区委员会召开扩大会议，传达九十月间中共第四届中央执行委员会第二次扩大会议精神，总结“五卅”以来湘区工作情况，通过了组织、宣

① 《酃县志》，中国社会出版社 1994 年版。

传、工人、农民、青年、妇女运动等决议案。《农民运动决议案》比较全面地分析了农村的阶级状况，提出了农民运动的基本内容和宣传方法，特别指出解决农民的土地问题、实现"耕地农有"是农民参加革命的目的。此后，大批共产党员、共青团员和工人、学生奔赴农村，点燃了农村革命的熊熊烈火。

1925年冬，酃县一批在衡阳、长沙等地求学和从事革命活动的中共党员、团员和进步青年戴寿凯（戴奇）、何健础、周介甫、段楠、段瑞、潘祖浩、罗芳芝、黎育教、邝光前等人，接受党的任务，利用寒假机会，回到酃县，举办贫民夜校，宣传马列主义，培植革命力量。1926年夏天，在湘南特委工作的刘寅生从衡阳回到酃县，先后吸收了邹英伟、张春晖、郭天禄等人加入党的组织。1926年7月，广州国民革命军出师北伐，途经酃县以后，更进一步促进了酃县革命运动的发展。这时，在安源路矿从事工人运动的李却非，受中共湖南区委的派遣，回到久别的家乡酃县联络回乡的党员，开始筹建党的组织，并发展了罗芳芝等人入党。8月，李却非在酃县炎帝祠召开秘密会议，正式成立中共酃县特别支部，李却非任书记，罗芳芝为组织委员，何健础任宣传委员，直属中共湖南区委领导，共有党员10余人。中共酃县特别支部的成立，开启了酃县革命运动的新局面。

二、湘赣边界各县工农运动的发展

随着马克思主义的传播不断深入，随着国共合作把中国革命不断推向高潮，特别是北伐战争的节节胜利，在国共两党组织开展下的全国工农运动此起彼伏，声势浩大。湘赣边界各县在大批的革命志士领导下，纷纷成立党组织，发动群众，成立农会、工会，甚至组建工人武装和农民武装，打土豪、烧田契，有些地方甚至武装夺取政权。轰轰烈烈的工农运动从根本上动摇着地主封建土地所有制，动摇着腐败的北洋军阀统治。在湘赣边界各县，以莲花、茶陵、酃县颇具代表性。而“宁冈县人民委员会”作为国共合作的产物，特别是作为共产党领导下建立政权的最初尝试，具有重大意义和深远的影响。

（一）莲花县工农运动的开展

北伐军进入莲花县境后，莲花县中共组织配合北伐军政治工作人员，深入全县广大农村，宣传国民革命军的性质、宗旨和各项主张，宣传联俄、联共、扶助农工三大革命纲领，宣传建立民主革命统一战线的意义。国民革命军第六师副师长朱耀华与县党组织负责人朱绳武、朱亦岳召集20余名共产党员和进步人士开会，商讨成立莲花县过渡政权问题。1926年9月11日，在莲花县革命同志、工农群众及各阶层民主人士的要求下，成立了“莲花县行政委员会”，以朱吉谦任行政委员会主任，颜强州、刘平州、郭道慈、刘乃祺为委员，作为过渡性质的政权机构；同时成立了有共产党员和国民党左派参加的“国民党莲花县党部”，朱亦岳任县党部书记。由于行政委员会主任朱吉谦有贪污行为，被披露后遭到批斗，在9月底撤销了“莲花县行政委员会”，正式成立以共产党员和国民党左派为领导的政权机关——莲花县政府，相继以龙赞、王海康（国民党员）为县长。成立了县总工会、县农协会、县妇女会、县商民协会等革命团体和组织，朱绳武（共产党员）当选为总工会执委，刘五一（共产党员）当选为县农会执委，颜清珍（共产党员）当选为妇女会执委，李成荫（国民党员）当选为商会执委。并成立了地方保安队和农民自卫队，两队共有枪60支。朱绳武、朱亦岳、陈竞进等中共党员深入全县各地，发动和组织群众成立各区、乡农协会组织，全县成立了8个区协会、130

多个乡协会,3万多名农民入会。当时农民入会还宣读誓词:

服从协会命令,遵守协会纪律;
按章缴纳会费,拥护正确决议。
不分地方界限,不分姓氏差别;
不得借公济私,私斗尤须禁绝。
万众一心革命,支援北伐战争;
工农联合奋战,打倒当前敌人。
土豪劣绅污吏,吮取工农血汗;
大家起来革命,把它消灭干净。
凡属农会会员,务须遵照执行。①

此外,城市工会组织也蓬勃发展起来,在县总工会的领导下,店员工会、木业工会、铁业工会等等都组织起来了,参加工会的会员有200余名。莲花县的工农运动得到迅猛发展。在农村,到处出现"一切权力归农会"、打倒封建主义和土豪劣绅、取消苛捐杂税、实行耕者有其田的行动口号。在县城及县城附近,各行各业工人在总工会领导下,斗争了不法资本家,实行了8小时工作制,增加了工资,禁止了资本家体罚学徒、工人,争得了参加工会及言论、行动自由的权利。

但轰轰烈烈的工农运动遭到了国民党右派的反对和嫉恨,他们诬蔑工农运动是"痞子运动","搞糟了",其中最典型的就是当选为商会执委的李成荫。接下来,莲花发生了真假农会和新旧党部的斗

① 彭泽远、李谷成主编:《莲花县人民革命史》(内部),1992年编。

争。在斗争中,进一步传播了革命思想,加强了工农运动的开展。

（二）茶陵县工农运动的开展

1926年8月,北伐军第二军应杨孔万的请求,从军政治部抽调干部林焕然(共产党员)到茶陵县,负责茶陵的工人运动工作,同时推动了茶陵党的工作和农运的发展。1926年8月,杨孔万、李炳荣、李芬等率先建立了小车乡农民协会,发展农民运动;全县80%的区乡相继形成农运高潮,斗争的矛头首先指向土豪劣绅。一方面,从经济上清算公产公款、义仓谷米,限令豪绅吐出赃款赃物,农民协会的男女老少到豪绅家里“杀猪、出谷、吃大户”,有的地方还开展了减租减息、退押抽田的斗争;另一方面,对土豪劣绅进行政治斗争,惩罚的手段主要有入另册、罚款、戴高帽子(纸帽子)游乡、打屁股、送进监牢、将罪大恶极者处死。1926年10月18日,茶陵召开县农民代表大会,正式成立县农民协会,并提出了经济和政治斗争的“十六项”①要求:

1. 农民集会、结社有绝对之自由权。
2. 停止预征钱粮,废除征收陋规及一切苛捐杂税。
3. 承认农民有自卫之武装。
4. 不再加抽口捐及征收粤盐税。
5. 禁止种植及吸食鸦片。
6. 铲除贪官污吏,肃清县政积弊。
7. 建立廉洁政府。
8. 限制田赋附加最高额,不许自由增加。

① 中共茶陵县委党史办:《茶陵人民革命史》,中共党史出版社1994年版。

9. 整理县有财产，发展农业。

10. 召集县民会议、乡民会议，实行民选县长，乡村自治机关民选，实现地方自治及平民政权。

11. 制定农人最高税、租额的法律；限制重利盘剥，最高不得过二分。

12. 统一度量衡。

13. 扫除诉讼积弊，反对差役敲索。

14. 禁止囤积居奇。

15. 耕牛归粮户发给。

16. 反对团防附加按粮摊派。

到1926年11月底，茶陵全县5个区、140多个乡已有4个区、124个乡成立了农民协会，拥有会员11260名。1926年12月1日，湖南全省工人和农民第一次代表大会召开，茶陵县农协会、县总工会选派代表杨孔万、林焕然分别代表农民、工人出席会议，杨孔万还在大会上当选为省农协候补委员。在农民运动蓬勃发展的时候，1926年底至1927年初，湖南省先后派共产党员罗养真、苏可范和共青团员袁爽秋等以省农运特派员身份来茶陵工作，增强茶陵革命领导力量。在中共茶陵特支的领导下，茶陵县农民运动讲习所于1927年2月下旬创办，目的是迅速培养本县农运干部，以推动茶陵农民运动深入发展。到1927年4月，全县加入农民协会的人数达到5万①。

紧接着茶陵县农民协会的成立，1926年10月下旬，召开了茶陵县工人代表大会，成立了茶陵县总工会，由王友德（共产党员）担任

① 李锐：《毛泽东初期革命活动》附录《第一次国内革命战争时期湖南农民运动》，中国青年出版社1957年版。

委员长。县总工会之下设有缝纫、石印、泥木、油漆、船工、厨师6个分工会（基层工会），共有会员740多人，其中泥木分工会有会员80多人、缝纫分工会有会员70多人、船工分工会有会员230多人。总工会还建立了一支工人纠察队，拥有50多名队员，配备了长枪30余支。

1926年7月，成立了茶陵县女界联合会。10月，建立了中国共产主义青年团茶陵支部和茶陵县学生联合会。

早在茶陵县诞生农民协会组织之前，中共湖南区委在《关于农民运动决议案》中，明确指示农民协会“取消团防局，组织农民自卫军”。尹子斌领导的尧水农民自卫军是其中杰出的代表。各地在组织农民自卫军的同时，在农民协会的领导下，组织少年儿童建立了童子团，作为自卫军的辅助力量。这样，农民与土豪劣绅的斗争，由经济斗争进而发展到政治斗争，进而升为军事斗争。

（三）酃县工农运动的开展

酃县国共合作的实现，进一步加速了酃县农民运动的发展。1926年下半年，继酃县最早的乡农民协会——龙塘乡农民协会成立不久，周介甫在中村乡成立了乡农民协会，何健础、周介甫、万达才等在中村、黄板桥、十都等地组织了3个区农民协会，孟清华在浆村乡成立了乡农民协会。1926年9月，在区、乡农民协会广泛建立的基础上，成立了酃县农民协会。至1926年11月，共成立区农民协会12个、乡农民协会48个，有会员5400余人。为了向农民灌输革命理论，扩大农会组织，举办了多个农民夜校，把一批最贫苦而又可靠的赤贫户团结在农会的周围。12月初，中共湖南区委执行委员会在长沙召开全省农民和工人代表大会，何健础代表酃县农民协会出席了会议。1927年4月以后，县农民协会遭到破坏。朱子和来到酃县后，重新组织酃县农民协会筹备委员会，还对中共酃县特别支部进行了整顿，开始在区、乡普遍建立农民协会；并在此基础上召开全县农协会员代表大会，正式成立了酃县农民协会，朱子和任委员长，执行委员有李却非、何健础、房朝轩（又名房灿）、周介甫等。农民协会通过整顿，全县拥有区农民协会4个、乡农民协会48个，农会会员达2万余人①。

在全县农民运动蓬勃发展中，酃县工、青、妇运动亦得到迅速发展，各种群众组织相继建立。1926年12月，在中共酃县特别支部的领导下，正式成立了酃县总工会，至1927年6月，全县共建立基层工会3个，有会员81人。

1926年10月，经中共酃县特支领导批准，成立了共青团酃县特别支部，有团员4人，凌旭任团特支书记。共青团特支成立后，在青年学生及青年农民中发展团员，深入开展团的活动，使团组织很快成为酃县进步青年活动的中心。1927年4月，在共青团酃县特支的帮助下，仁里（现在的塘田乡）团组织成立了"童子会"，有会员45人，年纪都是14岁以下的少年儿童，"童子会"在反封建、破迷信的革命活动中大显身手。

1926年9月，酃县学联正式成立，邹英伟当选为学联主席兼组织部长，尹楚霖为宣传部长，郭名礼为编辑部长，刘乐扬等为学联委员；同时在水口、沔渡、王家渡等地设立了分会。

在全县工农运动兴起之时，1926年7月，酃县在衡阳省立第三

① 王锡堂主编：《炎陵县人民革命史》（内部），1994年编。

女子师范求学的女学生凌翠贞受中共湘南特委的派遣，回到酃县负责妇女运动工作，并开始筹建妇女联合会。在湖南省于12月初召开全省工人、农民代表大会的同时，召开了全省妇女代表大会，当时酃县在衡阳第三女子师范学习的刘仲寰和在长沙衡萃女子职业学校学习的孟润华、余佩寰，受中共酃县特支书记李却非的委托，以酃县妇女代表身份出席了大会。1927年1月，根据省农代会和妇代会有关妇女工作的决议精神，在中共酃县特别支部的领导下，召开了有各界妇女参加的酃县第一次妇女代表大会，到会代表有凌翠贞、霍九妹、谭春梅等30余人，正式成立了酃县妇女协会，凌翠贞为会长，霍九妹、谭春梅为干事。会议决定：在各地组织宣传队，开展宣传，倡导男女平等、男女平权，寡妇有再嫁的权利，实行放足、剪髻，禁止虐待女孩和抱童养媳，规定各区乡农协会必须有妇女代表，法院关于妇女案件的判决，必须通过县妇女协会。

1927年1月，酃县农民运动进入高潮，为了保卫农民协会，不少区、乡相继成立了农民自卫队。中共酃县特别支部和县农民协会根据省农代会关于《组织农民自卫武装决议案》的指示，筹建"酃县农民自卫军总队"。5月，朱子和主持召开各乡农协会员代表参加的大会，成立了酃县农民自卫军总队，共900余人，下设1个大队、3个中队、8个小队。朱子和兼任总队长，大队长何健础；第一中队辖一至三小队，中队长罗芳芝；第二中队辖四至六小队，中队长黎育教；第三中队辖七至八小队，中队长邹英伟。他们都是党团员和县农协会主要领导成员。农民自卫军成立以后，要求县团防局执行省政府指示，将枪支交给农民协会。当时，号称酃县"四大天王"的县团防局正副局长贾威、孙秉文等人拒不执行湖南省政府的指示，朱子和率领农民自卫军400余人一举包围了县团防局驻地,夺取了团防局80余支枪。贾、孙逃往十都,继而网罗残匪进行骚扰和破坏。5月初,县农民自卫军总队部再次决定对贾、孙反动武装进行围击。贾、孙匪部探知消息连夜仓皇逃到江西边界去了。农民自卫军在总队长朱子和的领导下,宣传、发动和教育群众,同时也使农民自卫军工作得到进一步加强。

为了镇压土豪劣绅的反抗,在建立农民自卫军的同时,1927年5月还成立了酃县审判土豪劣绅特别法庭。法庭设在县城老衙门内,审判工作由李却非(中共酃县特支书记、国民党县党部常务委员)、胡树湖(县长)、何健础(县农协执委)负责。法庭成立不久,先后审判了中村的大土豪钟伦元、石子坝大地主刘炳新、草坪大地主尹浪熙等。此举大长了全县人民的革命志气,大灭了反动派的威风。

三、第一个国共合作的革命政权——宁冈人民委员会

1923年6月,中国共产党在广州举行第三次全国代表大会。会议通过了《关于国民运动及国民党问题的决议案》《农民问题议案》等决议案,决定同孙中山领导的国民党合作,同时保持共产党在政治上、组织上的独立性。大会制定了党的革命统一战线的方针。1924年1月,在孙中山的主持下,中国国民党在广州举行第一次全国代表大会,会上通过的《中国国民党第一次全国代表大会宣言》,确定联俄、联共、扶助农工的三大政策,从而把旧三民主义发展为新三民主义。新三民主义成为第一次国内革命战争时期中国共产党与国民党合作的政治基础。随着国共合作的开展和北伐的进行,大革命被不断引向深入。

1925年,宁冈籍在南昌读书并积极开展革命活动的龙超清、刘辉霄、刘克犹等利用暑假回到宁冈开展争取武装力量的活动。刘辉霄首先提出对胡亚春、袁文才的"马刀队"进行招安，得到龙超清的赞同。龙超清利用自己父亲是省议会议长的特殊身份，首先说服当时宁冈的北洋军阀县知事沈清源同意招安"马刀队"。他们来到"马刀队"处会谈，但"马刀队"头目避而不见，提出要有人质方可会谈。龙超清、刘辉霄派杨唐春等4人前去做人质，并约定于9月10日在宁冈的上坑会谈。"马刀队"惟恐有诈，在会谈四周布下埋伏，以防有变。龙超清、刘辉霄说明来意后，胡亚春、何正山断然拒绝，袁文才也表示不能接受招安。由于龙超清、刘辉霄是土籍，并且一直以来当地存在十分严重的土、客籍之间的矛盾，谈判陷入僵局。刘辉霄虽是土籍人，但会说一口流利的客籍话，并通过姐夫刘克犹的关系，进一步结识了袁文才；而袁文才也十分赏识刘辉霄的才华。刘辉霄反复给袁文才说明接受招安不是去投降，而是可以借机扩充队伍，解决军需粮饷的长远问题，终于做通了袁文才的工作。袁、刘还结为拜把兄弟。袁文才表示接受招安，但头目胡亚春始终不肯下山。袁文才于9月18日和李筱甫、谢桂标带领"马刀队"的30多人、12条枪来到县城新城①，接受招安，并被改编为宁冈县保卫团，袁文才任团总。

1926年9月，随着北伐军进入江西，驻扎在永新、莲花一带的北洋军阀部队望风而逃。袁文才与龙超清领导全县人民举行武装暴动。袁文才率保卫团起义，一举攻克宁冈县城新城，驱逐县知事沈

① 中共宁冈县委党史办:《宁冈苏区志》(内部)，1993年编。另一说为：袁文才一行15人，6条枪，下山接受招安。见余伯流、陈钢著《井冈山革命根据地全史》(修订本)，江西人民出版2007年版，第52页。

清源出境，逮捕清乡局长谢述庭，缴获枪 14 支；同时成立宁冈县人民委员会，推举龙超清任委员长，刘辉霄任常务委员，负责总务、宣传等工作；把保卫团改编为宁冈县农民自卫军，袁文才任总指挥。宁冈县人民委员会的成立，彻底清除了北洋军阀在宁冈的统治，把国共合作领导下的大革命推向新的高潮，也为边界其他各县的革命发展、建立新政权提供了一个成功的范例。是年 11 月底，中共宁冈支部在龙江书院成立，龙超清为书记。袁文才加入中国共产党。1927 年 1 月，江西省派林笑佛前来任县长，林到宁冈后表面上赞成国共合作，实质上却不承认宁冈县人民委员会，袁文才以闹饷为名，攻占县城新城，将林笑佛击毙。沈清源之前的县知事龙清标在吉安写文章登报咒骂袁文才是“土匪作乱”，袁文才派人到吉安把龙清标捆绑押回宁冈公审。在公审会上，龙清标被愤怒的群众当场用石块砸死。此举极大地打击了国民党右派的气焰。宁冈建立新政权、开展工农运动的壮举，震撼了整个湘东赣西。

第二节　湘赣边界革命与反革命的较量

正当全国的工农运动蓬勃发展的时候，以蒋介石为首的国民党右派开始叛变革命，向共产党、国民党左派以及工农运动发起进攻。早在 1926 年 3 月，蒋介石就制造了中山舰事件，排挤在国民革命军及国民党领导机关中的共产党人。到 1927 年初，湖南、江西两省的省党部和省政府完全被国民党右派所操纵。1927 年蒋介石发动四一二反革命政变和湖南的马日事变后，国共两党公开决裂，国民党右派在全国范围内发动了对共产党的全面进攻，白色恐怖开始笼罩全国。形势一片大好的湘赣边界各县工农革命运动瞬间遭到破坏。在此危急关头,共产党人奋起反抗,在湘赣边界掀起了一场革命与反革命的较量。

一、国民党右派对边界各县工农运动的镇压

(一)遂川"五一三"反革命政变

四一二反革命政变后,国共两党的决裂和斗争已不可避免。在中共遂川地方党组织的领导下,遂川于1927年5月1日举行了纪念五一国际劳动节大会,会上提出了打倒国民党右派、打倒蒋介石的口号,会后举行了声势浩大的示威游行。国民党右派控制下的县长李焜指使反动军警进行镇压,随即抓捕了一批在各地开展农运的农会干部。5月12日,陈正人、王遂人等带领100多群众冲进县政府,解救被捕的农会干部,引起了国民党右派的恐慌。5月13日,罗峰藻、李用周等国民党右派勾结李焜组织军界偕行社,非法审判雩田盘溪农会主席,并进攻共产党人掌握的国民党遂川县党部,驱逐共产党员,捣毁各革命团体机关,镇压革命,在遂川制造白色恐怖。在这种情况下,遂川县的共产党员、一部分国民党左派人士及一批农运骨干分子在陈正人、王次楱等的带领下,从县城转移到碧洲山区,重建革命组织。6月3日,又遭到县保安队队长率领的反动武装的袭击,共产党人萧万燮、罗凤鸣、李正芳等一批共产党员被捕,遂川的党组织遭到严重破坏。

(二)永新"六一〇"反革命政变

四一二反革命政变后,永新的国民党右派也加紧策划反革命政变,进攻永新的共产党组织和革命进步团体。6月初,国民党右派分子在县城东门穆如堂秘密集会,商议政变事宜。6月10日,由保安

队改编的农民自卫军的队长李益连公开叛变，率部突袭永新县农民自卫队和工人纠察队，收缴了全部武装，并攻打了国民党永新县党部和其他革命团体。贺敏学、胡国槐等县党部和各民众团体干部数十人被捕入狱。永新的中共组织和工农运动遭到破坏。刘真与刘作述撤回到吉安，及时向上级党组织汇报了情况，然后刘真赴省，刘作述等分头与安福、莲花、宁冈县中共组织联系营救革命同志事宜。刘家贤跳楼越墙脱险，来到安福，发电报向南昌的党组织汇报永新发生的事件。王怀由于积劳成疾，正在乡下居住治疗，幸未落入敌手。刘真到南昌后留在南昌，参加南昌起义后辗转九江、上海寻找中共组织。

（三）茶陵反革命的反扑

马日事变爆发后，湖南军阀罗定立刻投靠了许克祥。罗定带领队伍1000多人，从湘西向湘东茶陵开来。此时，国民党第三十五军何键部驻防湘东，何键委罗定为湘东清乡司令。5月28日，罗定先窜回攸县，组织起“救党委员会”，疯狂捕杀共产党人和革命骨干之后，接着又扑向茶陵。罗定一进城，就委派刘拔克任茶陵县长，并纠集茶陵豪绅对农运骨干进行疯狂的捕杀。端午节那天，几百人遭到杀害，在县城文庙状元桥一次就杀害12人，当中有区农协主席江兰贵，还有无辜群众陈雪梨、陈官保、陈先仔、李五林等。恶霸刘玉斋、劣绅冯义堂等7人联名写了一状纸，致使80多名革命群众被作为“暴徒”驱赶、捕杀。罗定不仅在城里杀人，还到乡下杀人，他们杀人之多，施刑之酷，骇人听闻。

不久，何键部队也进入茶陵，农会、工会等群众组织被查封，工农武装队伍被解散，连倾向进步的汇文中学也被迫停办。全县为白色恐怖所笼罩。何键军队开到茶陵二十三都市口(现在平水峰仙)镇压农民运动时,就写过这样的标语:“二十三都不留一个,下十一都禁止过,打到攸县歇过脚,打到长沙真快活!”①

逃窜到外地的土豪劣绅罗仲华、刘普清等人回到尧水后,即搜罗地方反动武装,配合罗定匪部对尧水农民协会和自卫军进行残酷镇压,一个早上就打死了12个自卫军战士,还抓走了10多个,解到县里处死在东门洲上。从监狱里释放出来的土豪劣绅萧光国,密告了经党组织安排、潜入国民革命军第六军政治部的共产党员李芬,国民党当局即将李芬杀害于长沙。平水蓝家里的土豪劣绅蓝之典、蓝之螺等组织了地方反动武装,围攻转移上山的二十三都农民自卫军。他们配合石江乡的反动武装制造了“鸡公石惨案”,一次就杀了108人。水源太平的3个自然村55户人家,被地主豪绅反动武装杀害的就有32人。整个茶陵县笼罩在白色恐怖当中。

(四)罗定进犯莲花

正当方志敏在莲花发动农民坚持斗争的时候,逃往攸县的莲花反革命分子李成荫,用几百银元买通湖南攸县保安师罗定部200余人枪,于1927年7月2日晨,从茶陵经界化垅,直接扑向县城南门,企图将县城党组织及农民武装一网打尽。为了保存实力,党组织决定主动撤出县城,退至上西区坚持斗争。农民自卫军立即从东门鸣枪,引敌扑向东门,掩护党政机关领导及革命干部从北门突破重围,顺利地退入九都。

受党组织派遣前往安福联系安福农民自卫军来莲花协助作战

① 中共茶陵县委党史办:《茶陵人民革命史》,中共党史出版社1994年版。

的朱绳武在途中被捕杀害，时年不足20周岁。敌人为了巩固统治，入城后大力强化地主武装，以李成荫、陈宗实、朱伯寅、刘平州、颜强州、刘少州为首，拼凑了一支保安队，专门捕捉共产党员和革命群众，对革命干部家属进行反攻倒算。

1927年9月，李成荫又搬来永新靖卫团李乙燃部，增强兵力，"进剿"退至上西的农民自卫军，并在九都大肆烧杀，烧毁民房100余栋，枪杀共产党员、团员、革命群众40余名，抢劫南陂中心号染坊店布匹100余担。

二、共产党领导下的湘赣边界各县的反抗

（一）永新枧田暴动和县城光复

永新在"六一〇"反革命政变后，全县一片白色恐怖。6月下旬，刘作述等人按永新中共组织驻吉安办事处的安排，回永新组织和领导农民暴动。他们选择有几百户村民的枧田村作为突破口。首先找到原农民协会领导人李仕忠和李连奎，分头联系会员，组织了一支秘密的农民武装——枧田暴动队，武器主要是梭镖、大刀。暴动队不久就发展到40多人，分成4个小组，李连奎任队长，刘作述任总指挥，秘密加强训练，在暴动前还打了几家土豪。暴动队的行动引起了里田区公所保安队龙庆楼的注意，他带领保安队数十人到枧田"清剿"，烧了几幢房子，捕走了农会干部及家属10余人。龙庆楼的这一暴行，激起了枧田人民更大的仇恨。刘作述见时机成熟，决定正式举行暴动，营救被押的同志。7月2日，在刘作述、李连奎及农会主席李仕忠等的组织下，暴动队配备了30多支鸟枪、7架台炮、几十根梭镖以及大量禾枪、大刀等武器，带领全村800多农民杀向里田，在田味的仙鹅桥与保安队相遇。刘作述指挥暴动队迅速分四路

进攻，保安队仓皇退却，暴动队一直追到里田区公所，救出了被捕的农会干部，并缴获了部分军用物资。枧田暴动之后不久，永新的东、西、南、北四乡也相继燃起了农民暴动的熊熊大火①。

永新县发生反革命政变后，县城落入了国民党右派手中，包括胡国槐、贺敏学、龙中桂等人在内的数十名党员群众被捕入狱。在外的刘真、刘作述等人当即向上级党组织汇报，又分头与安福、莲花、宁冈县党组织联系。永新中共组织驻吉安办事处联络员贺子珍与吉安的刘真等人商讨后，便同尹铎先后赴宁冈，联系袁文才、王佐的农民自卫军，尔后又联系安福、莲花两县的农民自卫军，准备合攻永新县城，积极营救。在狱中的胡国槐、贺敏学等人组织狱中的共产党员成立党支部，利用亲戚探监之机，与狱外的党组织取得了联系，准备里应外合。这样，在中共吉安地方组织的领导下，1927 年 7 月 18 日，宁冈、安福、莲花三县的农民自卫军和新遂边陲农民自卫军合攻永新县城，袁、王所部率先入城，一举攻克永新县城，救出了监狱里的党员和群众，给国民党反动派以沉重打击。

(二)莲花攻城

李成荫在反动军队的支持下占领莲花县城后，组建了一支反动部队保安队，对革命干部家属进行反攻倒算，并在 1927 年 9 月又搬来永新靖卫团李乙燃部，“进剿”已经退至上西的农民自卫军。困境中，莲花党组织坚持斗争，研究和部署新的策略。9 月 15 日，党组织召开党员大会，朱亦岳主持，会议决定攻打县城，时间定在农历九月十八日。

---

① 《吉安人民革命史》，天马图书有限公司 2001 年版。

1927年农历9月18日傍晚，探悉原李乙燃的靖卫团已撤回永新，县城只有李成荫的保安团10余条枪，并无其他武装。党组织根据这种情况，便决定当夜行动，部队由陈竞进、贺卓群、陈美、陈大任、陈金标等领导，行前在新城集会，准备两路进城，一路攻北门，一路攻西门。农民自卫军会合时共800余人，队伍至县城时已经深夜。不料当夜有两个连的国民党军路过莲花，在县城宿营。农军抵北门后，登梯入城，因农军大部分是农民，不懂军纪，进城后高声呼叫。李成荫当即向国民党军求援，国民党军向农军反扑，一时枪弹横飞，农军当场12人牺牲，90余人被捕。次日，64人在刑场就义，剩下的被敌人关进监狱。农军队长贺卓权次日突围时遇害，敌人将他的头悬于北门城头示众。莲花历史上有名的"九一八"农民攻城行动失败。

攻城失败后，李成荫一方面到处搜捕共产党员和革命群众，对革命者滥施酷刑、残酷迫害；另一方面又积极进行暗中活动，指使大土豪严俄生、刘奇生纠集各乡的土豪劣绅，成立所谓的"临时善后委员会"，以调解上西（红色区域）和陇西（白军常驻区域）纠纷为名，提出共同成立"靖卫队"维护地方治安，靖卫队双方有人，枪支统一保管，农民自卫军交出枪支后，也可以出来担任领导等等。

由于党内右倾错误的影响，莲花党内有个别不坚定分子动摇了，竟交出一些枪支；与此同时，农民自卫军剩下的6支枪由贺佳林带往南村，不久贺也叛变，6支枪全部落入反革命手里。大革命时期莲花农民自卫军掌握的60支枪，至此已损失59支，只剩下农军班长、共产党员贺国庆保存的1支枪。毛泽东在《井冈山的斗争》一文中对湘赣边界地区在大革命失败后的革命军事力量作了分析："马日事变以前，各县有农民自卫军。枪数：攸县三百，茶陵三百，酃县六十，遂川五十，永新八十，莲花六十，宁冈（袁文才部）六十，井冈山（王佐部）六十，共九百七十。马日事变后，除袁、王两部无损失外，仅遂川保存六枝，莲花保存一枝，其余概被豪绅缴去。农民自卫军如此没有把握枪枝的能力，这是机会主义路线的结果。”莲花攻城失败后，农军枪支被敌人缴去，形势急剧恶化，革命转入低潮，莲花革命人民又一次面临严峻的考验。

（三）茶陵的“反蒋大会”和中共茶陵特委成立

四一二反革命政变后，茶陵县农民协会、工会组织于5月底举行了规模盛大的“反帝讨蒋”集会游行。这次集会是在八总街教操坪（前清时教练跑马及兵丁操练的地方）举行的。参加集会的有县城各界人民及县城附近的农民群众。会上群情激奋，一致声讨蒋介石投靠帝国主义、公开叛变革命、血腥镇压群众的罪行，造成了巨大影响。

由于中共湖南省委遭到了敌人的突然袭击，中共茶陵特别支部失去了上级党组织的领导，同时又由于对反革命力量估计不足，致使茶陵的工农运动遭到巨大损失，但茶陵的共产党人和革命群众很快就进行了反抗。5月底，省总工会委员长郭亮和张玉瑛给袁爽秋发来一份密电：“长沙虎列拉（即霍乱）盛行，火速回长打针”（意思是形势严峻，火速回长沙研究对策）。中共茶陵特支书记罗养真当即召集在城的共产党员开会，决定由谭道瑛、谭劲琛、李芬组成军事委员会，实施“保存实力，作长期斗争”的方针。茶陵特别支部的同志有些外出找党，有些转入地下继续战斗。1927年7月23日，中共湖南省委批准建立中共茶陵特委，以谭天民为书记，统一领导茶陵、攸县、酃县和安仁4县的工作。这些地区反抗反革命的斗争进入了一个新阶段。

(四)酃县的反抗斗争

马日事变后，酃县的土豪劣绅卷土重来，大搞反攻倒算，县团防局等地方反动武装四处抓捕农运干部和共产党员，白色恐怖笼罩全县。朱子和率领农民自卫军主动撤出县城，退到西乡深坑一带，并做好迎击土豪劣绅、县团防局等地方反动武装进攻的准备。这时，参加省国民会议的代表凌旭、凌翠贞因长沙马日事变提前赶回酃县。当天，中共酃县特别支部在西乡王家渡罗芳芝家召开了紧急会议，首先听取了参加省国民会议代表的汇报，然后研究了怎样对付目前酃县事变的问题。与会人员表示执行省委指示："和敌人斗争到底，直到流尽最后一滴血！"朱子和在会上详细分析了敌我形势，认为必须趁敌人在县城立足未稳之机，发起猛烈进攻，一举消灭敌人，夺回县城，这样才能稳定军心民心。与会人员一致同意朱子和的发言。次日，朱子和亲自率领第一中队集中兵力强攻，一举攻进了县城。敌人被打退后，又集中兵力反转来包围县城，随即强攻。农军连续打退敌人6次反扑。最后，农军由于弹尽无援，不得不自动撤出县城，退守在晏公潭马家桥一线。后来敌人用诈降计，收买了流氓陈飞虎等10余人，每人佩带手枪向朱子和"投降"，打入农军内部，导致朱子和被捕，被敌人杀害于县城，牺牲时年仅21岁。酃县农民自卫军在群龙无首和反动派大屠杀的白色恐怖下，被迫解散。一些农民骨干进入深山，一些共产党员、共青团员转入地下斗争。

此时，正在省城的周里、刘平章接受党组织的安排，秘密回到酃县各自的老家——策源凉桥村和五都两江口，进行地下革命活动，成立了马日事变后酃县第一个贫农小组。7 月下旬在周里家中，建立了中共凉桥党支部，周里任书记。凉桥党支部联络各地隐蔽的中共党员，积极宣传党的革命主张，发动群众，发展党员，恢复农民协会。不久，周里在凉桥农会小组中吸收贫雇农周策长、周策畅、谢祥福等加入中国共产党，尔后又介绍同学刘平章、姚晓园、张平化等入党，同时还恢复了西乡农民协会，继续与敌人开展针锋相对的斗争①。

（五）遂川、宁冈的反抗斗争

遂川发生反革命政变后，国共合作公开破裂，遂川的党组织遭到破坏。陈正人、王次椾等人离开遂川来到万安，与万安的曾天宇会合，组建了遂万农民自卫军，由杨德明任队长、王次椾任副队长。农民自卫军积极准备打回遂川，解救被反动派关押的共产党员和革命群众。7 月 29 日，在陈正人、曾天宇等人的周密安排下，由杨德明、王次椾率领遂万农民自卫军从万安罗塘出发，攻打遂川，一举攻破县城，从牢房中营救出被关押的共产党员和革命群众 100 多人，并缴获 8 支枪，极大地打击了国民党发动派在遂川的反动统治②。之后，由于敌我力量悬殊，农民自卫军化整为零分散活动。

在边界其他各县的共产党组织全部遭到破坏、枪支大部分被收缴的情况下，宁冈由于其相对复杂的地理位置和政治环境，党的组织和武装仍然保存了下来。1927 年 7 月，在形势日益严峻的情况下，中共宁冈区委成立，龙超清任书记。在此前后，国民党省政府先后派了林笑佛、张庭芳、易敌无到宁冈任县长，但都没能站住脚跟，

① 王锡堂主编：《炎陵县人民革命史》（内部），1994 年编。

② 《遂川县志》，江西人民出版社 1996 年版。

林笑佛被击毙，张庭芳被迫辞职，易敌无畏罪潜逃。1927 年 7 月 18 日，袁文才率领宁冈农民自卫军联合安福、莲花两县的农军攻克永新县城，解救了被关押的全部党员干部，随后在三县农民自卫军的基础上成立了“赣西农民自卫军”，王兴亚任总指挥，袁文才任副总指挥。从永新被解救出的 80 多名共产党员和农会干部在刘作述、贺敏学、贺子珍等人的带领下，随袁文才部队退到宁冈，在龙市、茅坪、大陇一带坚持斗争，为井冈山的斗争奠定了基础。

三、处于革命低潮之中的湘赣边界形势

自 1923 年中共“三大”确定革命统一战线的方针和国民党“一大”确定联俄、联共、扶助农工的政策，国共两党有了合作的政治基础。从 1924 年到 1927 年，随着北伐战争的胜利，大革命发展轰轰烈烈，特别是在湖广一带，农民运动蓬勃发展，湘赣边界地区半数以上的农民参加了农民协会。边界各县都建立了共产党领导下的农民武装，有近千支枪。边界六县的革命派都先后推翻了本县的豪绅政权，特别是宁冈、莲花、永新还一度建立了县级革命政权。但是马日事变后，由于共产党中央的右倾机会主义路线，片面着重于民众运动，没有认识到武装斗争的必要性，以至于当国民党右派发动反革命政变时，党组织和各地农会基本上被破坏殆尽。边界各县先后建立的革命政权马上遭到敌人反扑，党的活动被迫转入秘密状态，边界各县乃至全国笼罩在白色恐怖之中。

第三章

井冈山革命根据地的创立，边界三县政权的取得

井冈山革命根据地是大革命失败后，由毛泽东、朱德、陈毅等老一辈无产阶级革命家建立的中国第一个农村革命根据地。茶陵县工农兵政府是井冈山革命根据地建立的第一个县级工农兵政府，也是全国的第一个县级红色政权；接着，遂川、宁冈县工农兵政府也相继建立。这标志着井冈山革命根据地发展到了建政的阶段，也标志着毛泽东"工农武装割据"实践的开始。

第一节　井冈山革命根据地第一个红色政权的建立

一、"枪杆子里面出政权"理论的提出

蒋介石、汪精卫发动四一二、七一五反革命政变之后，大批的共产党员和革命工农群众被屠杀、被监禁。轰轰烈烈的大革命失败了。在这种情况下，还要不要革命？怎样革命？这是摆在中国共产党人面前的严峻问题。右倾机会主义者被吓破了胆，主张取消革命，变成了取消主义者。"左"倾机会主义者被反动派的屠杀激起更

大的仇恨，主张继续革命，还要在城市大干。以毛泽东为代表的中国共产党人没有被吓倒，他们领导农民，拿起武器，继续战斗。

在革命低潮的形势下，毛泽东一直保持冷静的头脑，科学地分析了形势，提出了独创性的主张和看法。他是农民运动的倡导者和极力支持者。早在 1923 年 7 月召开的中国共产党第三次代表大会上，毛泽东就说："任何革命，农民问题都是最重要的。他还证以中国历代的造反和革命，每次都是以农民为主力。中国国民党在广东有基础，无非是有些农民组成的军队，如果中共也注重农民运动，把农民发动起来，也不难形成像广东这类的局面。"①1925 年至 1927 年，毛泽东写的《中国社会各阶级的分析》《国民革命与农民运动》《湖南农民运动考察报告》等文，是指导大革命时期农民运动的经典文献。他在广东和武汉主持农民运动讲习所，培养了上千名农民运动骨干力量，分布于全国 20 多个省区。他在《国民革命与农民运动》中认为农民运动的最大特色，就是要推翻地主政权。当湖南农民运动迅猛发展、遭到党内外一片指责的时候，他亲自下乡，到湖南的湘潭、湘乡、衡山、醴陵、长沙 5 个县做调查，写出了著名的《湖南农民运动考察报告》。他以亲眼所见、亲耳所闻的大量事实，批驳了各种攻击农民运动的言论，颂赞农民运动"好得很"。瞿秋白对毛泽东的《湖南农民运动考察报告》评价很高，他说：中国农民要的是政权和土地……中国革命家都要代表三万万九千万农民说话做事，到前线去奋斗，毛泽东不过开始罢了。中国的革命者个个都应该读一读毛泽东这本书。

① 张国焘：《我的回忆》第一册，现代史料编刊社 1980 年版，第 294 页。

随着革命运动的发展和统一战线内部矛盾的尖锐化，毛泽东提出农民要拿起武器，以武力对付武力。毛泽东在武汉接见从湖南逃出来的工农干部，要他们“回到原来的岗位，恢复工作，拿起武器，山区的上山，滨湖的上船，坚决与敌人作斗争，武装保卫革命”①。6 月 24 日，中共中央常委会议决定，成立新的中共湖南省委，由毛泽东任书记。毛泽东随即赶赴长沙。他在湖南指出：“马日事变是上海事变的继续，随着而来的将有无数个马日事变在全国发生。因此，各县工农武装一律迅速集中，不要分散，要用武力来对付反动军队，以枪杆子对付枪杆子，不要再做徘徊观望。”他还主持制定了《中共湖南省委目前的工作计划》，提出了保存工农武装的具体办法。但十天之后，他即被中共中央召回武汉。

1927 年 7 月 4 日，中共中央政治局常委举行扩大会议，讨论湖南农民协会和农民自卫武装如何对付敌人的捕杀。毛泽东主张上山，“上山可造成军事势力的基础”。他强调：“不保存武力，则将来一到事变，我们则无办法。”②这就是毛泽东最早提出的上山思想的由来，是形势逼出来的，也是从反动派那里学来的。

1927 年 7 月 12 日，中共中央进行改组，成立了由张国焘、周恩来、李立三、张太雷、李维汉五人组成的临时中央政治局常委，陈独秀离开了连任五届总书记的领导岗位。根据当时形势，临时中央常委决定在南昌举行武装起义，并着手制定湘鄂粤赣四省秋收起义的计划。周恩来等领导的八一南昌起义，打响了武装反抗国民党反动派的第一枪。这时，毛泽东仍在环境险恶的武汉研究湖南军事形势和农民运动状

① 《毛泽东年谱》（上卷），中央文献出版社 2005 年版，第 204 页。
② 《毛泽东年谱》（上卷），中央文献出版社 2005 年版，第 205 页。

况，筹划秋收起义。毛泽东于8月初向中共中央提出了《关于湘南运动的大纲》，计划以湘南为重点发动起义，获中央同意。

8月7日，中共中央在汉口秘密举行紧急会议，即在党史上有重大意义的八七会议。会议总结了大革命失败的教训，批判了陈独秀的右倾错误，讨论了党的工作任务，确立了实行土地革命和武装反抗国民党反动派的总方针。毛泽东在会上发了言。他慷慨陈词，批评了中央在对待国民党和工农运动等问题上的错误后，就军事政权问题说了一段足以影响中国革命道路的真知灼见。会议接受了毛泽东的意见，决定实行土地革命和组织农民举行秋收起义，指出秋收起义是“土地革命急剧发展的新阶段”。会议选举毛泽东为中央政治局候补委员。

八七会议结束后，主持中央工作的瞿秋白要毛泽东到上海党中央机关工作。毛泽东回答说：“我不愿跟你们去住高楼大厦，我要上山结交绿林朋友。”①8月9日，中共中央临时政治局举行第一次会议，决定毛泽东为中央特派员，回湖南传达八七会议精神，改组省委，领导秋收起义。

毛泽东于8月12日秘密回到湖南长沙，着手筹备和策划秋收起义。他先找了几位农民、工人、教员做调查，从群众中掌握了第一手材料。16日，湖南省委进行改组，彭公达任书记。18日和30日，湖南省委召集两次会议，根据八七会议精神，讨论和制定秋收起义计划。八七会议之前，中央临时政治局常委就决定了在湘鄂赣粤四省举行秋收起义，八七会议作了进一步部署。但如何从实际出发，贯

① 《井冈山革命根据地》(上)，中共党史资料出版社1987年版，第10页。

彻八七会议的总方针，遇到许多问题，加之大家缺乏经验，认识难以统一。在这种情况下，毛泽东独具慧眼，在起义的几个重大问题上高瞻远瞩，表现了非凡的胆识和卓越的才干。首先，关于举什么旗的问题。南昌起义打的是“国民党左派”的旗子。八七会议对秋收起义也是如此规定。但毛泽东主张：秋收起义时，“我们应该高高打出共产党的旗子”。他给中央写信说：“国民党的旗子已成军阀的旗子，只有共产党的旗子才是人民的旗子。立刻坚决的树起红旗。”①其次，军队问题。当时党内普遍认为，暴动主要依靠工农武装，军队起次要作用。但毛泽东提出：“要发动暴动，单靠农民的力量是不行的，必须有一个军事的帮助。有一两团兵力，这个就可起来，否则终归于失败。”面对掌握全国政权的国民党正规军队，如果没有一支经过训练的革命军队，暴动起来就会失败。为了说服多数，毛泽东进而指出：“暴动的发展是要夺取政权，没有兵力的拥卫或去夺取，这是自欺的话。我们党从前的错误，就是忽略了军事，现在应以百分之六十的精力注意军事运动，实行枪杆子夺取政权，建设政权。”②第三，暴动区域问题。八七会议前，中央计划以南昌起义为中心，秋收起义相配合。最后，湖南省委决定发动以长沙为中心，包括湘潭、宁乡、醴陵、浏阳、平江、安源、岳州（岳阳）七处的湘中暴动，攻打长沙，从而改变了中央要在全省暴动的计划。这就是后来的湘赣边秋收起义的范围。第四，土地问题。八七会议决定只没收大中地主的土地。毛泽东指出：“中国大地主少，小地主多，若只没收大地主的土地，则没有好多被没收者。被没收的土地既少，贫农要求土地的又

① 《毛泽东年谱》（上卷），中央文献出版社 2005 年版，第 204 页。

② 《井冈山革命根据地》（上），中共党史资料出版社 1987 年版，第 29 页。

多，单只没收大地主的土地，不能满足农民的要求和需要。要能全部抓着农民，必须没收地主的土地交给农民。"他强调"要农民起来暴动，在暴动胜利之后由农民宣布没收土地"。他还说到要由革命委员会制定一个土地政纲，由农协执行。对于被没收土地的地主，须有妥善安排，给以生活出路①。毛泽东的意见得到了湖南省委的同意，也逐步得到中共中央的支持。两周以后，中共中央不仅同意放弃国民党的旗子，而且提出在"革命斗争新的高潮中应成立苏维埃"。"对于小地主的土地必须全部没收，实现耕者有其田的原则"。湖南省委决定成立中共前敌委员会，毛泽东任书记，作为湘赣边秋收起义的领导机构，同时成立行动委员会，组织各县农民暴动相配合。

毛泽东在中央紧急会议上的发言②

（1927 年 8 月 7 日）

国际代表报告的全部是很重要的。第一，国民党问题在吾党是很长久的问题，直到现在还未解决。首先是加入的问题，继又发生什么人加入，即产业工人不应加入的问题。实际上不仅产业工人，即农民都无决心令其加入。当时大家的根本观念都以为国民党是人家的，不知它是一架空房子等人去住。其后象新姑娘上花轿一样勉强挪到此空房子去了，但始终无当此房子主人的决心。我认为这是一大错误。其后有一部分人主张

① 《井冈山革命根据地》（上），中共党史资料出版社 1987 年版，第 28、29 页。
② 《井冈山革命根据地》（上），中共党史资料出版社 1987 年版，第 17 页。

产业工人也加入，闻湖北亦有此决定，但仅是纸上空文，未能执行。过去群众中有偶然不听中央命令的，抓住了国民党的下级党部，当了此房子的主人翁，但这是违反中央意思的。直到现在，才改变了策略，使工农群众进国民党去当主人。第二，农民问题。农民要革命，接近农民的党也要革命，但上层的党部则不同了。当我未到长沙之先，对党完全站在地主方面的决议无由反对。及到长沙后仍无法答复此问题。直到在湖南住了30多天，才完全改变了我的态度。我曾将我的意见在湖南作了一个报告，同时向中央也作了一个报告，但此报告在湖南生了影响，对中央则毫无影响。广大的党内党外的群众要革命，党的指导却不革命，实在有点反革命的嫌疑。这个意见是农民指挥着我成立的。我素以为领袖同志的意见是对的，所以结果我未十分坚持我的意见。我的意见因他们说是不通于是也就没有成立，于是党的意见跟着许克祥走了。甚可怪的，唐军还仅承认只有八处军官家庭被毁，我党反似乎承认不知有多少军官家庭被毁。总之，过去群众对于党的领导的影响太少。第三，对军事方面。从前我们骂中山专做军事运动。我们则恰恰相反，不做军事运动专做民众运动。蒋唐都是拿枪杆子起的，我们独不管。现在虽已注意，但仍无坚决的概念。比如秋收暴动非军事不可，此次会议应重视此问题，新政治局的常委要更加坚强起来注意此问题。湖南这次失败，可说完全由于书生主观的错误。以后要非常注意军事，须知政权是由枪杆子中取得的。第四，组织问题。以后上级机关应尽心听下级的报告，然后才能由不革命的转入革命的。

二、秋收转兵与茅坪安家

(一)秋收起义部队转兵

湘赣边界的秋收起义是继南昌起义以后我党领导的一次伟大的工农武装暴动。党的八七会议决定在湘、鄂、赣、粤四省发动秋收起义,会后,党中央以毛泽东为中央特派员,和彭公达到湖南,负责改组湖南省委和领导秋收起义。1927 年 8 月 16 日,湖南省委改组,彭公达任省委书记。18 日,由彭公达主持召开改组后的省委会议,传达八七会议精神,讨论秋收起义问题。毛泽东在会上作了重要讲话。他强调指出,湖南的秋收起义,要解决农民的土地问题,这是谁都不能否认的。但是发动起义,单靠农民的力量是不行的,必须有军事的帮助,要有一两个团的兵力做骨干,否则起义难免失败。起义的发展是要夺取政权,要夺取政权也必须有一定的兵力。我们党从前的错误,就是忽略了军事,现在应集中精力注意军事运动,用枪杆子夺取政权、建设政权。会议一致认为,要公开打出中国共产党的旗帜来号召和发动起义,起义后应建立无产阶级领导的工农民主政权。会议确定在湘赣边界的长沙、醴陵、浏阳、平江、湘潭、宁乡等县和安源矿区发动起义,第一步袭取湘东各县,第二步攻占长沙。起义的领导机关是党的前敌委员会和行动委员会,前敌委员会以毛泽东为书记,行动委员会以易礼容为书记。

9 月初,毛泽东在安源张家湾召开军事会议,讨论了秋收起义的具体部署,并将参加起义的革命武装编为工农革命军第一军第一师,以卢德铭为总指挥,余洒度任师长,余贲民任副师长。起义军下辖 3 个团:第一团以卢德铭警卫团为骨干,吸收湖北崇阳、通城农民自卫军和平江工农义勇军组成;第二团由安源的工人纠察队和矿警队及萍乡、醴陵、安福、永新、莲花等县部分农民自卫军组成；第三团以浏阳工农义勇军和警卫团1个营组成。3个团的兵力共5000人左右。另外，余洒度等在起义前还收编了驻防修水县城、被警卫团打败的邱国轩部为第四团。

9月9日，湘赣边界的秋收起义爆发，破坏岳阳至黄沙街、长沙至株洲的两段铁路成了起义的信号。当天，右路第一团在前，第四团在后，向平江进军，在路过金坪攻打长寿街时，第四团突然叛变，致使第一团腹背受敌，两个营被打散，团长失踪，一团被迫撤出战斗，向浏阳方向转移。

9月10日，第二团在安源开始行动，先攻萍乡不克，后占老关，于12日攻克醴陵，成立了县革命委员会。后因遭敌进攻，部队经老关北上，于15日占领浏阳县城。由于骄傲轻敌，陷入优势敌人的重围，部队在突围战斗中遭受很大损失。

9月11日，第三团在毛泽东的亲自领导下于铜鼓起义，向浏阳进攻，当日占领白沙镇，次日占领东门市，9月13日遭敌第八军两个团的围攻，经6个小时激战伤亡较大，被迫向上坪撤退。9月17日，毛泽东下令各团向浏阳文家市撤退。9月19日，各路起义保留下来的部队到达文家市集中。

毛泽东在文家市主持召开前敌委员会，讨论部队的行动方向问题。他在会上正确地分析了敌强我弱和工农革命军面临的严重形势，主张放弃攻打长沙的计划，部队沿罗霄山脉南下，在农村实行土地革命，开展游击战争。会议否定余洒度"取浏阳直攻长沙"的错误意见，通过了毛泽东的正确主张。

9月20日，工农革命军1500余人在文家市举行会师大会。毛泽东站在里仁学校的操场上,向指战员宣布中共前敌委员会关于不打长沙、转兵向湘南的决定。他说:中国革命没有枪杆子不行,这次秋收起义,虽然我们遭受了一定的挫折,但这算不了什么!胜败乃兵家常事。我们的武装斗争才刚刚开始,万事开头难,干革命就不要怕困难。本来,秋收暴动原计划攻打长沙,可是长沙那样的大城市目前还不是我们蹲的地方。我们要到敌人管不着或难管的地方去,保存和发展革命武装。

9 月 22 日,工农革命军到达萍乡所属的上栗。毛泽东原打算经萍乡去安源,这样既可收集第二团在浏阳溃散的士兵,又可与安源工人力量相汇合,尔后继续南下。但到上栗后,毛泽东听说萍乡有重兵把守,于是决定部队绕道去芦溪。不幸的是,次日清晨,部队出发后遭到江西敌军朱培德所部以及地主武装的伏击。经激战后部队虽然突出了重围,但是总指挥卢德铭却为掩护部队撤退在战斗中英勇牺牲。芦溪战斗后,起义军剩余部队继续南下,9 月 24 日到达莲花县的甘家村。9 月 25 日,部队冒雨攻克了莲花县城,战士们砸开监狱,营救出了 100 多名被捕的共产党员和革命群众;同时,他们还开仓分粮,救济贫苦百姓。

秋收起义之前,工农革命军第一军第一师第三团团部秘书处文书宋任穷受命与交通员一道去南昌,向江西省委请示下一步行动。一到南昌,他就和交通员向省委书记汪泽楷汇报工作,寻求指示。汪泽楷将一封密信交给了宋任穷,要求他赶紧前往萍乡一带追赶毛泽东的秋收起义部队,将信亲手交给毛泽东。宋任穷带着省委书记汪泽楷的密信迅速追赶部队,9 月 25 日到达莲花赶上了部队,把省委负责同志的意见详细地向毛泽东作了汇报,并将汪泽楷的密信亲手交给了毛泽东。毛泽东听完汇报,认真看了密信。毛泽东从汪泽楷的密信和宋任穷的汇报中得知:宁冈有一支我们党领导的袁文才部和王佐部两支农民革命武装①;后来又经过调查,认为应在以宁冈为中心的罗霄山脉中段建立革命根据地。

9月26日,毛泽东在县城的宾兴馆召开了莲花县党组织负责人会议。会上听取了朱亦岳等人的汇报,根据江西省委信中的嘱咐,再一次询问了永新、宁冈等地的情况,并和莲花县的同志研究了部队的军事路线,随后引兵井冈山。

9月27日,毛泽东率领工农革命军离开了莲花县城。他们经过桥头,直接插向九陇山区。9月29日,部队到达永新县的三湾村。鉴于部队的实际情况,毛泽东决定在此对部队进行整编,也就是著名的"三湾改编"。一是进行组织整顿,将部队缩编为一个团,称为中国工农革命军第一军第一师第一团,下辖第一、第三两个营;另外还组编了一个特务连、一个军官队、一个辎重队、一个卫生队。二是确定了"支部建在连上"的制度,将以前一个团一个支部改成班、排有党小组,连有党支部,营、团有党委;连以上设党代表,全军由前委统一领导。三是在部队中实行民主制度,在连、营、团各级设立士兵委员会,废除繁琐礼节,不准打骂士兵,经济公开,士兵管理伙食,官兵待遇一样,建立起新型的官兵关系。

经过"三湾改编",部队中的军阀习气和农民的自由散漫作风开始得到克服,党对革命武装的绝对领导开始得到组织上的保证,人民军队服务于人民的根本宗旨开始得到制度上的体现。"部队经过

---

① 宋任穷:《回忆井冈山斗争的一些往事》,《井冈山革命根据地》(下),中共党史资料出版社1987年版,第192页。

改编，组织精干了，连队充实了，政治思想工作加强了，呈现出新的气象。广大干部、战士反映，这下可好了，革命有奔头了。”①

湘赣边界的秋收起义，由于处在敌强我弱的形势下，在开始时以进攻城市为主，加之缺乏作战经验等原因，遭受了挫折。但这次起义具有伟大的历史意义，公开打出了中国共产党领导武装起义的旗帜，建立了工农革命军；在起义受挫后，毛泽东及时改变原来攻打长沙的计划，率领起义部队向罗霄山脉中段进军，决定在农村建立革命根据地，开始探索“工农武装割据”的道路。

（二）茅坪安家

1927 年 10 月 3 日，工农革命军进驻宁冈古城。当天，毛泽东主持召开前委扩大会议。出席会议的人员有前委委员、营以上干部和宁冈县的党组织负责人及袁文才的代表，共计 60 余人。会期 3 天。会议传达了党的八七会议精神，总结了秋收起义的经验教训；决定团结袁文才、王佐这两支地方武装，并对他们进行帮助；着重讨论了在罗霄山脉中段建立革命根据地、开展游击活动等重大问题。毛泽东在会上表达了愿意与袁文才联合斗争的想法。会议结束后，前委紧接着召开了全体军人大会，并向他们传达了前委扩大会议精神。

10 月 6 日，毛泽东在宁冈东源大仓村与袁文才进行了首次会见。毛泽东向袁文才介绍了大革命失败后的国内形势、秋收起义经过和古城会议的情况，说明工农革命军要在茅坪“安家”、在罗霄山脉中段建立根据地的原因，消除了袁文才心中的戒备和疑虑。毛泽东在了解到袁文才特别需要枪支的情况下，主动提出赠给他 100 条

① 张宗逊：《我在井冈山斗争中的经历》，《井冈山革命根据地》（下），中共党史资料出版社 1987 年版，第 148 页。

枪。袁文才对毛泽东的坦诚和超人才智深为敬佩,当场回赠1000银元给工农革命军,并热情欢迎工农革命军进驻茅坪"安家"。毛泽东感谢袁文才倾其所有的帮助,称赞袁文才寻求革命的精神。

大仓会面后,毛泽东回到古城,袁文才赶回到茅坪,各自忙得不亦乐乎。为了迎接工农革命军进驻茅坪,袁文才和龙超清等动员茅坪附近的群众想方设法筹措粮食以解革命军的燃眉之急,准备以山区特别隆重的礼仪来欢迎革命军的到来,并组织了几十个妇女将攀龙书院、阎仙殿等准备让革命军安顿的房屋打扫得干干净净,邀集读书人赶写标语,请当地采茶戏班来唱戏,通知茅坪百姓腾房子、下门板、打地铺垫好稻草以备部队住宿。袁文才还将见到毛泽东的感想讲给妻子谢梅香听,并且嘱咐谢梅香连夜准备毛泽东的衣衫、布鞋。毛泽东回到古城后,不仅向革命军的全体战士传达了大仓会面的具体情况,还反复向部队官兵强调,一定要遵守部队纪律,对袁文才和他的部队要尊重,对群众利益要秋毫无犯。

10月7日,工农革命军进入茅坪。茅坪群众以当地传统的最高礼节迎接工农革命军的到来。这一切,使工农革命军指战员颇受感动,有的还高兴得流了眼泪,真好像是到家了。

欢迎仪式后,毛泽东在茅坪作了简短讲话。毛泽东说:工农革命军是共产党领导的队伍,是专门为穷苦百姓打天下的队伍,一路上历尽千辛万苦,今天来到宁冈的茅坪,终于有了自己的落脚点。这个地方很好,山高林密,地利人和,又有袁总指挥的帮助,我们一定要同袁总指挥和农民兄弟亲密合作,共创大业。袁文才也作了热情洋溢的讲话,龙超清代表宁冈县党组织也作了一个发言。

毛泽东在茅坪八角楼接见了在永新、莲花县坚持对敌斗争的共产党员贺敏学、王怀、刘作述、刘仁堪、贺子珍等。

此次毛泽东率领的工农革命军进驻茅坪，终于使这支新型的人民革命武装找到了一个落脚点。在当地党组织和袁文才的帮助下，工农革命军在茅坪先后设立了留守处和后方医院。从此以后，这支饱受磨难之师终于在茅坪安下了家，开始了井冈山“工农武装割据”道路的实践。

三、攻打茶陵，茶陵县工农兵政府建立

（一）一打茶陵

毛泽东在茅坪安家之后，便开始对边界几县的情况进行考察并开展革命活动，同时派何长工去寻找南昌起义部队。何长工经酃县沔渡抵达茶陵坑口墟，在张合顺旅店老板帮助下，从坑口坐船直达长沙，先找到省委，然后去上海，绕道香港进广州，到粤北犁埠头找到了朱德、陈毅。

10 月中旬，毛泽东率部至酃县水口，在此得知茶陵空虚的消息；为了扩大革命影响，决定分兵两路，一路由毛泽东率第三营、特务连和第一营一连去遂川等地，另一路由前委委员、营党代表宛希先率第一营之二连、三连经安仁打茶陵。

10 月 21 日上午，宛希先率部攻城。到达城的外围时，宛希先派谭希林带一个班在去攸县和酃县的交叉路口警戒，以防意外，自己带领部队冲进城里。进城的战士化妆成国民党的士兵，大模大样地走进城的西门。茶陵县政府的警察以为他们是国民党军，还向他们行礼。他们趁其不备，立即下了警察的枪械，张贴革命标语，直捣县署衙门。县署官吏及城内豪绅惊惶失措，望风而逃，县长钻到茅房里躲起来才侥幸保住性命。工农革命军战士砸开了监狱，救出 80 余

名在押待毙的工农运动骨干；又在这些骨干的配合下，抄查了县署内的卷房和财产保管处，搜索出报纸资料及钱财。部队过河之前，还遵照毛泽东的吩咐，以工农革命军第一军第一师第一团团长郭亮①的名义张贴了布告。下午4时许，宛希先率领部队并带着部分被营救出狱的工农运动骨干李炳荣等离开茶陵城，在离城三十多里的一个村子里宿营，在这里休息一天后，经和尚庄回到宁冈。这次军事行动，史称"一打茶陵城"。

"一打茶陵城"战斗规模并不大，时间也不长，意义却很大：一是扩大了政治影响，鼓舞了茶陵人民群众。自1927年6月以来，茶陵城乡笼罩在白色恐怖之中，当时的工农运动骨干有的被杀、有的被捕、有的被迫流落他乡，参加过工运农运的会员随时有被国民党茶陵当局当做"暴徒"杀害的危险，加之"共产党已被斩尽杀绝"的谣言四起，致使茶陵民众情绪低落，对革命前途悲观失望。这次工农革命军又打了进来，还以郭亮名义出了布告，人民群众辨认出这是共产党的队伍，知道共产党还在，感到革命还有希望，精神重新振作起来。二是震慑了敌人。曾嚣张一时的豪绅顿感惊恐，有了"胜负难定"的疑虑，对"除暴""清乡"有所收敛，有的向工农群众讨好，有的小地主向农民求和。三是营救了一批革命中坚分子。一打茶陵前，李炳荣等80余名中坚分子已被国民党茶陵当局拘拿在押，并已定罪待决，只是择日执行，一经救出，他们便积极参加了井冈山斗争。

（二）二打茶陵

10月27日，工农革命军到达茨坪。在这里，毛泽东等送王佐部

① 郭亮（1901—1928），望城县人，共产党员，曾任湖南省总工会委员长、中共中央委员、代理中共湖南省委书记。在湖南民众中声望很高。他并未任工农革命军的团长，这里只是借他的名字以影响群众。

队70支枪,王佐资助工农革命军500担稻谷和一些银洋。11月初,毛泽东率部回到茅坪与宛希先会合。此时,毛泽东通过调查了解到宁冈是一个多山的小县,其周围有茶陵、永新、遂川、酃县、莲花五县。宁冈是中心,易守难攻。各县经过农民运动洗礼,革命工作都有了基础。茶陵、永新是这六县中的大县,人口多,地域宽,经济强。茶陵是井冈山割据区通往湖南的门户和屏障。“同时向茶陵、永新发展,可以影响两省,并两省上游。以此地为大本营的意见,泽东同志早有了,便有边界特委组织的建议”;“宁冈因为完全在赤色政权保障之下,自然也有好的发展。”①

毛泽东在确定了以宁冈为落脚点的同时,还加紧了对茶陵的经营,于是立即作出了工农革命军“二打茶陵城”的决定。11月15日,部队奉命集中于宁冈的大陇,毛泽东向干部、战士作战前动员。他说:“现在李宗仁和唐生智军阀混战,把军队都拉走了,山下县城空虚,正是我们开展革命工作的好机会……你们马上就要出发。”②11月16日,团长陈皓、第一营党代表宛希先率团部和一营及特务连离开大陇,由李炳荣当向导,向茶陵进发,当晚在茶陵坑口墟宿营,打了土豪。17日早上,挨户团前来骚扰,工农革命军一举将其击溃。随后,部队先沿沔水、后沿洣水向茶陵城逼近,入夜进入茶陵城对河的中瑶村子里宿营。经对茶陵城里情况侦察,了解到城里只有湘东清乡司令罗定的部队,没有正规军。18日早上,工农革命军开始攻城。罗定的部队自知不敌,没有怎么抵抗就闻风而逃了,县长刘拔

① 《杜修经给湖南省委的报告》,《井冈山革命根据地》(上),中共党史资料出版社1987年版,第129、130页。

② 赖毅:《毛委员教我们发动群众》,《解放军文艺》1976年第11期。

克仓皇窜回攸县去了。

工农革命军一进城,即占领了县署衙门,安定社会秩序,城里居民生活照常。茶陵县城是工农革命军进军井冈山之后占领的第一座县城,由于没有管理一个县的经验,也没有思想准备,1927 年 11 月 18 日成立了"茶陵县人民委员会",陈皓委任谭梓生当县长。谭梓生是安徽旌德县人,1925 年在上海政法大学读书时加入中国共产党,1927 年初北伐军攻克旌德县后,曾任旌德县长,但对如何当红色政权的县长心中无数,"没有经验,开始是按旧章程办事"①。旧军人出身的团长陈皓,由于旧军队的积习很深,从艰苦的山沟里进到茶陵县城便故态复萌,享乐思想抬头,每日吃包餐,甚至不顾军纪嫖妓,后来发展到私吞黄金。他不去带领部队发动群众打土豪筹款子,部队的供给由商会派;部队"只停留在每天'三操两讲二点名'上,既不做发动群众的工作,也不做御敌的准备。茶陵的群众大为失望,说是同旧军队、旧政府相比,'换汤不换药'"②。

工农革命军一进城,谭震林立即与宛希先接上了头。宛希先当即交代谭震林去做恢复工会的工作。谭震林利用自己在茶陵人熟地熟的有利条件,很快把工人运动骨干聚拢起来,向他们传达了宛希先的指示。不几天,各行业的基层工会组织接二连三恢复,共有 800 余名会员;尔后着手恢复茶陵县总工会。大家选举谭震林当工会主席,总工会会址设在江西会馆。与此同时,李炳荣负责恢复茶陵县农会的工作,并与战斗在潭湾山区的茶陵游击队取得了联系。

① 陈士榘:《井冈山斗争的片断回忆》,《井冈山革命根据地》(下),中共党史资料出版社 1987 年版,第 208 页。

② 《谭震林传》,浙江人民出版社 1992 年版,第 24—25 页。

陈韶、谭趋新、谭思聪、袁肇鸿等人进入茶陵城，与宛希先取得联系。在宛希先的主持下，11 月下旬恢复了茶陵党组织，成立了中共茶陵县委，陈韶任书记。县委机关设在天主堂（今福音堂），县委的会议以及县委与政府的联席会常在这里举行。

（三）茶陵县工农兵政府的建立

宛希先在力促中共茶陵县委成立和工、农群众组织恢复的同时，目睹新成立的茶陵县人民委员会的种种弊端以及陈皓等军官的所作所为，甚为忧虑，写信嘱人送交远在茅坪的毛泽东。毛泽东立即复信宛希先，指示："由部队派县长是不对的。新的政权不能按国民党那一套搞。要成立工农兵政府，要发动群众，要保护商店，保护邮局，保护医院，保护学校。"①宛希先接到毛泽东的指示后，迅速向部队里的党员、团营干部、士兵委员会和县人民委员会以及茶陵的党组织作了传达，要求遵照毛泽东信中的指示，把发动群众作为党和军队的重要工作内容，坚决地依靠群众，组建县工农兵政府。"1927 年 11 月 27 日，县总工会、县农民协会和士兵委员会，分别选出了谭震林、李炳荣、陈士榘为各自的代表。当天，宛希先召集他们三人开会，研究茶陵县工农兵政府如何组建。当讨论到由谁来出任政府主席问题时，三位代表互相谦让……宛希先见他们谦让不下，便说：'不要推了，依我看，"工农兵政府"，是"工"字排头，还是工人代表谭震林来当主席吧！'"②就这样确定了政府的主要领导人。

1927 年 11 月 28 日，井冈山革命根据地第一个县级工农兵政权——茶陵县工农兵政府成立大会在县城洣江书院操坪举行。谭

①② 《谭震林传》，浙江人民出版社 1992 年版，第 25、25—26 页。

震林在大会上讲了话,公布了由工农兵代表共同签署的《茶陵县工农兵政府布告》,号召全县群众行动起来,恢复工会、农会,建立基层政权,惩治土豪劣绅。会后,县城各界人士和士兵以及进城来参加大会的农民举行了盛大的游行。游行队伍来到了县工农兵政府驻地,只见旧县衙门气象一新,大门横匾上书写着“茶陵县工农兵政府”几个大字,大门两边还贴着一副对联:“工农兵政府,苏维埃精神。”①茶陵县工农兵政府下设立民政、财经、青工、妇女四个部,分别由杨绍震、罗尚德、罗青山、陈叔同担任部长。原县人民委员会同时撤销,谭梓生回归部队。

紧接着,县工农兵政府派出了由政府工作人员和工会、农会骨干以及士兵等组成的工作队,深入乡村,具体帮助恢复农民协会,建立区、乡工农兵政权,发动群众清算土豪劣绅的罪恶。11 月底,马江区工农兵政府成立,主席张善诚,陈和南、曾月伟、黄绍香、郭日华、陈运发等为区政府工作人员。张忠发任区工会主席,曾飞虎任区赤卫队长,雷秀珍、雷令珍为区妇女联合会负责人。区政府设在文江书院。马江区工农兵政府成立后,遇到豪绅的反抗,在工作队的支持下,张善诚下令将其捉拿到县,县工农兵政府立即将其判罪,关入监牢。这件事在全县引起很大震动,广大群众认识到工农兵政府是自己的政府,从而真心实意地拥护这个政府。

县委和县政府提出了打土豪、分田地的口号,准备解决土地问题,打算没收地主的土地分给无地或少地的农民,后因敌人进攻,时间不允许,此项工作也就没有实施。

---

① 《谭震林传》,浙江人民出版社 1992 年版,第 26 页。

茶陵县工农兵政府成立之后,将革命主张公之于众,深得群众拥护,吸引了广大农民投身革命。清水农民邓云山在马日事变后保存了王友德出走时留下的一支枪,这时他将这支枪交给了县工农兵政府。界首花甲村农民将劣绅谭能喜、谭云林抓住送交政府,政府将其关押,在部队撤离茶陵城前两天将他们处决了。县城对河的瑶里革命活动更为活跃,早在县工农兵政府成立之前就恢复了农民协会、妇女联合会、儿童团等组织,严惩了豪绅龙司标、龙司衡、陈克从、陈永安等,没收其财产分给贫苦农民。舲舫也成立了赤卫队,惩治了豪绅谭二如、谭克昌、谭保英等。

在清算土豪劣绅的同时,工农兵政府抓紧各级地方革命武装的恢复和发展,各地普遍建立了纠察队、赤卫队。县城的工人纠察队和乡间农民赤卫队等组织平日站岗放哨,负责维护城乡革命秩序,为工农革命军分担保卫政权的责任,一遇战时,则支援工农革命军作战。政府成立半个月时,茶陵豪绅头目谭省吾、罗兆鹏纠集反动武装200多人进攻茶陵城。工农革命军正面击敌,县委和政府率纠察队、赤卫队起初隐蔽在对河的定灵寺,然后从侧面进攻,一举击溃敌人,缴枪20余支。

当茶陵的革命斗争热火朝天、县委和政府的工作步步深入的时候,敌人震惊了,每每在报纸上从反面加以宣传,这正好给革命者提供了联络的信号。朱德率领的南昌起义军余部转战至江西崇义上堡活动时,从报纸上得悉毛泽东的秋收起义部队占领茶陵城的消息,即派毛泽覃以国民革命军第十六军副官的身份来到茶陵,与宛希先等接上了头,然后去宁冈茅坪与其兄毛泽东会面。

《布尔什维克》第十四期报道了茶陵县工农兵政府成立的状况。

湘鄂赣川四省农民暴动之新发展(节选)①

(1928年1月16日)

湘鄂赣川各省最近农民暴动汹涌地起来,其中为中国共产党领导的固属不少,而农民自发者亦很多。兹将报纸披露出来者,辑要于左方。

(一)湖南

(二)茶陵——县城被共党郭亮等占据已久,省政府派罗定一团往攻不利,罗部退守攸县,闻共党计二三千人,有枪约一二千支,在县实行共产,组织委员制的劳农县政府,势力一天一天雄厚起来,现周澜已电令王锡焘加派兵一团往攻,闻农军在洪山庙、王塘、小车等处布防抵抗,颇不易进攻。连日正在激战中。

(三)湘东工农革命军占领茶陵县城,经省政府派第二师王锡焘与独立团罗定部队,会合进攻,迄今已20余日,仍相持不下。最近工农军又占领毗连茶陵之桂东、酃县等,势益汹涌。各处土匪闻风响应,近已集合三四千人之多。并由湘边侵入江西,将遂川,海宁等县一并占领,莲花,安源均被动摇。安源萍矿,原为共党大本营,所有工人多往加入。

共党占领各县,均组织某某县劳农政府,实行没收土地,勒用劳农政府纸币,土豪绅土地主不逃亡即被诛杀。

四、茶陵县工农兵政府建立的经验教训

建立茶陵县工农兵政府是井冈山革命根据地建立革命政权的

① 《井冈山革命根据地》(上),中共党史资料出版社1987年版,第66页。

首次尝试,是井冈山根据地第一个工农兵政权,也是全国第一个县级红色政权。这个政权的建立,标志着井冈山斗争发展到了建政的阶段。尽管这个政权因强敌进攻,存在的时间仅一个月,有些工作来不及充分展开或做得还不够,但它为以后的苏维埃政权建设提供了许多宝贵的经验和教训,有着重要的实践意义。

第一,建立一个人民满意的政府。

工农革命军攻占茶陵县城后,虽然成立了一个县人民委员会,更换了县长,但是,政府按旧衙门制度,升堂审案,派粮派款,脱离群众。这样的政府,群众是不欢迎的。后来,根据毛泽东的指示,组成了由工会、农会、士兵委员会组成的工农兵代表会议,建立了工农兵政府。工农兵政府为民众做主,为穷人撑腰,赢得了群众的承认,得到了群众的拥护。

第二,充分发挥工农兵代表大会的作用,实行民主建政。

茶陵县工农兵政府的领导人是通过自下而上层层推举出来的,因而这个政权有群众作基础,赢得了群众的承认和拥护,也把群众吸引到政府的周围,使群众得到政治训练,提高革命觉悟。这种自下而上民主产生政府领导人的做法,为井冈山革命根据地各县建立政权时所仿效,也为尔后的各级苏维埃代表会议、各级人民代表大会所仿效。

第三,政府组成人员坚持以工农兵为主体,并吸收革命知识分子。

茶陵县工农兵政府的组成人员主要是工人、农民、士兵代表,也吸收了一部分革命知识分子,如前述工农兵政府之下 4 个部的部长都是革命知识分子。这为以后的工农兵政权广泛地团结各阶层的群众提供了有益的经验。

第四，正确处理好党组织和政府的关系。

党要领导政府，但又必须发挥政府的职能作用。工农革命军开始成立的茶陵县人民委员会和尔后成立的茶陵县工农兵政府充分说明了这一点。开始成立的县政权由于缺乏得力的党组织的领导，因而存在种种弊端，而茶陵县工农兵政府是在前委委员、营党代表宛希先的直接领导下建立起来的，则得到了群众的拥护，并且自觉服从党组织的领导，其重大决策往往要请示茶陵县委。陈士榘在谈及茶陵县工农兵政府时说："谭思聪、陈韶是县委的，住在天主堂，有什么事都到天主堂去商量，实际权力在县委。"①茶陵党组织和茶陵县工农兵政府关系的处理，为我党农村政权的建设提供了示范。因而，茶陵县工农兵政府成了后来全国红色政权建设的典范。

第五，在革命力量薄弱的情况下，应"以农村为中心"。

茶陵城虽说不是大中城市，也不是中心城市，但它毕竟是茶陵县的政治、经济、文化和军事中心，是反革命势力的集结地。革命军攻下县城后，如果想在城中长期坚持下去，在当时情况下是做不到的。因为敌人会马上组织力量进行疯狂的反扑，敌军一旦完成对县城的包围，革命军的突围会异常困难，甚至会全军覆没。所以在工农革命军占领茶陵城后，毛泽东对茶陵的军事形势非常关注，要求他们每个星期向他汇报一次，一有紧急情况，随时准备从城中撤离出来。从这里不难看出，毛泽东的着眼点没有放在长期占领城池，而是"以农村为中心"。

第六，根据地的政权建设一定要与土地革命和武装斗争相结合。

① 陈士榘:《井冈山斗争的片断回忆》,《井冈山革命根据地》(下)，中共党史资料出版社 1987 年版，第 209 页。

茶陵县工农兵政府虽说已经建立,但是它存在的时间太短,没有来得及进行土地革命,群众发动得不够充分,农民自愿加入革命军的人数也非常少,当工农革命军遇到困境时,真正愿意出来帮助的人不是很多,这是一个很好的教训。在以后的井冈山革命根据地建设过程中,各县的地方党组织与工农兵政府之所以能够较好地将武装斗争、政权建设和土地革命三者有机地结合起来,其中一个原因就是接受了茶陵县工农兵政府的教训。“在茶陵,我们取得打碎旧政权、建立新政权的经验”,茶陵的经验“告诉我们,没有正规部队和广大地方武装的配合,就不能战胜敌人,土地革命便无法开展,农民群众也不可能充分动员起来支持革命,已经占领的地方也保不住,到头来即使建立了红色政权,也站不住脚,而没有巩固的根据地,武装斗争也就失去了可靠的后方和依托。所以,后来我们攻占遂川、宁冈、永新等县,建立县工农兵政府,就着手抓土地革命,满足农民的土地要求;抓成立县、区、乡各级地方武装;抓建立健全各级党组织和政权;抓发展生产;开办学校(小学);帮助群众战胜国民党的经济封锁,解决生活上的困难”①。

第二节 颁布《施政大纲》,遂川县工农兵政府建立

一、攻打遂川,分兵发动群众

1928 年 1 月 2 日,毛泽东和团长张子清(1927 年 12 月下旬,原团长陈皓企图率部叛变,于月底被处决,毛泽东指定张为团长)率领

① 谭震林:《回顾井冈山斗争历史》,《井冈山革命根据地》(下),中共党史资料出版社 1987 年版,第 12 页。

工农革命军离开宁冈龙市,4 日来到遂川大坑。1 月 5 日,工农革命军打垮了肖家璧的靖卫团和一个工兵连后,兵临遂川城下。守城的敌军听说肖家璧部在大坑惨败,深知不是革命军的对手,弃城而逃,我军不费一枪一弹就占领了遂川县城。

由于战前敌人的诬蔑、造谣,不少市民受到蒙蔽,对革命军缺乏认识与了解。我军进城后,城内一派冷冷清清,不少店铺关门。为此,毛泽东命令部队以班排为单位进行分兵活动,深入群众,宣传党的主张,还派人找回分散在外地的党员和工农运动骨干。在遂川,我军缴获了敌人几百担白布。毛泽东当即指示运回宁冈茅坪,叫余贲民具体负责筹办被服厂,以解决部队的过冬问题。

几天后,毛泽东检查了西庄王次椟等人想方设法保存的 6 支枪后,建立遂川游击大队(后改称赤卫大队),队长王次椟,党代表毛泽覃。1 月 8 日,毛泽东在遂川县城天主教堂主持召开遂川县的党员会议,决定重建遂川县委,指定陈正人为书记,王遂人、肖万夔、王次淳、王佐农、毛泽覃为县委委员,王遂人为组织部长,肖万夔为宣传部长。同时,毛泽东要求中共遂川县委抓紧恢复和发展党的组织。不久,毛泽东又在五华书院召开前委、遂川县委、万安县委联席会议,听取遂、万两县委的汇报,指出当前任务就是放手发动群众、武装工农、建立农村革命根据地、发展党的组织,并首次提出用以指导游击战争的"敌来我去,敌驻我扰,敌退我追"①的游击战术。

1 月 10 日,经过艰苦努力,遂川县城的工作局面基本打开。逃离的市民陆陆续续返回城中,各工厂也恢复了生产,商业、船业、木

① 《毛泽东年谱》(上卷),人民出版社 1993 年版,第 232 页。

业、作坊业等行业工会也恢复了运作。当城里的局面基本稳定、各项工作也得到很好开展后,毛泽东将工农革命军团部和特务连留在城里继续做群众工作,部队其余人员则组成宣传队,兵分三路,到于田、草林、大坑等农村地区发动群众,打土豪筹款子。

1月16日,趁此日逢圩,毛泽东在万寿宫主持召开群众大会,宣讲保护中小工商业及其他各项政策,号召社会各界团结起来,夺取革命胜利。1月21日,毛泽东返回遂川县城,他嘱咐陈正人等人尽快草拟一个施政大纲。

1月23日,遂川县工农兵政府的筹备工作已经就绪。这天,负责宣传的同志拟了几副对联,打算贴在主席台两侧,可选来选去总觉得不贴切。这时,正好毛泽东来了,大家知道他才高,就请他选定。毛泽东兴致勃勃地看了一遍后,抽出其中一副,改了几个字,大家一看,无不拍手称好。经毛泽东修改后的对联为:

想当年你剥削工农,好就好,利中加利;
看今朝我斩杀土劣,怕不怕,刀上加刀。

对联不仅对仗工整,而且气势非凡,贴在工农兵政府成立大会的主席台两侧,对地主豪绅起到了很大的震慑作用。

二、颁布《施政大纲》,建立遂川县工农兵政府

工农革命军占领遂川县城后,毛泽东在遂川县城和农村进行了广泛的社会调查,他一边调查,一边指导发动群众的工作和县工农兵政府的筹建工作。为了使新建立的红色政权有章可循,毛泽东指示中共遂川县委书记陈正人起草一个遂川县工农兵政府施政纲领。

陈正人很快将《遂川县工农兵政府临时政纲》初稿写了出来，毛泽东看后亲自作了修改。经过修改后的《临时政纲》，其内容涉及政治、军事、文化、土地、生产和人民生活等方面，共有30条。为了便于群众理解，毛泽东用了许多通俗易懂的语言替换原有的一些语句，如"不虐待儿童"改为"不准大人打小孩子"，"废除聘金聘礼"改为"讨老婆不要钱"等。这个纲领，以前从未见到过原件，后来从湖南安化县发现的国民党第十六军政治部1928年截获的湘赣边界档案材料中，保存有《遂川县工农兵政府临时政纲》的翻印件，目前见到的文本仅24条。因史料珍贵，现全文附录于下：

遂川县工农兵政府临时政纲①

（1928年1月）

第一条：凡从〈事〉劳动及不剥削他人以为生活的男人和女人，如工人、农民、士兵和其他贫民，都有参与政治的权利。此外，各色人等，如收租的人，重利盘剥的商人、资本家、雇主、土豪、劣绅、反革命政府的官吏、国民党的执行委员、监察委员、清党委员、其他各色反革命分子及和尚、尼姑、斋公斋婆、教徒等一概没有参与政治的权利。

第二条：凡工农兵平民有集会、结社、言论、出版、居住、罢工的绝对自由，但对于剥削工农利益和危害本政府地位的反革命派剥夺此种自由。

① 《井冈山革命根据地》（上），中共党史资料出版社1987年版，第71—73页。

第三条:县城及各种重要圩市,工人都要赶快组织各业工会联合会,由全县各工会联合会和直属工会组织全县总工会。

第四条:各区乡农民赶快组织各区乡农民协会。乡农民协会即为该乡执掌政权的机关。区的执掌政权机关,则为由各乡农民协会派出的代表,区的各业工会派出的代表,及区内革命军队派出的代表所组织的全区工农兵代表大会,由全区工农兵代表大会所选举的人民委员会。

第五条:解除保安队、保卫团等反动的武装,组织工农革命军和赤色游击队,以保护工农阶级,肃清反革命派。

第六条:全县工会、农民协会、工农革命军的组织到了全县以上的时候,应立即召集全县工农兵代表大会,并选举正式人民委员会,为全县执掌政权的机关。

第七条:凡反革命政府的官吏、压迫工农、平民的土豪劣绅、地主、资本家、工贼、农贼和其他一切反革命派,工农兵政府应该严厉的〔地——笔者加〕惩办他们。

第八条:凡土豪劣绅、奸商、反动派准许工农平民就地自由捕捉,并烧毁他们的房屋。

第九条:凡土豪劣绅、奸商、地主的谷米、衣服、猪肉、油盐、砖瓦、木石、家用器具等准许贫苦工农自由夺取应用。

第十条:制定真正能够保障工人阶级利益的劳动法和劳动保险法,实行八小时工作制,星期例假休息照给工钱,男女工作同等要得同等的工钱。

第十一条:工人应该〈给〉适合他们生活需要的最低限度的钱。

第十二条:工人有管理由工农兵政府所没收的商店和行栈的权利。

第十三条:特别保护童工和女工,童工每天做工不得过六小时,童工女工不许做夜工,又不许做那些剧烈有害健康的工作,八岁以下的儿童,不参加劳动,女士产前产后须有八星期的休息,休息时间照给工饯。

第十四条:老板和师傅不得虐待学徒。学徒在学习期间内,应该得到相当工钱,学徒学习时间不得超过两年,取消进师礼,出师礼。

第十五条:凡地主、祠庙、公共机关的田地、山林和一切附属,这些田地、山林和〈给〉缺少田地山林的贫苦人民和退伍兵士耕种使用。

第十六条:改良士兵待遇,增进士兵文化程度,士兵要有充分的给养,官长士兵薪饷平等,士兵组织士兵委员会参加军队管理。

第十七条:工农平民从前的欠债、欠租、欠税、欠捐,一律停止偿还和缴纳。

第十八条:从前财主手中所存的借据,地主所存的契约一律宣布作废,〈如〉准许工农平民自由向财主地主手中夺取出来,焚烧灭迹。

第十九条:从前反革命县衙门柜书〔书柜——笔者加〕内所管的粮册宣布作废。

第二十条:取消盐税、田赋厘金、印花烟油税、鸡鸭税、屠宰税、硝磺税、百货捐等一切苛捐杂税,规定适当的土地税和资本税。

第二十一条：开办消费合作社，使工农平民得到廉价的货物，免除商人的剥削。开办贩卖合作社，使农民及工业小生产者的出品得到适宜的价钱。免除行栈等奸商的操纵，开办信用合作社，使工农平民得到低利无抵押的借款，免除资本家地主的重利盘剥。开办生产合作社，以增进农业及工业的生产，免除个别生产的不利。

第二十二条：统一全县的斗尺秤。

第二十三条：由工会开办工人学校，由农民协会开办农民学校，由县工农兵政府开办高级的工农学校，以增工农平等的劳动知识和一般文化程度。

第二十四条：疏通河道，修筑堤防，以兴水利。

（以下缺——笔者注）

《遂川县工农兵政府临时纲领》代表了中国共产党的早期政权主张，代表了井冈山革命根据地创建初期的政权主张，反映了贫苦工农阶级的根本利益。这个施政大纲在当时产生了巨大影响。

1928 年 1 月 24 日，万余人聚集在县城李家坪，参加当天召开的遂川县工农兵政府（人民委员会）成立大会。毛泽东出席并讲了话。大会宣布《遂川县工农兵政府临时纲领》和遂川县工农兵政府组织机构。王次淳任遂川县工农兵政府主席，下设土地、教育、裁判、劳动、财政等部。办公地点在万寿宫。2 月 4 日以后，遂川县工农兵政府随军先后迁至黄坳、行洲、下庄、茨坪、大井等地办公。5 月后，改称遂川县工农兵苏维埃政府，隶属湘赣边界工农兵苏维埃政府，辖城区、雩田区、碧洲区、草林区、黄坳区、新遂边陲特别区、上下烟区、车坳区、左安区、大汾区等10个工农兵苏维埃区政府。各区政府的成立时间、办公地点、区主席①分别是：

城区工农兵政府于1928年1月中旬成立，办公地点在水北三邑祠，主席彭国梁；2月县工农兵政府迁往黄坳，区政府停止活动。

雩田区工农兵政府于1928年1月中旬在万寿宫成立，主席曾淦兰；2月，因工农革命军撤离遂川而停止活动。

碧洲区工农兵政府于1928年1月成立，办公地点在碧洲万寿宫，负责人方立成，辖珠湖、赤坑、达泉、良岗4个乡；2月，因工农革命军撤离遂川而停止活动。

草林区工农兵政府于1928年1月成立，办公地点在草林四圣宫，主席王锡海，内设土地部、宣传部、武装部、财政委员和文书；2月，因工农革命军撤离遂川而停止活动。

黄坳区工农兵政府于1928年2月成立，办公地点在黄坳地母宫，主席范家驹，辖石角、石围、高田、船肚、黄坳、油石、洪石、石环等8个乡；1929年，因井冈山失守而解体。

新遂边陲特别区工农兵政府于1928年2月在茨坪成立，主席先李尚发、后李子青，辖10个乡；1930年2月区政权解体。

上下烟区工农兵苏维埃政府于1928年夏秋间成立；1929年2月，因井冈山失守而解体。

车坳区工农兵苏维埃政府于1928年夏秋间与车坳区委同时成立，办公地点在湘洲，主席李月珍；1929年2月，因井冈山失守而解体。

大汾区工农兵苏维埃政府于1928年10月成立，辖大汾等10个

① 《遂川县志》，江西人民出版社1996年版，第156—165页。

乡;11 月初,红军离开大汾后停止活动。

左安区工农兵苏维埃政府于 1928 年 10 月成立,办公地点在王家祠,主席王绍沾,辖 4 个乡政府;11 月红军离开左安后消失。

三、执行党的政策,保护中小工商业者

(一)宣传组织群众,明确军队纪律

1928 年 1 月工农革命军第三营九连来到草林圩时,草林圩上的中小商人受了黄礼瑞、郭朝宗等人的欺骗和恐吓,家家店门紧闭,上贴一张“存货已空,改行务农”的告示;偶尔见到几个老农,也都远远地窥视着,用惊恐疑惑的目光打量着革命军。当战士们走上前欲与他们攀谈时,他们一个个都躲开了。九连连长曾士峨和党代表罗荣桓非常着急,他们认为要打开局面,还得有耐心,要从社会调查入手。于是,工农革命军挨家逐户访贫问苦,在掌握基本情况以后,深入草林开展群众工作,广泛宣传毛泽东亲自制定的保护中小工商业的政策,揭露土豪劣绅的阴谋诡计,鼓励中小工商业者开门做生意。他们还分头深入草林圩镇各角落,张贴“打倒土豪劣绅”“打倒贪官污吏”“保护中小商人”“取消苛捐杂税”“工农革命军是穷苦工农的军队”等标语。据谭冠三回忆:“对于工商业,特别是中小工商业者”,“采取保护的政策”;“对工商业兼地主者,地主部分的财产,是加以没收的;工商业部分,不没收,采取了保护的政策。开始我们对这些政策不够明确,看到是地主的财产,不管是封建部分,还是工商部分,全部没收。后来,毛泽东同志把它纠正过来了,提出了正确的政策,明确规定只能没收地主部分的浮财,不要损害工商业部分。”①

① 谭冠三:《在我记忆中的井冈山斗争》,《井冈山革命根据地》(下),中共党史资料出版社 1987 年版,第 501 页。

通过宣传和实际行动的影响，群众对红军的看法改变了，草林地区迅速掀起了以废债毁约、打土豪分浮财为主要内容的年关斗争。与此同时，毛泽东还针对部队存在的纪律问题，正式颁布了“三大纪律、六项注意”。“三大纪律”是：第一，行动听指挥；第二，不拿工农一点东西；第三，一切缴获要归公。“六项注意”是：一、上门板；二、捆铺草；三、说话和气；四、买卖公平；五、借东西要还；六、损坏东西要赔。“三大纪律六项注意”的颁布，使遂川人民对工农革命军和共产党的认识更加深刻，以往的误解很快消除，那些离开县城的中小工商业者又纷纷回来，重操旧业。

（二）打土豪、砸税卡，夺回圩场领导权

1月10日，毛泽东来到了草林圩。罗荣桓等将掌握到的情况向毛泽东作了汇报。毛泽东听后，当即指示：“拔掉这个钉子！”曾士峨、罗荣桓立即带领革命军战士，以迅雷不及掩耳之势，查封了黄礼瑞、郭朝宗在草林开设的各种商号、当铺、烟馆、妓院，缴获了几万斤食盐、几千斤茶油、几百担布匹和数不清的日用百货，没收他们的全部财产，烧掉他们的3座炮楼，分了他们家的浮财。同时，砸掉了通往圩场的所有税卡，取消了一切苛捐杂税。毛泽东随即又指示部队，将缴获的东西一部分上交，一部分分给群众，让群众过个好年。革命军战士连夜送物上门，贫苦农民笑逐颜开。

（三）执行党的政策，保护中小工商业者

毛泽东十分重视团结、教育和争取中小商人，曾经亲自走上街头调查研究，找贫苦群众和中小商人谈心；了解圩场情况，确定打击和保护对象。对大土豪兼大奸商采取没收的办法，从政治上和经济上狠狠打击；对中小商人则采取保护政策，不罚款、不抽税，不动他们的一粒盐、一个红枣、一寸布,允许他们自由贸易、合法经营,使之有利可图。结果,得到中小商人的拥护,他们纷纷打开店门,摆开地摊,恢复营业。每逢圩日,四面八方的群众提篮挑担,络绎不绝地到草林圩做买卖;唐江、营前、寺下乃至广东、福建、湖南桂东等地都有中小商人到草林做生意,商品丰富,贸易畅通。草林及附近乡村的茶油、茶叶、药材、芝麻、柑橘等大有销路,唐江的盐和糖,县城的布匹、杂货,营前的生铁,桂东的硫黄也源源不断地进入草林圩。草林圩复活了,成了井冈山革命根据地的红色圩场①。

谭冠三后来回忆说:“对于这些政策,工商业者都感到满意。这样一来,既筹到了款,解决了我们自己的供给问题,又不损害他们的利益,保护了他们,团结了他们,使他们拥护和支持我们。本来我们吃盐是很困难的,后来由于有了正确的工商业政策,商人就愿意和我们做生意,把盐运进来,解决了吃盐的问题。”②

毛泽东在《井冈山的斗争》中写道:“对小资产阶级的政策,我们在今年二月以前,是比较地执行得好的。三月湘南特委的代表到宁冈,批评我们太右,烧杀太少,没有执行所谓‘使小资产变成无产,然后强迫他们革命’的政策,于是改变原来前委的领导人,政策一变……近来逐渐改变这种政策,情形渐渐好些。在遂川特别收到了好的效果,县城和市镇上的商人不畏避我们了,颇有说红军的好话的。草林圩上逢圩(日中为市,三天一次),到圩两万人,为从来所未有。

① 《遂川县志》,江西人民出版社1996年版,第176—177页。

② 谭冠三:《在我记忆中的井冈山斗争》,《井冈山革命根据地》(下),中共党史资料出版社1987年版,第501页。

这件事，证明我们的政策是正确的了。”①

就这些政策的效果看，它不仅充分调动了赤、白区中小商人的积极性，而且还提供了军队自身给养的需要，为根据地实行工农武装割据，坚持长期斗争，奠定了经济方面的基础。当年，遂川城里传唱的这支歌，充分表达了人们的喜悦心情：

过新年，过新年，
你拿斧子我拿镰，
打倒肖家璧，
活捉罗普权！

过新年，过新年，
今年不比往昔年，
共产党军队来到了，
土豪劣绅哭涟涟
……

“人们喜气洋洋地度过了一年一度的春节。县工农兵政府把打土豪和没收不法分子所得的布匹、药材、粮草、被服等物资，以及筹集到的款子，送往遂川县黄坳工农革命军物资联运站，再转送到井冈山，帮助部队解决给养，度过寒冬。”②

遂川县工农兵政府成立以后，除颁发了《遂川县工农兵政府临

① 《毛泽东选集》第一卷，人民出版社1991年版，第78页。
② 《谭震林传》，浙江人民出版社1992年版，第33页。

时政纲》，还印发了一本宣传册，供党员、团员和要求进步的工农群众学习。后从中选编8个文件入《遂川县工农兵苏维埃政府文件》，其中《共产主义者须知》是当时比较好的教材：

遂川县工农兵苏维埃政府文件①

（1928年12月9日）

共产主义者须知

共产主义

（一）共产主义是什么？

不是抢产主义。不是均贫富。消灭资本主义制度。大家过太平日子。

（二）为什么发生共产主义？

资本主义制度。帝国主义形成。面包问题发生。先觉者登高一呼引起了普遍的不平之鸣。

（三）共产主义的归宿地：

“天下为公，世界大同”“各尽所能，各取所需”（不做工的不准吃饭）废除资本制度，达到共产主义社会。

（四）怎样到目的地？

穷鬼们联合起来，穷鬼们暴动起来，夺取政权。无产阶级专政苏维〈埃〉政权：没收一切工具，建设共产主义社会。

共产主义者应当怎样？共产主义者须知

① 《井冈山革命根据地》（上），中共党史资料出版社1987年版，第205—206页。

(一)日常起居

思想系统化。行动集体化。言论革命化。工作艺术化。生活科学化。

(二)工作大纲

为团体努力。作群众导师。到群众中去。到反动荆棘中去。不畏难,不怕死,不爱钱,为主义而牺牲。

(三)阶级斗争

阶级的斗争,阶级斗争之中共产主义者。

(四)秘密工作

秘密工作的意义,秘密的方法。

(五)支书工作

团体耳目。群众导师。同志的先驱者。同志的教师。核心中之核心。

支部是群众核心,支书又支部核心。

(六)民主集中

铁的团体,钢的纪律,命令绝对服从,全体大会为最高机关。

(七)组织系统

超国界的。超神族界的。直系、横系。

(八)开会纳弗〔费〕

开会是求学,纳弗〔费〕是不忘团体。

(九)技术工作

不是要好看,是要得到"事半功倍"的效果。

《遂川县工农兵苏维埃政府文件》中的《共产主义者须知》,不仅是一篇好教材，而且是一篇共产主义者宣言。《须知》提出了构建理想社会的目标：天下为公、世界大同；各尽所能，各取所需；废除资本制度，达到共产主义社会。指出了实现理想社会的方法：联合起来，暴动起来，夺取政权，建立无产阶级专政的苏维埃政权，没收一切工具，建设共产主义社会。明确了革命者的工作要求：为团体努力，作群众导师，到群众中去，到反动荆棘中去，不畏难，不怕死，不爱钱，为主义而牺牲。这个《须知》对统一人们的思想，提高人们的觉悟，规范人们的行为，加强政权建设，起到了重要作用。

遂川县工农兵政府成立以后，江西省委向中央报告了关于赣西南目前工作决议的内容，建议尽快成立县工农苏维埃及各乡农民苏维埃政府。

江西省委关于赣西南目前工作决议案①

(1928年1月19日)

中央：

兹将本月10日常委临时会议对于赣西南目前工作的决议抄录于下，请指示：

省委根据反动派报载遂川县城已于4日被宁冈农军毛泽东、袁文才部及本地农民攻陷，永新县城亦被农军进攻，各乡农民群众响应，大有瞬息即下之势。同时得着特派员关于万安8000余农民之元旦日暴动攻城的报告，省委认为以前对于努力

① 《井冈山革命根据地》(上)，中共党史资料出版社1987年版，第67页。

创造西南割据局面,为江西土地革命的发祥地之决议是对的。因为省委在这西南农民群众继续英勇斗争的时期,特召集暂时会议决定西南各级党部目前工作:

一、在已被农民群众占领县城或割据乡村的遂川、宁冈、万安等地应当厉行革命的独裁,彻底的肃清反动势力。即是以群众的政治力量来杀尽豪绅地主、政府官吏及一切反动派,封锁反动派的交通,断绝反动派与南昌、赣州、袁州等地关系及相互的联络,严格的检查邮电,使当地的反动派无一漏网,外面的反动势力无法侵入。如此才能保障革命暴动的胜利,巩固工农的政权。至于未曾占领的万安,尤应特别的努力领导农民群众再次夺取县城。同时,煽动城内手工工人、店员及一般贫民起来反对反动的县政府卫军队,响应农民暴动。

二、立即召集各级农民代表会,成立县工农苏维埃(城市则召集工人店员贫民代表会)及各乡农民苏维埃。深入没收反动派的财产,没收土地的根本工作,由各乡农民苏维埃分配土地与贫农。同时应扩大反封建资产阶级统治,反国民党军阀,苏维埃政权土地革命及本党的宣传,使一般农民群众都能彻底的了解暴动夺取政权,解决土地问题的必要,并以工农革命军力量向邻近各县发展农民的游击战争,以响应万安、遂川、宁冈等县的暴动,并掩护其胜利……

第三节　新城大捷,宁冈县工农兵政府建立

一、新城大捷,红色区域扩大

1928年1月下旬,江西军阀朱培德在调集重兵向遂川进攻的同

时，又派出国民党赣军杨如轩第二十七师第七十九团王国政的一个营，伙同国民党县长张开阳带领的宁冈靖卫团，盘踞县城新城，妄图以此为据点，步步逼进，摧毁革命根据地。

毛泽东认真分析形势后认为，新城是宁冈的县城所在地，它西连龙市，南通茅坪，北扼宁冈至永新的通道。敌人若长期占据此据点，将对井冈山革命根据地的工农武装割据造成严重威胁。所以，我们必须夺回新城，并迅速作出避实就虚、歼其一路的决定。毛泽东一面写信给宁冈县党组织，命令其发动群众，袭扰新城驻军；一面又迅速把在遂川发动群众的工农革命军撤离遂川，带回宁冈茅坪，作好歼敌准备。

中共宁冈区委书记龙超清接毛泽东指示信后，组织赤卫队不分昼夜地袭扰敌人，使敌人一日数惊、坐卧不宁。当敌人发现全是赤卫队，并非主力时，便骄傲松懈。毛泽东即决定采取优势兵力全歼此敌。

2 月中旬，工农革命军第一团悄悄返回宁冈茅坪，会合刚刚升编的袁、王所部第二团。17 日，前委在茅坪攀龙书院召开军事会议，部署攻打新城方案。会议决定：集中第一、第二团的优势兵力，对新城之敌取包围之势。第一团担任主攻的第一营攻击新城东门，第三营的大部攻打南门，教导队和第三营的一部攻打北门；袁文才率第二团第一营在西门外设伏，准备歼灭从西门出逃之敌。当天下午，前委在茅坪阎仙殿召开了战前动员大会，全县动员了 2000 多人参战，组织临时赤卫大队，按军事化的组织编制，以自然村编班，李筱甫任总指挥。毛泽东代表前委号召全体指战员，一定要打好这一仗，消灭敌人主力，将敌人的嚣张气焰打下去，发展和巩固已取得的割据成果。

2月18日,工农革命军兵分两路,星夜出发,一个急行军,天亮前赶到新城,在夜幕掩护下进入指定地点。除宁冈2000多群众参战外,还有遂川、永新两县的部分赤卫队。他们和工农革命军一起相继进入前沿阵地,完成了对新城的包围。毛泽东、张子清等登上新城门外的棋山岭上指挥战斗。

清晨,王国政营的部分城内守敌照常来到南门外操场出操,刚架好枪支,正在做徒手操时,毛泽东、张子清立即发出战斗信号。敌人如惊弓之鸟,弃枪逃入城内,紧闭城门。紧接着,东门、南门也打响了。城内敌营长王国政急令他的9挺机枪投入战斗,顿时枪声大作。战斗进行得很激烈。时至中午,城门仍未攻开,各路指挥员有些焦急了。棋山岭指挥部里的毛泽东却异常镇定,他经过周密的思考,决定施用火攻:先由南门、北门发起佯攻,吸引敌人火力,然后第一营集中火攻东门。命令下达后,当地群众立即送来许多楼梯、煤油、稻草、棉絮等。第一营几十名战士迅即揭开东门外一间民房的屋瓦,把部队仅有的两挺机枪架上屋顶,居高临下,向敌人猛烈射击;另外几十名战士两人一组,披着沾湿了的棉絮,夹着干草、煤油,冒着枪林弹雨,涌向东门点着了火。霎时烈火熊熊,东门被烧穿。第一营战士奋不顾身穿过浓烟冲进城内。

东门一破,城内守敌乱作一团,无心再战。南门、北门相继也被攻破。三路部队在城内奋勇拼杀,打得敌人纷纷逃窜。反动县长张开阳和敌营长王国政急忙打开西门,夹在敌兵中间企图向外奔逃,却遭到守候多时的袁文才部的猛烈截击,慌忙中回城,又被进逼的第一、第三营封死退路,成了瓮中之鳖,王国政被当场击毙。敌兵见大势尽去，纷纷跪地投降。张开阳在一片混乱中夺路逃跑，躲入西门外的小沟里，惊魂未定，被参战的古城区大江边暴动队队长文根宗生俘。是役共歼灭赣敌一个正规营、宁冈靖卫团及县公署反动武装共400余人，俘虏近300人，缴枪数百。

从1927年11月到1928年2月，工农革命军与边界党组织及广大人民群众，经过艰苦努力、浴血奋战，先后攻克了茶陵、遂川、宁冈3个县，建立了县工农兵政府。尤其是新城大捷和宁冈县工农兵政府成立后，茶陵、遂川、宁冈的红色区域连成一片，开辟了“以宁冈为中心的湘赣边界工农武装割据”①局面，奠定了建立井冈山革命根据地的坚实基础，形成了井冈山革命根据地的雏形。

二、宁冈县工农兵政府成立，泥腿子当县长

工农革命军攻克新城县城，活捉县长张开阳，推翻国民党县政权后，随即在龙市张家祠召开工农兵代表大会。大会经讨论决定：在全县普遍建立区乡工农兵政权；开展打土豪筹款子分浮财运动；建立赤卫队、暴动队，保卫巩固红色政权。

1928年2月21日清晨，宁冈及附近县的贫苦农民万余人开始聚集龙市沙州广场，参加在这里举行的宁冈县工农兵政府成立大会。沙州广场搭建了一个临时主席台，台顶悬挂着一幅红布会标，上面写着“宁冈县工农兵政府成立，审判反动县长张开阳”。

毛泽东、张子清、宛希先、何挺颖、袁文才、龙超清等军队、地方领导人出席了大会。10时许，大会司仪萧子南宣布：大会开始，宁冈县工农兵政府成立！顿时，鞭炮齐鸣，锣鼓喧天，会场一片欢腾。毛

① 《毛泽东选集》第一卷，人民出版社1991年版，第52页。

泽东在会上向到会的各界人士作了热情洋溢的讲话。他说:“今天的大会,是个胜利的大会。从此,宁冈人民有了自己的政府,贫苦工农要自己当家做主了!”接着,他把文根宗请到台前向大家介绍说:“这就是文根宗同志。就是他,在新城战斗中活捉了张开阳,立了头一功! 从今天起,他就要担任大家的工农兵政府主席,大家要拥戴他、支持他,把宁冈的工作做得更好!”在一片欢呼声中,毛泽东庄严地把“宁冈县工农兵政府”大印交给文根宗。文根宗双手接过大印,眼里闪烁着激动的泪花。

大会还宣布成立中共宁冈县委,龙超清任县委书记;成立县赤卫大队,石敬庭任大队长。龙超清、文根宗分别代表县委和县工农兵政府在会上发了言。

大会的最后一项议程是公审反动县长张开阳。当萧子南宣布将张开阳押进会场时,全场军民群情激奋。4 个赤卫队员把张开阳押至土台右侧,架放在 1 米多高的三根木架上面。新任县工农兵政府主席文根宗一一宣布了张开阳的罪状,并以宁冈县工农兵政府名义,宣布判处张开阳死刑,立即执行。文根宗的话音刚落,台下的赤卫队员、暴动队员一拥而上,你一刀,我一矛,把张开阳当场戳死,结束了他反动的一生①。

会后,宣布了由宁冈县工农兵代表大会选举产生的 11 人组成的县工农兵政府执行委员会,3 人为常委,青年农民文根宗当选为县工农兵政府主席。政府下设粮食、土地、军事、财政、青年等部,各部有部长,并设监察主任一职。粮食部负责筹集军粮、马草和收征公粮,

① 余伯流、陈钢:《井冈山革命根据地全史》(修订本),江西人民出版社 2007 年版,第 120 页。

土地部负责进行查田、土地分配、开荒及发展农业生产，军事部负责指导暴动队、办理有关军事及扩红，财政部负责管理财政、金融及打土豪分浮财，青年部负责指导少年先锋队、儿童团并协助扩红、支前宣传等工作。

决定县政府办公地点在龙市河西婆婆庙，此后确定龙市为县城。

从 1928 年 2 月至 1930 年 4 月的井冈山革命根据地时期，宁冈县工农兵（苏维埃）政府主席变换 8 人，有的是因为被反动派杀害而改选，有的是因为被肃反错杀而改选，但最主要的是因为土客籍矛盾较深而改选。现将井冈山革命斗争时期的第一任至第八任政府主席的姓名、任期列于下：

第一任：文根宗，宁冈大江边人，1928 年 2 月至 5 月任宁冈县工农兵政府主席。

第二任：甘金煌，宁冈乔林人，1928 年 6 月至 7 月任宁冈县工农兵苏维埃政府主席。

第三任：谢桂标，宁冈柏路人，1928 年 9 月至 1929 年 1 月任宁冈县工农兵苏维埃政府主席。

第四任：吴兆奎，宁冈桥上人，1929 年 2 月至六七月任宁冈县苏维埃政府主席。

第五任：尹德和，宁冈金源人，1929 年 7 月至 9 月任宁冈县苏维埃政府主席。

第六任：谢路生，宁冈西源人，1929 年冬任宁冈县苏维埃政府主席。

第七任：龙云芳，宁冈上坑人，1929 年 9 月至 1930 年 1 月任宁冈县苏维埃政府副主席。

第八任：谢玉衡，宁冈南源人，1930 年 1 月至 4 月任宁冈县苏维埃政府主席。

1928 年 2 月，宁冈县第一届工农兵代表大会决定成立区、乡工农兵政府后，全县 4 个区相继建立了红色政权。但初期的政府，民主制度尚未建立或不健全。“处理事情，往往脱离群众的意见，对没收及分配土地的犹豫和妥协，对经费的滥用和贪污，对白色势力的畏避或斗争不坚决，到处发现。委员会也很少开全体会，遇事由常委处决。区乡两级政府则常委会也少开，遇事由主席、秘书、财务或赤卫队长（暴动队长）各自处理决定，这四个人是经常驻会的。所以，民主集中主义，在政府工作中也用得不习惯”；“初期的政府委员会中，特别是乡政府一级，小地主富农争着要干。他们挂起红带子，装得很热心，用骗术钻入了政府委员会，把持一切，使贫农委员只作配角。”在党和政府关系上，出现了以党代政现象，“党在群众中有极大的威权，政府的威权却差得多。这是由于许多事情为图省便，党在那里直接做了，把政权机关搁置一边”①。

初期区乡政权出现上述问题后，边界特委采取了一系列强有力的措施予以纠正：

一是在各级政府执行委员会中厉行民主集中制，权力归集体领导，反对个人说了算。

二是整顿政权组织，纯洁内部，把用骗术钻入革命政府中的投机分子和腐化分子清除出去，有的在斗争中揭穿他们。

三是在党政关系上，党委执行领导政府的任务，但不以党代政、包

① 毛泽东：《井冈山的斗争》，《毛泽东选集》第一卷，人民出版社 1991 年版，第 72—73 页。

办一切，党的方针、政策、方法、主张必须通过政府去执行。这样，各级政府既有权力，又有责任感，班子又团结，工作就踏实而有力量了。

宁冈县工农兵政府下辖四个区：第一区（龙市），第二区（古城），第三区（新城），第四区（大陇）。

井冈山根据地创立初期，在宁冈范围内的大陇、龙市、古城等地，在前委的直接领导下，中共宁冈区委带领党员深入农村，发动群众打土豪分浮财，一些党支部成立较早的乡建立了乡工农兵政府。

1928 年 1 月 27 日，毛泽覃在农村建党试点最早的乔林召集成佳泉、横石陇、楼下、井水背、乔林等 18 个自然村的群众在龙王庙开会，成立第四区第二乡（乔林）工农兵政府，选举甘纪犹为委员长。紧接着，1 月 28 日，第四区第五乡（茅坪）亦成立工农兵政府，选举谢馈山为委员长。此后，第一区的社背、河桥和第二区的下水湾亦相继建立乡工农兵政府。至 1928 年 2 月，县、区两级政权建立后，全县 39 个乡的工农兵政府也相继成立。

1928 年 5 月下旬湘赣边界工农兵苏维埃政府在茅坪成立后，6 月初，宁冈县工农兵苏维埃第二次代表大会在县城龙市召开，会议传达贯彻湘赣边界特委、红四军前委制定的建设和巩固根据地的政策。会议着重就如何在全县深入开展土地革命、全面分配土地问题进行了讨论研究；同时选举了政府新的领导成员。

1928 年 9 月，宁冈县工农兵苏维埃第三次代表大会在县城召开。大会根据边界特委的指示，就建设巩固的红色政权进行了讨论研究，决定对区乡特别是乡一级政府，要把那些“挂起红带子，装得很热心，用骗术钻入政府委员会”的小地主、富农清除出去，整顿政府，推广民主制度，调整改选政府领导成员。

1929年6月，在县城召开县苏维埃第四次代表大会，贯彻边界特委5月10日召开的二届四次执委扩大会议精神，介绍东固根据地经验，着重讨论研究“公开与秘密割据相结合”的形式。边界特委在5月20日给中共江西省委并转中央的报告中说：“依我们两年来的经验，及此次前委介绍赣南东固各地的事实，在全国至少有一省用暴动方法，推翻统治阶级政权以前，小区域苏维埃政权，公开的割据是有害而无利的，这样不仅失掉群众，连党也几乎失掉完了，不仅不能解脱群众若干的经济痛苦，城市农村的经济基础亦一齐毁坏完了，即此问题就足使群众失掉而有余。因此有由公开的割据转变到秘密的割据之必要，党和苏维埃亦都应秘密着，武装形式也应由守土的赤卫队改为游击部队，采用漂流不定的游击战术，使敌人找不到目标，在接近总暴动之前这种形式是最好的。”①大会也选举了政府新的领导成员。

宁冈县工农兵政府第一任主席文根宗（1901—1928）是地地道道的农村泥腿子。新城大捷前，文根宗任宁冈县大江边村赤卫队队长。新城大捷后，他随部队来到茅坪，第二天毛泽东找他谈话，亲切地询问他参加革命的经历，表扬他作战勇敢，为人民立了功劳。毛泽东告诉他，宁冈马上要成立工农兵政府，组织上准备请他当工农兵政府主席。

文根宗听说要他当县长，心里很激动，忙说，我这个打长工的，大字识不得几个，怎能当县长？毛泽东笑着说：“能！现在就是要穷苦人民自己当家做主，掌握自己的政权。”经毛泽东的一番鼓励，文

① 《中共湘赣边界特委报告》（1929年5月20日），《井冈山革命根据地》（上），中共党史资料出版社1987年版，第313—314页。

根宗表示:既然毛委员看得我起,那我就试试吧!

由于国民党反动派的经济封锁,新生的红色政权面临严峻考验。为解决赤卫队、红军的给养和群众生活上的困难,文根宗带领群众打土豪、筹款子、搞生产、发展经济,深得大家的称赞,都说:"毛委员眼力真好,给我们选了个好当家人。"

1928 年 3 月,湘南特委派周鲁来到宁冈,根据中央和湖南省委的指示精神,把工农革命军调往湘南,致使边界被敌人占领了一个多月。国民党反动军队和靖卫团对根据地人民进行了残酷的烧杀。这期间,文根宗和党政机关转移到山上打游击,动员群众暂时躲到山上去,把粮食藏起来,使敌人找不到吃的;同时指挥赤卫队、暴动队不断袭扰敌人,使敌人日夜不得安宁。

遭受敌人严重破坏的宁冈县,农具、耕牛损失很大,给春耕生产带来了很大的困难。文根宗与县、乡政府领导干部坚决执行毛泽东关于巩固和建设根据地的指示,号召全县人民克服困难,种好翻身田,努力生产支援红军。乡村组织了具有互助性质的耕田队,大家热火朝天地搞起了春耕生产。

5 月间,很多地方都敲锣打鼓地庆祝取消一切债务、平均分配土地。在文根宗的领导下,由各区、乡土地委员会造好田册,清查田亩,平均分配。在分田运动中,文根宗带着干粮,一个乡一个村地调查情况,解决分田中存在的问题,很少回家。经过一个多月的奋战,宁冈的田地初步分配完毕。土地的分配极大地解放了生产力。这年宁冈县粮食产量比 1927 年增长了 20%,油菜的丰收更是十几年来少有的。

1928 年 5 月,杜修经作为省委特派员上井冈山,写了一份报告给湖南省委,反映了宁冈等地的红色政权建设情况。

杜修经给湖南省委的报告①

(1928年6月15日)

省委:我这次到宁冈去,除军队的情形已知道外,还得了一些湘赣边特委与湘南特委的情形,现在分别的写在下面:

……

B. 湘赣边界特委的情形

宁冈是一个多山的小县,有一座大山,围绕这山的有永新、遂川、酃县、茶陂、莲花五县。宁冈是中心,易守难攻。而各县民众运动,经了半年多的经营,也略有基础。同时向茶陵、永新进展,可以影响两省,并两省上游。以此地为大本营的意见,泽东同志早有了,便有边界特委组织的建议。在以前有前敌委员会,还可说是一个变象的特委,尚不成问题,逮被调到湘南,取消前敌委员会,各县工作,顿失领导。此时适有赣西特委转来江西省委的信,要其组织边界特委,遂召集各县代表大会,有些重要任务的决定,政治纪律的执行,给机会主义的打击,更是不少。并选举了执委,书记为泽东。特委成立不久,对各县工作的指导,实有新的气象。在边界特委各县,过去党的基础极坏,民众是更不待说。现在茶陵、永新都有广大民众的起来,党的领导,也日趋健全,对机会主义的摆掉,也算是有力。宁冈因为完全在赤色政权保障之下,自然也有好的发展。遂川、酃县有一部分的民众也很好,甚至跑在党的前面,而目前党的指导中

① 《井冈山革命根据地》(上),中共党史资料出版社1987年版,第129—131页。

心——县委，未能回县，藏在群众中去活动，也是一个损失！各地党员的数量，特委现时也没有确切的统计，大约永新有2000，宁冈有千余，茶陵有千余，酃县有百余，遂川有200余。质量很差，有些连每个党员最低限度的常识不知道。所以整理当地的党，加紧党员的训练，是一最迫切的问题。党的秘密工作的建立，也须特别注意，现在下级差不多忽略了。普遍公开的宣传，军队要多，如标语，各地党同苏维埃的绝少，而军队中的标语，又多是军队方面的。当地军队在民众中的影响比党、政府的地位高，这也是促成原因中之一种。“苏维埃政府”在一班(般)民众的认识程度，是以解决土地问题为标准的。现在宁冈的土地已快分清楚，永新也分了一部分。分配的方法，多以乡苏维埃为单位，由区苏维埃派人协同乡苏维埃将全乡每家土地、人口调查清楚(如少报土地的，查出后，即取消其分田的权利)，再由乡苏维埃将人口，土地统计，看每家分多少，乃根据他原有的田数定其应出进多少。分定后出一榜，又依榜到各田去插一牌子，即归其正式营业，如过去我耕田很多，现在分少了，原田分给别人了，农民便要拔去秧苗，不要好了别人，结果是由现得田的人补以工钱，或将来平均分谷解决了。照他们这种方法，每人可分谷八担，大小人口一样的多，不过在这分配土地中值得我们注意的有几点：

(1)是土地分了，即有农民自然的呼声，如：“这样要共产党真万岁就好”。同时也自动的问：“土豪回来怎样呢？”我们就告他组织赤卫队，这样苏维埃才能得到真正的群众的基础与拥护。

(2)是在实行分田的时期，农村中马上发现了更进一步的阶级分化。有些站在他们（富农）大自耕农的地位上来主张合耕，以阻挠土地的分配。甚至"苏维埃政府"的政权，被他们拿到，藉以打击贫农。如宁冈二区小江乡苏维埃分配土地，藉口田少了，完全都是佃农、雇农要迁到大坪土豪劣绅家里去。所以贫农便起反抗，并说出："无产阶级没有田分！"这都是农村中更进一步的阶级斗争的表现。

(3)二区又有个农民答我们问题："分田的公事还没来，不过快来了。"特委希先同志下乡巡视回来说："土地是分了，有些农民还怕营业。"这些完全是证明分配土地不是农民群众自(己)动手的表现，并且充分的具有等待的观念，这点我们应设法打破。

(4)手工业者在农村中分田的问题，有一部分的农民表示不满。将来工会成立，相互间落后意识的斗争在农村中恐有不少的恶剧表演，我们应早为设法防止。现在边界各县的武装都有一点，但不多，都能有大的作用。各地的斗争都渐次地起来了，四军拨枪的决议，应早成事实。同时各县枪枝的分配，也要特别注意，如酃县，有一队游击队，吃鸦片烟的很多，并多是流氓无产阶级。赤卫队成份的改造，政治训练的加紧，不但边界各县应注意，就是党、群众都好的醴陵，我们吃亏也就不少了。现在边界特委工作日益扩大，实际上一切工作与指导都集中在泽东同志身上，而泽东同志又负军党代表责，个人的精力有限，怎理得这多，实际上也就有很多地方顾及不到了。目前派得力的人去参加特委工作，并加派干部参加各县委是最重要的……

边界"八月失败"，土籍豪绅带领反动军队回宁冈，造谣说客籍要杀土籍。土籍农民大部分反水。11月，红军打败白军，客籍农民又去没收土籍的财物。大陇、茅坪一带的客籍人便到长溪、古城、排下、大江边一带土籍人居住的地方牵牛担谷。文根宗是土籍人，土籍农民便要他出面去找客籍人说情。文根宗坚决执行边界特委的指示，坚持原则，一面宣传不杀反水农民，一面由政府负责要客籍农民把没收的财物退还原主。但是，他坚决执行党的政策和敢于坚持原则的精神，不为一些思想落后的客籍人所理解，说他反水，包庇土豪劣绅，把他错杀了。解放后，党和政府追认他为烈士。

三、土、客籍的矛盾及其负面影响

（一）土、客籍矛盾的主要表现

历史上，中原战乱频繁，黄河流域大批居民为避战乱，不断举家南迁，从闽粤边起，沿湘、赣两省边界至鄂南，大概有几百万人。这些来自中原的南迁居民被称为“客籍人”，而居住在本地的土著居民被称为“土籍人”。井冈山四周各县客籍，主要是明清以来从广东、福建沿海过来的客家人。这些客籍人分布在宁冈、遂川、永新、井冈山等山区，人数很多。自有土籍和客籍之日起，他们之间就结下了仇怨，有时发生很激烈的斗争。这些矛盾表现在：

第一，山林、土地问题。客籍人绝大部分依山搭棚、结草而居，过着贫困的生活。客籍人比较勤劳，定居后，大量开垦荒地，生活逐步改善；但他们常被占领平地的土籍人压迫，土籍豪绅经常窜进山区，任意插标立牌，每年要客籍人交山租税，交不出就抢东西。客籍人开垦出来的荒地，土籍豪绅硬说是土籍祖先早开垦的，强行收地税。客籍人以荒地是他们自己开垦的为由，拒不交地税，这样便经常引起土、客籍双方的流血斗争。

第二，考学府问题和学位问题。由于土籍人在县府当官，每年官府分给各县的考生名额往往只分给土籍人，不分给客籍人，即便客籍人学习成绩好也不给。对于这种明显不合理的事，客籍人曾反抗不休。宁冈县的土籍、客籍读书人在大革命时期曾组织过“文明社”和“新民社”。每次县里开运动会时，“文明社”争着要多去人，排斥客籍人参加运动会的名额，还常常引起械斗。

第三，在政治经济上，客籍人被土籍豪绅封建势力压迫，客籍人素无政治经济权利。土籍豪绅把客籍人当做外来户，在政治上经济上压制他们。土籍人经常敲诈客籍人，向客籍人收过路费和桥梁费；客籍人吃了亏，想打官司，也无处申冤。大革命失败后，客籍被土籍压迫的状况没有改变。

第四，被逼进山，武装反抗。为了保护自己，有效地反抗土籍豪绅的压迫和剥削，客籍人拉起了绿林队伍，组织了“马刀队”。他们以长柄砍刀和马刀为武器，打着“劫富济贫”的旗号，在井冈山黄洋界山下的半冈山一带活动，专门吊土籍豪绅的“羊”，保护客籍人的利益，袁文才就是其中的一员。

(二)土、客籍的矛盾及其负面影响

在湘赣边界苏区内，宁冈、遂川、酃县、茶陵都有土客籍问题，其中以宁冈最为严重。大革命后期，为了对付共同的敌人，土籍革命派和客籍武装力量结合在一起。但是由于党内和红色政权内的一些同志土、客籍观念太深，往往把土、客籍历史上的一些矛盾引到党内和政府里，彼此之间还是处于戒备的状态。“这种土客籍的界限，在道理上讲不应引到被剥削的工农阶级内部来，尤其不应引到共产党内部来。然而在事实上，因为多年遗留下来的习惯，这种界限依然存在。”①这种影响,不仅对党组织影响很大,而且对工农兵政府的影响也很大。

当年根据地内流传着“土籍的党,客籍的枪”这样一种说法,虽然含有敌人挑拨的意味,但在某种程度上确实反映了边界苏区党与红军中的土、客籍的矛盾。所谓“土籍的党”,指的是边界党内以土籍领袖龙超清、朱昌偕、王怀为代表;所谓“客籍的枪”,指的是边界军内以客籍领袖袁文才、王佐为代表。

最初,这个问题并未引起毛泽东的注意。从三湾改编到茅坪安家期间,宁冈的土籍革命派龙超清等与客籍革命派袁文才等相处很融洽,配合也很默契,他们之间还曾共同领导宁冈开展革命斗争达一年之久。但是,随着斗争的深入,这个矛盾渐渐显露出来。

1927 年底,宁冈县农协下通牒,要捉拿宁冈 8 个土豪,其中土籍有 6 个,客籍只有 2 个。有些跟土豪有裙带关系的土籍群众就说,打土豪土籍吃了亏。1928 年 2 月间,宁冈县工农兵政府成立,毛泽东推举活捉敌县长张开阳的土籍农民、暴动队长文根宗出任县工农兵政府主席。未料,客籍革命派对此有意见,不到 3 个月,客籍革命派便提出要“轮流坐庄”。由于客籍革命派拥兵自重,5 月,县工农兵政府主席即改由客籍的甘金煌担任。然而,甘金煌只担任了 1 个月,由土籍革命派掌权的县委又以甘金煌“文化低,能力差”为由,把甘金煌给撤换了。宁冈县工农兵(苏维埃)政府主席像走马灯似的换来换去。

为各自代表一方利益所驱使,土、客籍革命派陷入土、客籍矛盾漩涡,始终难以超脱,不能自拔,而且在某些问题上愈陷愈深,土、客

① 毛泽东:《井冈山的斗争》,《毛泽东选集》第一卷,人民出版社 1991 年版,第 75 页。

籍矛盾愈演愈烈。在土地革命问题上,宁冈先后分了三次田。第一次是1928年2月新城战斗后,因居住在山区的客籍农民未分到居住平畴的土籍人的大田而迟迟分不下去;第二次在5月,改"以乡为单位"为"以区为单位",这一次分青苗,又因土籍农民中有瞒田不报无法查清而未能分匀;第三次是"八月失败"后,又重新分了一次,还是因土、客籍的矛盾纷争未能分好。

土、客籍两部分农民的不团结,常常被地主豪绅所利用,挑起土、客籍农民之间的仇恨和斗争。红军"八月失败",土籍豪绅带领反动军队回宁冈,宣传客籍要杀土籍。土籍农民受了豪绅的欺骗,大部分反水,挂起白带子,带领白军烧屋搜山。10月和11月红军打败白军,土籍农民就跟着反动派逃走,客籍农民又去没收土籍农民的财物。"这种情况,反映到党内来,时常发生无谓的斗争。"①

(三)从思想教育入手解决土、客籍的矛盾

湘赣边界长期存在的土、客籍矛盾,是井冈山革命根据地内必须解决的一个重要问题。毛泽东指出,解决这个问题,关键是"在党内,加紧教育,务使两部分党员团结一致"。然后依靠党的力量,加强党的政策宣传。

毛泽东以极大的精力关注着土、客籍的矛盾。他主张在党内进行教育,排除土、客籍的界限。他指出,土、客籍的对立,地方主义,都是封建社会的产物,是封建思想的反映,我们是共产主义者,我们要用阶级的观点反对封建的土、客籍对立和地方主义。其办法是加强土、客籍人民的阶级教育,使土、客籍的双方认识到土、客籍矛盾的

① 毛泽东:《井冈山的斗争》,《毛泽东选集》第一卷,人民出版社1991年版,第75页。

本质是地主阶级与客籍人民之间的矛盾，土豪劣绅和反动派是土、客籍的共同敌人，土、客籍双方没有必要对立。这些教育大大消除了土、客籍的隔阂，增强了团结。

袁文才、王佐领导的两支农民自卫军有革命的一面，由于缺乏无产阶级的坚强领导，也存在着一些绿林的坏习气，但他们毕竟不是敌人而是自己的同志。毛泽东果断地做出对袁、王部队进行团结、教育、改造的正确决定。他派何长工和宋任穷等到王佐部队担任党代表和连指导员，派游雪程、徐彦刚等到袁文才部队担任军事教官，对他们进行政治思想教育。经过一段时间的教育改造，提高了他们的政治素质。

因"八月失败"遭受破坏的井冈山革命根据地恢复后，毛泽东和湘赣边界特委、边界工农兵苏维埃政府负责人在各种会议上反复强调土、客籍人民团结的重要性，说明土籍人受土籍豪绅的挑拨，背井离乡是不必要的，欢迎土籍反水农民回家生产，既往不咎。并由县、区、乡工农兵苏维埃政府张贴布告，写标语，"一面宣传'不杀反水农民'，'反水农民回来一样得田地'，使他们脱离豪绅的影响，安心回家；一面由县政府责令客籍农民将没收的财物退还原主，并出布告保护土籍农民"①；同时举办党团训练班，对客籍人进行党的政策的教育，提高客籍人的觉悟，使他们认识到土籍人民都是阶级兄弟，要把他们和土籍豪绅区别开来。由于加强了党内教育，同时依靠党员加强党的政策宣传和落实，不仅促进了党内团结，而且促进了土、客籍农民之间的团结。

---

① 毛泽东：《井冈山的斗争》，《毛泽东选集》第一卷，人民出版社 1991 年版，第 75 页。

第四章

井冈山革命根据地的壮大，红色政权的普遍建立

茶陵、遂川、宁冈县工农兵苏维埃政府的成立和井冈山胜利会师，使红色政权不断得到巩固。在毛泽东、朱德领导的红四军的帮助下，新遂边陲特别区工农兵政府和永新、酃县、莲花县工农兵苏维埃政府相继成立，尤其是1928年5月下旬，湘赣边界工农兵苏维埃政府的成立，标志着井冈山革命根据地红色政权普遍建立，“工农武装割据”局面基本形成。

第一节　井冈山革命根据地进入全盛时期

一、新遂边陲特别区工农兵政府成立

1928年2月底，在毛泽东的亲自指导下，经前委讨论决定，将茨坪、大小五井、白银湖等地划出，单独成立“新遂边陲特别区工农兵政府”（后称“新遂边陲特别区工农兵苏维埃政府”），召开了第一次新遂边陲特别区工农兵代表大会，推选李尚发担任主席。区政府办公地点设在新遂边陲的中心茨坪村的李益茂家。新遂边陲特别区

工农兵政府，东起永新旗锣坳娘娘庙，西至遂川县荆竹山，南起遂川县小行洲，北至永新县的大船、小船等几十个自然村，10个乡，纵横各五十余里，面积约76平方公里，近2000人口。新遂边陲特别区隶属遂川县工农兵政府和县委领导；湘赣边界防务委员会成立后，实行双重领导。新遂边陲特别区工农兵政府的成立，使井冈山红色区域的中心区更加巩固。

新遂边陲特别区工农兵政府成立后，随即在其所辖的范围内，成立了10个乡工农兵政府，每个乡都经民主选举产生了乡政府领导人。这10个乡分别是：

茨坪乡工农兵政府，辖茨坪、草坪几个自然村，乡主席为李利昌。

土岭乡工农兵政府，辖土岭、刘家坪、坳背、京竹湖等村庄，乡主席为罗初生。

下庄乡工农兵政府，辖下庄、梅子坑、下村等自然村，乡主席为李秀林。

行洲乡工农兵政府，辖小行洲、牛利洲等村庄，乡主席为李石龙。

白银湖乡工农兵政府，辖店下、田心里、下村等自然村，乡主席为叶祖榜。

梨坪乡工农兵政府，辖梨坪、寨子口等村庄，乡主席为陈枫明。

坳下乡工农兵政府，辖坳下、瑶前、坪头、土山、江南、罗浮、旗锣坳、小垅坑、寨上、坑尾等村庄，乡主席为刘烈祥、王冬文(后任)。

茅锡坪乡工农兵政府，辖上茅坪、锡坪、石溪窝、西坑、下茅坪、大船、小船等村庄，乡主席为范富林。

大井乡工农兵政府，辖大井、小井、中井、上井、下井等村庄，乡主席为邹先保、余根坤(后任)。

荆竹山乡工农兵政府，辖桐子溜、大丘麻、洪屋等自然村，乡主席为黄梓香。

新遂边陲特别区工农兵政府成立后，区、乡政府开展了以下几项主要工作：(1)发动各乡贫苦农民烧毁田契、分配土地、发展农业生产；(2)组织群众到外地打土豪，筹备红军所需的各种军需物资；(3)动员组织全区群众挑运粮食、修筑哨口、建设医院、参军参战、支援前方；(4)建立递步哨，确保根据地内的通讯联络；(5)创办区、乡两级公卖处，活跃根据地经济①。

新遂边陲特别区工农赤卫队有30余人，拥有枪30余支，分3个班，队长李佐臣，党代表池际堂，军事教官周玉堂。队部设在茨坪李子珍家中，赤卫队的主要任务是配合主力红军作战，挑运各种物资，修筑哨口工事，负责根据地中心区域的警戒，保卫区政府等。

新遂边陲特别区妇女委员会主任由刘鹡兼任，妇女委员会组织全区妇女成立洗衣队、慰问队、担架队，救护伤员、支援前线。

1928年11月4日，第二次新遂边陲特别区工农兵苏维埃代表大会召开，李子青当选主席。新遂边陲特别区工农兵政府的组织机构及人事安排：区政府主席李子青、柳青(后)，区党代表陈正人(前)、肖万侠(后)，区政府秘书李子青(前)、罗张扬(又名罗冬祥，后)，土地委员蔡月明，组织委员黄梓香，财政委员罗发开，军事委员李佐臣(又名李火龙)，宣传委员李才龙，文化委员罗张扬(兼)，妇女委员刘鹡(女)。特别区政府下还有赤卫队、妇女会、儿童团、少先队等各种组织。

新遂边陲特别区工农兵(苏维埃)政府自1928年2月下旬成立

① 《井冈山志》，新华出版社1996年版，第175—177页。

到1930年7月被迫解散，为井冈山军事根据地的营造与巩固做了很多工作，经常完成部队和防务委员会交给的任务，动员组织群众和赤卫队助战，协助部队打土豪、分田地、筹款子，组织骨干参加训练等等。

现引录1928年底新遂边陲特别区工农兵苏维埃政府及遂川县工农兵苏维埃政府的几份报告、训令①，以印证新遂边陲特别区工农兵苏维埃政府做了许多工作。

新遂边陲特别区工农兵苏维埃政府报告

为呈报事，属区政府执委期满，于11月4日上午7时，召集全区代表大会，改组选举口口口口(原文如此——笔者注)11人为委员。11月16日在区政府开第一次执委会，决议以李子青等5人为常务委员，互推主席李子青，秘书兼文化科长罗张扬，军事科长李佑臣，经济委员会主任罗发开，经济委员邹崇祥、范老祥、罗张扬、李子青，民食委员会主任李才隆，民食委员尚发，罗发开、吉祥、李子青、黄梓香、罗记发、李冠佢，财务委员邹崇祥。兹于11月16日就职正式办公。特此呈报备案，务希时示指导。为盼！

遂新边陲特别区工农兵苏维埃政府训令六号

为令行事查近来各地豪绅地主，因工农革命力量天天膨胀，他们亦挺〔铤——笔者注〕而走险，反动凶焰亦较前利害。

① 《遂川县工农兵苏维埃政府文件》，《井冈山革命根据地》(上)，中共党史资料出版社1987年版，第206—210页。

本政〔府——笔者注〕为看妥消灭此种障碍，巩固已得的政权起见，在第36次常委扩大会关于扩充赤卫队问题特别提出讨论，第一项每乡政府须选送忠实勇敢之工农同志3人，即日到县赤卫队受训练，以便造就各乡政府赤卫队干部人材〔才——笔者注〕。为此，相应录案令仰该区政府迅速转饬所属各乡政府，即日选送忠实勇敢工农同志3人前往。县政府赤卫队现驻黄坳受训练，事关于军事准备，不得稍有延误。

此令。

遂川县工农兵苏维埃政府训令第十号

为令行事：（一）近来革命潮流日渐高涨，而〔反〕动势力亦日见岛〔嚣〕张，本政府为消灭反动势力及保障已得之政权起见，特决议各乡政府须一律组织10人至30人之赤卫队，严格训练听候调遣，但不必经常聚集。——机关多给养，只须在必要时听命召集参加斗争。为此录案，令仰该区政府即日转令所属各乡政府，于奉令后5日内将赤卫队组织完备，并须将组织情形具报前来，以便查该〔核〕随时调遣，是为至要。（二）案查下庄成立乡政府数月，对于交通机关尚付缺，如殊属现忽已极，兹特令仰该区政府转饬下庄乡政府，在3日内须立一经常递步哨，担任传达份〔文〕件。事关交通要务，切勿再事玩延为要。（三）查各区政府对于县政府派来之工作人员（各特派员、指导员），均须负担一切经常〔费〕，而各区政府赤卫队打土豪吊土豪所筹之经费，概须交区政府支配，近查特区政府赤卫队之经费有自由分配之弊端，县政府派来之工作人员又拒发火〔伙〕食〔费〕，此种表现该特区政府负责人员殊属放弃职守,貌〔藐——笔者注〕思〔视〕上级,已达极点。兹县政府特行决议:(1)特区政府赤卫队已〔以〕后筹的经费,须概归特区政府支配管理;(2)特区政府以后须负担县政府派来特区工作人员之一切经费。为此相应录案,令仰该区政府切实执行。如再违玩〔抗〕即予严重处罚不贷。以上三项仰该特区政府,务须迅速分别转令及执行为要。

此令。

布　告

为布告(一)各处哨口必须特别严戒,今论官兵工作人员及佚子等没有各机关外出条子,不得放行,入口者须严密盘查,以防侦探混入,(二)各乡农友个个分了谷子,得了田地,革命持努力工作,兹农友徒贩小卖都不去挑运谷子,殊属反动。嗣后再敢故违,将人拿住,将货充公,(三)各乡农友禁止烧山,一不得运木做柴,二不得损坏木皮,三不得砍伐茶树,仰该农友遵照,如违严责不贷,切切此布。

邹崇祥(章)

遂川县工农兵苏维埃政府训令六号

新遂边特区政府主席李子青:

为令行事:案查土地革命问题,湘赣边界苏维埃政府前已通令各县,应该彻底没收分配。县政府业已转令各区乡切实遵照执行在案。兹据特派员徐鹤来报,特区政府此次没收分配土地,完全屈顺小<资>产阶级意见,保留原田以多数田地归政府分配。此种办法在土地革命有极大危险。兹经县政府第37次常委会议决，新遂边特区政府没收分配土地，完全不合上级规定，须重新没收分配。此府通令。为此录案令，仰该特区政府务须收所辖区域内所有土地没收归公，重新平均分配，绝对禁止原田归原人，并限令到10日内须收全区土地分配完毕，呈报县政府。查核倘仍视为县文不切实执行，则予严重处罚不贷。

切切此令。

遂川县工农兵苏维埃政府公函第一号

遂川县第一次全县工农兵代表大会结果选举蒋世良、范起鹏、肖才焜、刘幸木、王安民、王佐、王次淳、王端光、李杏国、李文振、李达泉、罗县上、徐项志、邹严华、王雉等15人为执行委员，本日开第一次执委会，互推蒋世良、刘幸木、王佐、范起鹏、李文振、王安民、王端光等7人为常委，互推蒋世良为主席，现均已就职。

事为要

此致

新遂边特区政府主席李

主席元　　　　公历1928年12月9日

二、三占永新，永新县工农兵苏维埃政府成立

（一）三占永新

五斗江战斗——一占永新

1928年4月下旬，占据永新城的赣敌第二十七师杨如轩部两个团，一路以第七十九团为主力，从七溪岭方向正面推进；一路以第八

十一团从拿山、五斗江方向侧面迂回，合围井冈山。毛泽东、朱德得悉后，决定集中兵力歼敌一路。毛泽东率领红三十一团抢占永新、宁冈交界的新老七溪岭，堵击敌第七十九团的进攻；朱德、陈毅率领红二十八、二十九团出击遂川，从侧翼攻敌第八十一团，相机占领永新县城。

4 月底，敌第八十一团由团长周体仁带领，进至拿山。其先遣营到达五斗江后，迅速向黄坳进犯，翌日拂晓在黄坳与红二十九团和遂川赤卫队相遇。红二十九团均系湘南暴动农军，多以梭镖为武器，在团长胡少海的指挥下，趁敌立脚未稳，攻其不备，使敌仓促应战，溃不成军。不到两个小时，红军告捷，缴枪 45 支。朱德率军部和红二十八团赶来，令红二十九团驻守黄坳，亲率红二十八团和遂川赤卫队向五斗江进发。

从黄坳败下阵来的敌军向周体仁报告，说打黄坳的都是些梭镖队，不是红军主力。周体仁决定袭击五斗江。敌军进至五斗江，突然遭到红军主力二十八团的反击，大部被歼。红二十八、二十九团乘胜继续向永新追击。此时驻守在新老七溪岭的红三十一团得知五斗江胜利的消息后，在永新、宁冈赤卫队的配合下，向永新县城靠拢。两支部队在离县城七八里地的北田击溃敌第七十九团，乘胜第一次占领永新。此役，井冈山根据地击破赣敌的第二次“进剿”。随后在县城召开大会，宣告永新县工农兵政府成立，彭文祥任主席。

草市坳战斗——二占永新

五斗江战斗打垮赣敌第二十七师两个团，师长杨如轩心有不甘，不久亲率 4 个团由吉安直扑永新。红军得知敌人来犯的消息，主动退出永新县城，留红二十九团配合永新赤卫队与敌周旋，主力退回宁冈休整，待机歼敌。

杨如轩率部进占永新，洋洋得意，发电告捷。粮草辎重源源不断从吉安运来，企图以永新为据点，步步向宁冈逼进。红军主力退回宁冈后，为进一步摸清湘、赣两省敌军“会剿”企图，毛泽东、朱德部署红三十一团一营袭击茶陵高陇，截取敌人报纸，以便从中分析判断敌情。5 月 16 日，红三十一团一营攻占高陇后，湘敌吴尚部 1 个团猛烈反扑，红一营损失较大，营长员一民牺牲，即派骑兵回宁冈告急。朱德和红二十八团团长王尔琢得知高陇失利后，立即率红二十八团长驱直入，行程 50 多公里，前往增援；经两小时激战，将敌击溃，夺取高陇，造成进攻湖南之势，牵制湘敌。

红军攻打高陇的行动，赣敌杨如轩误认为红军主力已去湖南，根据地内必然空虚，准备直取宁冈，为此，派出 1 个团西出里田、龙田警戒高陇方面红军。敌人计划很快为红军获悉。毛泽东当即部署红二十九团和宁冈、永新地方武装，利用山险扼守新、老七溪岭，同时派人星夜赶到高陇，指示出击高陇的红军速回，以解宁冈之危。朱德、王尔琢得到指示后认真分析，决定直奔永新，相机歼灭向西警戒之敌，然后进攻永新县城，捣毁杨如轩的指挥部。这样既给敌军以重创，又可达到救援宁冈之目的。

5 月 18 日，朱德、王尔琢率红二十八团从高陇出发，急行军 65 公里，深夜赶到距永新县城 15 公里的里田镇宿营。翌日天未亮，红军埋伏在草市坳。上午 11 时，敌第七十九团在团长刘安华带领下，毫无戒备地闯入红军的伏击圈。红军突然袭击，将敌堵截在草市坳的大桥头，三面围攻。一个多小时的激战，敌第七十九团被全歼，敌团长刘安华被击毙，红军缴枪 400 余支。红军继续东进。此时杨如轩正在永新城内打麻将，副官来报，他根本不相信。直到红军兵临城下、枪声大作，杨如轩才惊恐万状，慌乱应战中头部负伤。他见大势已去，越城而逃。红军第二次占领永新县城，缴获子弹5万多发、银元2万余块以及许多机要文件。此役，井老太冈山根据地击破赣敌的第三次“进剿”。

龙源口战斗——三占永新

红军二占永新后，震惊了国民党当局。湘、赣两省之敌在蒋介石的严令下，调动10多个团的兵力，对井冈山根据地实行“会剿”。6月初，赣敌第三军军长王均委任杨池生为总指挥、杨如轩为前线总指挥，以5个团的兵力向根据地进攻。为了打破敌人的“会剿”，红四军军委在古城召开会议，决定红四军主力退出永新集结宁冈，声东击西、佯攻酃县，牵制湘敌、迷惑赣敌，同时发动永新等县群众配合红军作战。6月上旬，毛泽东、朱德率红二十八、二十九、三十一团在酃县击溃湘敌吴尚部1个团，占领酃县县城，然后迅速退回宁冈。杨池生闻红军占领酃县县城，认为红军远去湖南，根据地空虚，随即命令杨如轩带第二十五、二十六两个团向老七溪岭进攻，李文彬带第二十七团向新七溪岭进攻。此时，毛泽东率红三十一团三营驻永新龙田、潞江一带监视和牵制湘敌，扰乱赣敌后方；朱德、陈毅率红二十八、二十九团和三十一团一营往新城正面迎敌；袁文才率红三十二团一部埋伏在敌前线指挥所附近。前来参战的群众达1万多人。

23日，战斗首先在新七溪岭打响。号称“江西最狠的部队”——杨池生第九师第二十七团，凭借优良装备，由龙源口村疯狂地向红军阵地望月亭扑来。红军在朱德、陈毅的指挥下打退了敌人多次进攻。战斗持续到中午时，敌人组织机枪火力网，不惜巨大伤亡抢占了红军阵地前沿的有利地形风车口，并架起两挺机枪，掩护大队敌人向前冲锋。红军被敌人密集的火力压得抬不起头来，情况非常危急。这时，朱德手提机关枪亲自上阵，组织密集火力向敌阵地扫射，同时组织红军猛冲，夺回风车口。班长马奕夫为了压住敌人火力，猛扑上去，用胸膛挡住敌人的机枪口。红军战士个个同仇敌忾，以一当十，把敌人压了下去。

在老七溪岭，敌第二十五、二十六团抢先占领了制高点百步墩。红二十八团因路途较远，只赶到与百步墩一涧之隔的茅管坳。敌俯我仰，对红军极为不利。王尔琢和团党代表何长工商议，决定组织作战勇敢、有战斗经验的党员、干部、老战士，组成若干勇猛的冲锋集群，轮番向敌人冲击。冲锋集群组成后，多次冲击未能奏效。此时，营长萧劲亲率冲锋集群，在密集的枪弹掩护下再次冲向百步墩。突然，一颗子弹打中了萧劲的腹部，肠子流了出来。萧劲紧捂伤口，把肠子塞进腹部，并叫人撕下衣袖紧紧捆住伤处。他一手捂住腹部，一手拿枪继续向百步墩阵地冲击。由于失血过多，萧劲营长英勇地牺牲在战场。战士们踏着他一路流淌的血迹，奋不顾身向山头扑去。经过一个多小时的激战，终于拿下了百步墩。

埋伏在白口武功潭山上的红三十二团及永新赤卫队在袁文才的率领下，见老七溪岭的红军已经得手，趁机向白口敌前线指挥部发起猛烈攻击。敌前线指挥部受到突然袭击，顿时乱了阵脚。杨如轩见势不妙，匆忙骑马往永新县城方向逃跑，被流弹击伤。老七溪岭的敌人见山下指挥部被红军攻破，军心大乱，败退龙源口。红二十八团乘势迅速从山头冲下，直抄龙源口。

坚守在新七溪岭的红三十一团一营和二十九团在朱德、陈毅的指挥下,听到老七溪岭的枪声由山上移向山下,料知红二十八团已得胜,立即组织反攻。埋伏在龙源口一带的赤卫队、暴动队也一起参战,从四面八方向敌人包围过来。霎时,杀声震天,敌人腹背受击,全线崩溃,纷纷缴枪投降,残敌向永新县城逃窜。红军乘胜追击,第三次占领永新县城。此役歼敌一个团、击溃两个团、缴枪千余支。这次龙源口大捷,红军粉粹了名为“会剿”实为赣敌的第四次“进剿”。群众欢呼道:不费红军三分力,打败江西两只“羊”(杨)。

红四军在不到两个月的时间,连续击破赣敌三次“进剿”,三占永新。萧克回忆说:“龙源口这一仗影响很大,湘赣边界的割据局面就大发展了,进入全盛时期,莲花有 13 万人口,宁冈 5 万人口,永新有 30 多万人口,茶陵、酃县、遂川还有一部分,遂川的黄坳、五斗江、堆前一带也有两三万人。”①

(二)永新县工农兵苏维埃政府的成立

1928 年 5 月 9 日,红四军第一次攻打永新并占领永新县城以后,永新县工农兵苏维埃政府成立,彭文祥任主席。之后全县普遍建立了区、乡工农兵苏维埃政府。县、区、乡工农兵苏维埃政府的产生,起初是采取简单的民主形式,先经党内研究,确定人选名单,然后向群众宣布,将一批在斗争中表现坚决的积极分子提拔到政权组织中来,为工农掌权。

永新县工农兵苏维埃政府是继茶陵、遂川、宁冈工农兵政府之后成立的湘赣边第四个县级工农兵红色政权。永新县工农兵苏维埃政府成立后,在毛泽东“大力经营永新”“永新比一国还重要”的思

---

① 萧克:《四打永新》,《井冈山革命根据地》(下),中共党史资料出版社 1987 年版,第 399 页。

想指导下，配合红四军在永新境内的近距离分兵，积极开展“创造群众割据，布置长期斗争”的工作，以造成罗霄山脉中段政权的坚实基础。永新县委、县政府的领导人刘真、刘作述、王怀、贺敏学、贺子珍、彭文祥等，积极配合红四军第二十八团、二十九团、三十一团广大指战员，分头深入东乡的石桥、高桥，南乡的洲湖、龙安、烟阁，西乡的塘边、夏幽、南城、沙市，北乡的花溪、象形等乡村集镇，领导群众打土豪分田地，发展地方武装，建立红色政权。

为了加强永新的工作，大力经营永新，“造成中心区域的坚实基础”，毛泽东和红四军前委还派出军中得力干部谭震林、蔡会文、宛希先、陈士榘分别到小江区、东南特区、西北特区等地指导工作。谭震林回忆说；“所谓大力经营永新，就是要在全县深入土地革命，层层建立党的组织，建立工农兵政府和地方武装，打倒土豪劣绅，把田地分下去，各项政策贯彻下去。在永新，我们半个月内分兵发动群众，建党，扩军，成立红色政权，打土豪分田地，很快形成了比较巩固的根据地。”①

经过一段时间的工作，永新县境内普遍开展了打土豪、分田地的游击暴动，群众发动起来了，各级权力机构和行政机关建立了；县、区、乡三级工农兵代表大会和执行委员会的职权也非常明确。

县、区、乡三级工农兵代表大会的职权②分别是：

县工农兵代表大会为县苏维埃政府的最高权力机构，其职权如下：第一，接受上级机关的一切决议；第二，决议本县内一切行政方

① 谭震林：《回忆井冈山斗争历史》，《井冈山革命根据地》（下），中共党史资料出版社 1987 年版，第 13 页。

② 《永新苏区志》，南海出版公司 1990 年版，第 89—100 页。

针;第三,接受和批准县执行委员会的报告及建议;第四,解决本县范围内的一切争执及特殊的地方问题;第五,选举、撤换县执行委员会委员,选举出席上级代表大会的代表。

区工农兵代表大会为区苏维埃政府的最高权力机构,其职权是:第一,接受上级机关的一切决议;第二,决议本区范围内的一切行政方针;第三,接受和批准区执行委员会的报告及提议;第四,解决本区范围内的一切争执及特殊的地方问题;第五,选举、撤换区执行委员会委员,选举出席上级代表大会的代表。

乡工农兵代表大会或群众大会是乡苏维埃政府的最高权力机关,其职权是:第一,接受上级机关的一切决议;第二,决议本乡范围内的一切行政方针;第三,接受和批准乡执行委员会的报告及提议;第四,解决本乡范围内的一切争执及特殊的地方问题;第五,选举、撤换乡执行委员会委员,选举出席上级代表大会的代表。

县、区、乡三级苏维埃政府都设立了执行委员会。最初执行委员会是通过临时性的代表会或群众会选举,省苏维埃政府暂行组织法颁布后,即按法定程序选举。

县、区、乡三级工农兵苏维埃政府行政机构及其职权分别是:

县工农兵苏维埃政府执行委员会,按照组织法的规定,由县工农兵代表大会选举委员15—17人、候补委员2—4人组成。执行委员会主席1人,副主席1人。执行委员会对县工农兵代表大会直接负责,在代表大会闭会期间,为最高的立法、行政、管理机关。其职权如下:第一,接受并执行上级苏维埃政府的命令及决议;第二,接受并执行全县代表大会的一切决议;第三,接受并批准各区苏维埃政府的报告及决议;第四,选举、撤换常务委员会委员,选举出席上级和下级行政会议的代表;第五,根据实际情形,决定全县代表大会的代表人数,并召集代表大会,准备对大会的一切报告,编定议事日程。县执行委员会内设常务委员会,由常务委员5—7人组成,常务委员经执行委员会全体会议选举产生。常务委员会对县执行委员会直接负责。在执行委员会闭会期间,为执行县工农兵苏维埃政府全部事务的管理机关。县苏政府下设各种办事机构。1928年至1929年期间,初设军事、财政、裁判、土地、妇女等5部,后改设内务、劳务、财务、土地、军事、裁判等6部,并废秘书制,增设总务处,以管理一般杂务。

区工农兵苏维埃政府执行委员会对区工农兵代表大会直接负责,在区代表大会闭会期间为全区最高的立法、行政、管理机关。其职权如下:第一,接受并执行上级苏维埃政府的命令及决议;第二,接受并执行全区代表大会的一切决议;第三,接受并批准各乡苏维埃政府的报告及提议;第四,选举、撤换常务委员会委员,选举出席上级或下级行政会议的代表;第五,根据实际情形,决定全区代表大会的人数,并召集代表大会,准备对大会之一切报告,编定议事日程。区苏维埃政府执行委员会由区工农兵代表大会选举执行委员7—11人、候补委员2—3人组成,设正、副主席各1人。区执行委员会常务委员会由区执行委员互推3—5人组成。常务委员会对区执行委员会直接负责。在执行委员会闭会期间,为执行区工农兵苏维埃政府全部事务的管理机关。其职权是:第一,接受并执行区执行委员会的一切决议,管理日常事务;第二,常务委员会为执行全部事务、保障行政的迅速和系统,发布命令及采用各种必要的行政方针;第三,常务委员会遇有紧急事项可单独处理,但事后须报告执行委员会追认;第四,管理各部日常工作。常务委员会管理日常事务实行集体分工,设秘书处、赤卫委员、经济财政委员、裁判肃反委员、粮食委员、文化委员等。

乡工农兵苏维埃政府执行委员会对乡工农兵代表大会或群众大会直接负责,在乡工农兵代表大会或群众大会闭会期间内为全乡最高的行政、管理机关。其职权如下:第一,接受并执行上级苏维埃的命令及决议;第二,接受并执行乡工农兵代表大会或群众大会的一切决议;第三,接受并批准乡苏维埃政府或人民的报告及提议;第四,选举出席上级或下级行政会议的代表;第五,根据实际情形,决定全乡工农兵代表大会人数并按期召集代表大会或群众大会,对大会报告一切工作与财政,提出各种议案交大会讨论。乡苏维埃政府执行委员会由乡工农兵代表大会选举委员 5—7 人、候补委员 1 人组成。设主席 1 人,非特殊情形不组织常务委员会。日常事务由主席管理。不能召集会议的,主席有权单独处理,但事后须报告执行委员会追认。执行委员会管理日常事务实行集体分工,设秘书、赤卫委员、经济粮食委员、裁判肃反委员、文化委员和土地委员。

经过"八月失败"的严峻考验,"边界苏维埃可以说已深入人心",但也有些区、乡工农兵苏维埃政府组织存在成分不纯、阶级立场不稳、革命意志薄弱等问题。针对这些问题,1928 年 9 月至 11 月间,按照边界特委的部署,在收复失地、重建工农兵苏维埃政权的过程中,对各级政权机关大力进行了整顿:

第一,坚持民主集中主义的制度,纠正遇事贪图便利、违反民主集中主义的现象,发挥苏维埃政权的民主集中主义的效力。

第二,发动工农群众揭穿混进政府机关的投机分子的假面目,和他们的破坏行为作斗争，坚决把他们从各级苏维埃政府中清除出去。

第三，正确处理党政关系，克服党政不分、以党代政的不正常现象，严格执行边界党委的规定。一方面，党要加强对政府工作的领导；另一方面，“党的主张办法，除宣传外，执行的时候必须通过政府的组织”①。

1929年12月，永新县第一次工农兵代表大会在县城万寿宫举行，参加会议的代表200余人。会议选举产生了永新县工农兵苏维埃政府新的执行委员会，朱昌偕当选为主席。永新县工农兵苏维埃政府下设军事部、财政部、裁判部、土地部、妇女部等，县政府机关设在县城左家祠。新的执行委员会讨论并作出了“在县范围内普遍建立苏维埃政权，加强工农兵的政治权力；扩大地方武装，巩固和发展战争的胜利成果；广泛深入地开展废除封建剥削制度的打土豪、分田地的土地革命运动”等重要决议。

三、大力经营永新

（一）“大力经营永新”的提出

红四军击破赣敌第四次“进剿”、第三次占领永新后，永新全县完全赤化。由于永新的战略地位十分重要，所以毛泽东提出“用大力经营永新，创造群众的割据，布置长期斗争”②。

为了创造群众的割据，布置长期斗争，1928年6月23日龙源口大捷后的第二天，红四军第三次占领永新县城。6月26日，毛泽东在禾川中学礼堂主持召开红四军连以上干部、地方党和地方武装负责人联席会议，总结龙源口战斗的经验，研究红军短期分兵发动群

① 毛泽东：《井冈山的斗争》，《毛泽东选集》第一卷，人民出版社1991年版，第73页。
② 毛泽东：《井冈山的斗争》，《毛泽东选集》第一卷，人民出版社1991年版，第59页。

众、开展土地革命等问题。据刘型回忆:“龙源口大捷的第二天,红军大队进了永新县城,次日晚上,毛泽东、朱德、陈毅同志在县城一个中学的楼上主持召开了红军连以上干部会议,到会的有300人左右,会议主要是由毛泽东同志布置任务”,“主要是讲分兵问题,讲哪个团到哪里,分兵的任务,要筹多少款,要扩多少兵等等。同时还规定了在两个星期内把土地都分完,做到乡村政权普遍建立。”“按照毛泽东同志大力经营永新的方针,把遂川、酃县、茶陵等县委的干部都调到永新工作,负责一个区域,要他们按期完成分配土地的任务。当时毛泽东同志说过这样一句话,大意是我们看永新一个县要比一国还重要。我们要集中人力在这个县,要在最短的时间之内,建立一个党与群众的坚实基础。”①

杨克敏在1929年2月25日关于湘赣边界苏区情况的综合报告中说:“占领永新后,随即派队四出游击进行筹款,组织党,组织苏维埃,分田,组织工农武装等工作”;“我们知道敌人受此巨创后,必然不久又会来反攻,所以决定乘敌未反攻以前,期于最短期间内,用大力造成群众与党的相当基础,则敌再次来攻,我们可增加几分胜利的可能性。因此定出10天20天的工作计划,在军中抽调出大批同志和其他各县(如遂川、茶陵、酃县)的负责同志集中在永新一县加紧工作。当时边界最高党的组织为边界特委,书记为泽东同志。我刚刚由湖南省委派去边界工作,泽东同志对我说:‘我们看永新一县,要比一国还重要,所以现在集中人力在这一县内经营,想在最短的期间内,建设一个党与民众的坚实基础,以应付敌人下次的会

① 刘型:《黄洋界保卫战前后》,《井冈山革命根据地》(下),中共党史资料出版社1987年版,第402页。

剿’”。“想见当时永新工作的紧张。当时组织党建设苏维埃，组织地方武装，分田肃清反动派……这些工作都分区域分别进行，雷厉风行的加工制造了10多天，也相当的收了些效验，有一点成绩。”①

（二）毛泽东在永新

红四军第一次占领永新城后，毛泽东第二次来到永新塘边一带农村做群众工作。他到来之前，红四军已经派了洪超等部分干部、战士驻村。这一次，毛泽东住了一个多星期，和当地农民已经很熟了。何长工曾于1973年4月回忆说：当时，“边界土地革命的中心还在永新西乡的夏幽（含塘边）”，“主席曾对我说过：‘我还要到夏幽去，还要补一课。’七溪岭战斗后，主席一直在夏幽”②。

毛泽东来到塘边以后，中共永新县委、县工农兵苏维埃政府机关也从县城迁到塘边。县委书记刘真和毛泽东同住在贫农周香姬家。左上房为刘真住，右上房为毛泽东住，警卫员住后厅。苏维埃政府设在长房祠。

从6月26日到7月30日，毛泽东除了在县城主持召开红四军军委、湘赣边界特委、永新县委联席会议和在石桥指挥围困来犯敌人的战斗外，大部分时间都在塘边。

毛泽东之所以如此重视塘边，因为塘边是打开永新局面的楔子，进可以攻，退可以守。塘边坐南朝北，村后百步便是崇山峻岭，与九陇山、井冈山连接；村前横淌着由西向东流的禾水，河面较宽，河水较深，在缺乏水运工具的情况下，敌人是不容易进得村来的。村

① 杨克敏：《关于湘赣边苏区情况的综合报告》（1929年2月25日），《井冈山革命根据地》（上），中共党史资料出版社1987年版，第251—252页。

② 《访问何长工同志谈话记录》（1973年4月21日、28日、30日上午）。

左有一道山梁,由后山连绵到禾水河畔,把禾河上下的冲积平原分割成两大块,上为潞江平原,下为澧田平原。这里土地肥沃,物产丰富,人口稠密,方围二十里,居住了全县近五分之二的人口。显然,以这块地盘作为根据地向外发展,对形成全县割据局面是有利的。

毛泽东来到塘边,“补”的第一课是党、政、军、群的课。他首先要求把群众更广泛地发动起来,更好地组织起来。

经过一段时间的工作,塘边一带的党组织由塘边 1 个支部发展到塘边、澧田、曹下、三房、南边、衙前、老吴家、村头、枧南、依埠、林山等11 个支部,党员由 10 余人发展到 51 人。成立了中共夏幽特别支部,书记刘玉文,助理徐天元,负责领导 11 个支部的工作。原塘边支部改为夏幽第一支部。

毛泽东非常重视党内教育,指定刘天干负责这项工作。7 月上旬在三公祠开办了一期党务训练班,学习时间半个月,学员 30 余人,刘真、刘天干、徐佩沂等人轮流讲课。讲课内容有 7 个方面:第一,讲党的组织原则,明确下级服从上级、个人服从组织;第二,讲阶级斗争、路线斗争,讲阶级斗争形势,讲苏联有布尔什维克党和托洛茨基党;第三,讲秘密工作方法;第四,讲土地革命,号召干部要大公无私,不要自己分好田;第五,讲共产党员六条修养:努力革命,阶级斗争,严守秘密,服从组织,牺牲个人,永不叛党;第六,讲党支部的任务:调查研究,侦察敌情,发展党员,扩大红军;第七,讲党政关系。

随着基层党组织的发展壮大,工农兵苏维埃政府由乡至区建立起来,暴动队、赤卫队也由乡到区组织起来。毛泽东亲自筹建了夏幽乡工农兵苏维埃政府,机关设在长房祠内,政府主席最初是徐梦生,以后是徐帮勤、周安泰,秘书徐求芳,财政委员徐帮臣,土地委员周安泰(兼),文书徐国才。7月初,夏幽特别区工农兵苏维埃政府成立,组织机构有主席、秘书和宣传、组织、军事、妇女、青年团、财政、土地等委员;主席是周泉官,委员有周杨生、周泉生等;机关初设塘边徐秋里家,后迁厚田三公祠。夏幽特别区工农兵苏维埃政府执行三项任务:第一,领导打土豪;第二,组织土地委员会开展土地革命;第三,领导和整顿各乡暴动队、赤卫队。

夏幽乡工农兵苏维埃政府成立之后,即筹组了乡赤卫队,初由李回生负责。赤卫队发展到30多人时,正式任命党员徐天发为赤卫队队长,党代表是红军部队派来的。赤卫队下分3个班,班长是徐吾山、贺其涛、徐瑞泉。龙源口大捷后,从缴到的枪支弹药中,发给赤卫队步枪6支、子弹1箱。毛泽东派徐祥(塘边人)到文竹请来一个会造鸟枪的袁师傅,在徐锡林家办起了兵工厂。袁师傅和工人们很快就造出了来复枪18支、土短枪2支,发给赤卫队使用。夏幽乡赤卫队有很强的战斗力,打了不少土豪,配合红军打过保安队,缴到四五十支枪,还消灭了两个挨户团。

夏幽特别区工农兵苏维埃政府成立后,所属各乡都组织了暴动队、赤卫队,在厚田三房村永思堂门口召开了一次检阅武装的万人大会。毛泽东参加了检阅,并讲了话。他号召大家组织起来,团结起来,打倒土豪劣绅,打倒三大敌人,抗租抗债;他说土地是穷人的,土地要还老家;他说,"你们要加强训练,练好本领,练好身体,这样才能打倒敌人"。

毛泽东要"补"的第二课,是把土地切切实实地分配到贫苦农民手中。他一面从部队抽调干部去具体指导分田工作,一面亲自深入群众访贫问苦,制定分田原则、政策,还亲手培训地方干部学会掌握分田原则、政策。

为了把田分好，毛泽东亲自主持召开了几次乡工农兵苏维埃政府主席会议。他在大屋村三房祠内召开的厚田、夏幽、汉山3个乡乡主席会上说，你们要知道什么叫土豪，什么叫劣绅。土豪就是搞剥削的，剥削劳动人民的；劣绅就是吃人的，私设公堂的。你们要好好掌握，分清什么是土豪，什么是劣绅，要慎重考虑，处理问题不要犯错误。十几天后，他又在三房祠召集几个乡乡主席开会。会前他和周国圣谈话，问村里有多少户、多少人口、多少田地、多少劳动力、一年收多少粮食，问有多少山林、多少鱼塘、多少土豪劣绅，还问有多少赤卫队员、多少儿童团员。周国圣回答说：我们村穷人多，土豪劣绅少，但豪绅占有的田地多、山木多、鱼塘多，高利贷也多。豪绅对我们穷人讲，穷有种、富有根。他们放高利贷是利上加利，荒月借他一担谷，秋后就要还两担。向土豪借钱要用田土或被服抵押，写上契约，限期还债，过期不得接赎。这些话，毛泽东都用毛笔记在用毛边纸装订成册的本子上。毛泽东在会上说，土豪劣绅为什么富？他们的财产是哪里来的？我们穷人为什么穷？天天劳动还是没有吃没有穿？这是由于他们掌握了印把子，压迫我们，剥削我们，把我们的血汗吸干了，把我们的劳动果实抢走了。我们穷人要组织起来，打倒土豪分田地。

毛泽东在塘边的日日夜夜，除操劳工农武装割据的大事，还对当地群众的生活关怀备至。泉水窝是塘边人世世代代唯一的一口饮水窝，由于年久失修，山洪下冲，泉水混浊。耕牛又经常行走窝边，往往人畜共饮。毛泽东见此情景，一面和几个战士一起用石块把泉水窝圈起来，挖出排洪沟，用石灰投入水窝消毒，一面指示乡村干部发动群众改修牛行道。

在敌人实行军事和经济封锁的情况下，食盐、布匹、杂货都难买到，毛泽东指示乡苏维埃政府成立公卖处，筹卖布匹、杂货，派红军到沔渡等地办盐，发动群众熬硝盐。他还常帮助军烈属彭宝娥、周叫娥挑水做事。房东周香姬年老体弱，独子才十几岁，生活上有很多困难。毛泽东每天帮助老人扫地，每次到泉水窝的石头上看书，总是随身带去一副水桶，回来时给房东挑上一担水。7月一天，毛泽东开完干部会回来时，路上问乡干部：禾熟了，可以割吧？乡干部回答说：可以割，明后天就动手。第二天，毛泽东带着干部战士到泉水窝侧边的稻田里割起禾来。分散在全县各地做群众工作的红三十一团指战员，都按照毛泽东的部署，掩护农民割禾，保卫土地革命的果实。

此时，赣敌趁红军主力去了湘南之机，调集11个团的兵力从吉安、安福进攻永新。毛泽东把红三十一团分为东、北、中3路，每路成立行动委员会负责指挥；并调动全县3万名赤卫队、暴动队员组成23个赤暴团，用游击战术骚扰敌人，把敌人困在永新县城附近三十里内近25天。不几日，入侵永新的敌军几天内全部退走，原来是去樟树参加赣敌内讧之战。

毛泽东7月30日离开塘边去小江区，临行前他站在三房祠门前反复叮咛群众：我们要撤退了，大家要小心转移。

在夏幽塘边期间，革命群众留给毛泽东的印象太深刻了。何长工回忆说：“在各种会议上，主席不是一次、两次，而是多次提到了夏幽：‘那里是个唯一的好典型，是个样板’。”①

① 《访问何长工同志谈话记录》(1973年4月21日、28日、30日上午)。

第二节　井冈山革命根据地红色政权普遍建立

一、湘赣边界工农兵苏维埃政府宣告成立

1928年5月20日，中共湘赣边界第一次代表大会在宁冈茅坪的谢氏慎公祠召开。出席会议的有宁冈、永新、莲花、遂川、酃县、茶陵等县及红四军的代表。这次会议的议程是总结井冈山根据地创建半年来的经验教训；讨论、制定巩固和发展根据地的政策、政纲等；讨论如何深入土地革命问题，选举产生领导机构，成立中共湘赣边界特委。为了统一对边界各县工农兵苏维埃政府的领导，"1928年5月底在宁冈茅坪成立了湘赣边界工农兵苏维埃政府，袁文才任主席。当时的政府组织系统是：湘赣边界工农兵政府正、副主席，湘赣边界工农兵代表大会，湘赣边界工农兵代表大会执行委员会"①。

湘赣边界工农兵苏维埃政府下设军事、财政、土地、司法以及工农运动、青年、妇女委员会。军事部由张子清负责，财政部由余贲民负责，土地部由谭震林负责，司法部由邓允庭负责，青年委员会由萧子南、刘真、胡波负责，妇女委员会由吴仲莲、彭儒负责，工农运动委员会由宋乔生、毛科文负责。

湘赣边界工农兵苏维埃政府设立在茅坪仓边村的袁家大屋，为边界最高行政机关。本来，政府主席是推举毛泽东担任的，但毛泽东考虑到他主要抓党和军队的工作，地方政府的事还是挑选地方同志担任为好，便推举袁文才当主席。边界工农兵苏维埃政府下辖茶陵、遂川、宁冈、永

① 陈正人：《创立湘赣边界"工农武装割据"的斗争》，《井冈山革命根据地》（下），中共党史资料出版社1987年版，第35页。

新、莲花、酃县等县工农兵苏维埃政府和新遂边陲特别区工农兵苏维埃政府。各县“工农兵政府成立的情况大致是这样的:各地派出一定数量的代表召开工农兵代表大会,然后在此基础上成立工农兵政府。县工农兵政府设有土地部、军事部、财政部、教育部等,大概有四五个部,那时工作人员很少,每个部只有三四个人”①。至全盛时期,边界各县区、乡政府相继建立,“民众普遍知道了各级‘工农兵苏维埃政府’,宁冈民众简称为‘埃政府’的(客籍土话‘我们’称‘埃’,埃政府就是‘我们的政府’),别的地方简称为‘苏政府’”②。

湘赣边界工农兵苏维埃红色政权的组织序列

湘赣边界工农兵苏维埃代表会议

执行委员会

常务委员会

主席副主席

土地部　军事部　财政部　司法部　工农运动委员会　青年运动委员会　妇女运动委员会　茶陵县工农兵苏维埃政府　遂川县工农兵苏维埃政府　宁冈县工农兵苏维埃政府　新遂边陲特别区工农兵苏维埃政府　永新县工农兵苏维埃政府　酃县工农兵苏维埃政府　莲花县工农兵苏维埃政府

① 陈正人:《创立湘赣边界“工农武装割据”的斗争》,《井冈山革命根据地》(下),中共党史资料出版社1987年版,第35页。

② 毛泽东:《井冈山前委对中央的报告》,见余伯流、陈钢著《井冈山革命根据地斗争全史》(修订版),江西人民出版社2007年版,第185页。

各县工农兵苏维埃政府以下设若干区、乡两级工农兵苏维埃政府。

湘赣边界工农兵苏维埃政府成立以后，将土地革命列入重要议事日程。各县、区、乡都相应成立了土地委员会，统筹土地革命的事情。为了帮助各地的土地革命，由边界政府统一从军队中抽调了许多干部，深入各地指导土地革命工作。

但是，由于湘赣边界工农兵苏维埃政府成立比较仓促，实践经验不足，加上以党代政现象的存在，各级苏维埃政府未能充分发挥行政的职能。“县、区、乡各级民众政权是普遍地组织了，但名不副实。”①“党包办一切，秘书是专权专事，在边界的苏维埃中，也是极充分有的”；苏维埃的工作，“每日只是替党部通信的交通，替红军搬运粮食，派使做侦探，管理赤卫队等工作”②。这种现象，直至后来群众都充分发动起来了，把那些钻入红色权力机关的坏分子清洗出去，充分认识到苏维埃的权力和作用，才慢慢纠正过来。

边界党针对以上问题，除对群众加强民主集中主义宣传外，还采取了一系列措施加以纠正：一是建立制度，制定详细的苏维埃组织法，在各级工农兵苏维埃政府执委会中严格实行民主制度，依法办事；二是对党政分工问题作出明确规定，党要领导政府，但不是包办政府的行政事务，党的主张的执行必须通过政府组织；三是对贪污腐化分子、逃避斗争分子、混入苏维埃中的投机分子进行彻底清理和严肃处理。这些措施，对于纯洁各级苏维埃组织，发挥其职能起到了积极作用。

1928 年底至 1929 年初，边界曾筹备召开第二次工农兵代表大会，

① 毛泽东：《井冈山的斗争》，《毛泽东选集》第一卷，人民出版社 1991 年版，第 71 页。

② 杨克敏：《关于湘赣边苏区情况的综合报告》(1929 年 2 月 25 日)，《井冈山革命根据地》(上)，中共党史资料出版社 1987 年版，第 278 页。

力图健全边界苏维埃政府的组织，为此成立了一个秘书处作为筹备机关，同时建立了军事委员会和经济委员会。但由于湘、赣两省之敌发动第三次“会剿”，致使边界第二次工农兵代表大会的召开未能实现。尽管如此，湘赣边界工农兵苏维埃政府及各县工农兵苏维埃政府的成立，对当时的形势发展还是产生了一定的影响。湖南省委巡视员杜修经在1928年7月向中共湖南省委的报告中曾说了这么一句话：“民众在打土豪后相信毛司令，在分田地后相信党相信苏维埃。”①

二、酃县、莲花县工农兵苏维埃政府相继成立

（一）酃县工农兵苏维埃政府成立

酃县，是红军经常活动的地方，也是红色政权建立较早的地方，革命形势发展很快。1928年3月24日，在毛泽东直接指导下，创建了酃县第一个工农政权——中村区工农兵政府，县委书记刘寅生“宣布盘华坤同志为区苏维埃政府主席，今后的工作任务主要是，秘密发展党的组织，训练工农积极分子，迅速替工农革命军送情报等”②，并在区内普遍开展插牌分田斗争。3月底，因工农革命军撤离中村，封建地主武装乘虚对区工农兵政府进行破坏。5月底，遵照毛泽东指示回县重新开辟工作的李却非、黎育教率赤卫队在青石冈成立中共青石冈区委和区工农兵政府。在此之前的5月中旬，由于叛徒出卖，酃县县委机关遭到破坏，县委书记刘寅生不幸牺牲。为了重新开辟酃县的工作，湘赣边界党的“一大”后，毛泽东在宁冈茅

① 《杜修经向中共湖南省委的报告》（1928年7月），《井冈山革命根据地》（上），中共党史资料出版社1987年版，第165页。

② 何健础：《忆井冈山时期酃县革命斗争》，《井冈山革命根据地》（下），中共党史资料出版社1987年版，第234—235页。

坪帮助重新组建酃县县委，指派李却非为县委书记。酃县新县委成立后，李却非立即回到酃县，分赴各地重新开展工作，恢复党组织，建立革命武装。在新县委的积极努力下，酃县的工作大有起色，酃县东南部的青石冈区和大院乡工农兵政府即是在此之后相继建立的。县赤卫队也四处游击，打了几个胜仗，拔掉了敌人的几个据点。

1928年6月初，酃县县委在大院西坑召开了为期两天的党员代表大会，到会代表20余人。会议传达了毛泽东关于建立中心区域、然后波浪式地扩大根据地的指示，确定了建立以大院、青石冈为中心，然后向四周发展，与井冈山连成一片的工作方针；讨论通过了三项决定，即《关于发动群众，扩大红色区域，建立红色政权的决定》《关于根据地内开展土地改革的决定》《关于发展地方武装的决定》；选举产生了9人组成的新一届中共酃县委员会，李却非任书记，黎育教任组织部长，周里任宣传部长。按照大会部署，县委很快开展了工作。不久，青石冈区（一区）区委、区工农兵政府成立，姚晓圆任区委书记，张明光任政府主席，区委下辖青石冈、姚源洞、泮垅3个支部。青石冈区委决定工作重心以青石冈为中心，向十都发展。

1928年6月上旬，在大院匡神宫召开了酃县首次工农兵代表大会，出席代表30余人，会议主要议程是发展地方革命武装、扩大红色区域问题。会后成立了酃县工农兵苏维埃政府，推选徐鼎燕任主席，何国诚、李惠云、曾纪林、周亚水分别任军事、财政、土地、妇女部长。7月，县工农兵苏维埃政府在青石冈区和大院乡开展插牌分田，组建两区、乡赤卫分队，扩编赤卫大队。1928年底，共建立4个区工农兵苏维埃政府、18个乡工农兵苏维埃政府，红色区域扩大到500多平方公里。1929年1月，蒋介石调集军队“会剿”井冈山地区，与井冈山毗邻的大院根据地同时失陷，县工农兵苏维埃政府被破坏。

1929年12月下旬，在石洲板下楼召开酃县苏维埃代表大会，成立酃县苏维埃政府（后迁柳树坝和石洲锅厂下），设主席1人、秘书1人，下设土地、财政、粮食、裁判、文化5个部及邮政局①。

（二）莲花县工农兵苏维埃政府成立

大革命失败后，莲花农民自卫军60支枪被敌人缴去了59支，只剩下1支在贺国庆手里。贺国庆冒死保存的这一条枪，到1928年2月间发展到20余支，并成立县赤色队。后来，毛泽东又指示部队给莲花赤色队送去几条枪。3月，湘南特委派周鲁来到宁冈，指令莲花新生的红色武装去湘东醴陵一带开展活动。莲花特支的同志没有执行这一指令，继续在莲花县境深入开展打土豪运动，避免了类似“三月失败”的损失。4月底，赤色队扩大为红色独立团。独立团在县特支领导下，打土豪、捉劣绅、端敌巢，闹得红红火火，有力地推动了莲花县的工作，端阳节前夕还捣毁了县警察局桥头派出所。龙源口大捷后，毛泽东、朱德命令红二十九团分兵莲花，协助莲花县的工作。盘踞在莲花县城的反动靖卫团听说红军到来，慌忙潜逃湖南茶陵县。在莲花地方武装配合下，6月27日，红二十九团占领莲花县城，随即打开监狱、仓库，释放了被监禁的工农群众，把粮食分给群众，并清算了豪绅刘恒泰的当铺，把财物分给贫苦农民；接着分兵四处，广泛发动群众。中共莲花临时县委书记朱亦岳和刘仁堪等闻知红军进入莲花，立即赶到县城，与红二十九团接上关系，统一部署了莲花县境广泛发动群众、组织群众的有关事宜。在红军的帮助下，

① 《酃县志》，中国社会科学出版社1994年版，第346—347页。

莲花全县的群众普遍发动起来了。

1928年6月30日，在红二十九团的协助下，全县以乡农会为单位，每乡派2名农民代表（总共300余名代表），在县城万寿宫召开了莲花县第一次工农兵代表大会，宣告莲花县工农兵苏维埃政府成立，选举刘仁堪为主席。同时成立了县总工会，王者兴为县总工会主席。会议根据上级指示精神，作出建立县、区、乡三级苏维埃政府，加强地方建设，实行土地分配等决议。各地成立了赤卫队、少先队、儿童团等群众组织。莲花县工农兵苏维埃政府成立后，将全县划分为8个区、136个乡；各区、乡（除路口、珊田）都建立了红色政权，基本上实现了一片赤色。其行政区域是：

一区，辖城镇、花塘、杨枧、白马、望山等地，区苏主席刘贤端。

二区，辖汤渡、大垣、下坊等地，区苏主席（不详）。

三区，辖良坊、湖上等地，区苏主席金智章。

四区，辖神泉、升坊、语塘、桃岭等地，区苏主席江春梅。

五区，辖坪里、三板桥等地，区苏主席颜兰辉。

六区，辖南村、南岭，区苏主席刘明德。

七区，辖坊楼、洋桥、罗市等地，区苏主席陈公耕。

八区，辖高洲、六市等地，区苏主席（不详）。

由于井冈山的"八月失败"，国民党政府军队罗定部彭志国团进攻莲花，国民党县政府卷土重来，全县各级工农兵苏维埃政府只存在48天便遭破坏。1928年9月以后，区、乡红色政权全部停止在以上等地活动。县工农兵苏维埃政府随县委和地方武装转移上西山区，进行游击活动。11月，县工农兵苏维埃主席刘仁堪调任县委书记，李伟接任县苏维埃主席。

1929 年,红军路口、五口大捷后,改变了莲花县革命斗争的被动局面,全县苏区得以逐渐恢复,7 月,县苏维埃政府在上西蕉叶冲召开扩大会议,谢元大任主席。

《布尔什维克》第十五期刊载了反映井冈山地区武装斗争、土地革命、政权建设情况的文章:

湘南湘东赣西革命势力之扩展(节录)①

党　哉

(1928 年 7 月 28 日)

赣西革命形势与湘东南联为一气,中心地为宁冈,永新,遂川,莲花,势力所及之地,则上至峡江,下至安(应上至万安,下至峡江——笔者注),东至永丰,敌人都不敢正视。目前朱毛红军在永新打败杨如轩三团军队。杨如轩伤左手,并有击毙说,死敌团长一,缴敌步枪 400 余支,机关枪一挺,士气大振。现在在宁永遂莲等县办理赤色清乡。宁冈土地已分配完毕,永新大部分土地已配好! 他们分配的方法:以乡苏维埃为单位,由区苏维埃派人协同乡苏维埃调查土地人口的多少,再将人口土地统计,看每家应分多少,各家原有的田数,看应进出多少。定后发一榜,照榜到各田去插一牌子,就归某家正式管业。有些农民说:“这样,要共产党真万岁才好!”同时也自动地问:“土豪回来怎样呢?”于是大家才知道赤卫队的必要,苏维埃政府,才得

① 《井冈山革命根据地》(上),中共党史资料出版社 1987 年版,第 163 页。

到真正的民众的基础与拥护。永新农民战斗力很强，常常打败反动派的军队。醴陵有一部分同志逃到莲花，革命斗争更加涨进。宁冈、永新、莲花县农民约有枪200多支，又由朱毛分枪300支把农民。在赣的六军已为红军解决一部分。袁文才部留守赣西。这次朱毛出征湘南，赣西后方可说是很巩固的。

三、井冈山会师后边界各县的形势蓬勃向上

（一）分兵发动群众，建立地方武装

分兵发动群众，建立地方武装，组织群众起来革命，是井冈山革命根据地各级工农兵苏维埃政府的一项重要任务。当时，边界的贫苦农民不懂得阶级与阶级压迫的关系，总以为自己贫穷是“命中注定”“八字不好”，由此产生“听天由命”的悲观情绪。因此，要发动群众起来闹革命，就必须解决他们的思想问题。“第一步进行打破‘宿命论’的教育，帮助他们破除那些‘听天由命’、‘命中注定’、‘八字不好’等迷信思想，让他们懂得只能靠自己，不能靠别人，这是对群众的启发教育，是很重要的一步。迷信思想破除以后，第二步就是帮助他们认识自己的力量，相信自己的力量，帮助他们树立斗争胜利的信心，使他们懂得，穷人的力量是最伟大的，我们穷人是能够打天下、解放自己、坐天下的”①。当时，毛泽东提出红军部队要完成三大任务：“人人要会打仗；人人要会做宣传群众的工作；人人要会做

① 陈正人：《创立湘赣边界“工农武装割据”的斗争》，《井冈山革命根据地》（下），中共党史资料出版社1987年版，第29页。

组织群众的工作。”①谭冠三回忆说：“在发动群众的过程中，毛泽东同志要我们学会算账，并要求我们替农民算账，因为有些地方的豪绅地主用小恩小惠拉拢贫苦农民，如：减斗把谷，你就得送只鸡给他们，请他们吃饭，这样一来，有些贫苦农民往往不了解他们剥削了自己。但经过算账后，他们就会明白，地主是怎样剥削自己的。并且，就可以了解到自己一年劳动了多少，又得到了多少，结果，一下子什么都明白了。通过算账，使他们知道自己是一个被剥削者。地主不劳动，却过好日子，原来是个剥削者。贫苦农民的觉悟一旦提高了，他们就会拥护共产党，拥护红军，就会跟共产党干革命。”②

“边界的斗争，完全是军事的斗争，党和群众不得不一齐军事化。怎样对付敌人，怎样作战，成了日常生活的中心问题。所谓割据，必须是武装的。哪一处没有武装，或者武装不够，或者对付敌人的策略错了，地方就立即被敌人占去了。”③所以，红军在取得胜利后，就必须发动群众，开展土地革命，建立地方武装。毛泽东指示将缴来的武器，除武装部队外，还要将一些枪支送给地方。这样，正规部队走后，遇上反动地方武装的挑衅，红色政权和土地革命成果就不会丢失。在红四军的帮助下，湘赣边界各县先后成立了赤卫队和暴动队，并配有一定数量的枪支。“地方武装有赤卫队和工农暴动队。暴动队以梭镖、鸟枪为武器，乡为单位，每乡一队，人数以乡的大小为比例。职务是镇压反革命，保卫乡政权，敌人来了帮助红军

① 曾志：《回忆在井冈山的战斗生活》，《井冈山革命根据地》（下），中共党史资料出版社1987年版，第68页。

② 谭冠三：《在我记忆中的井冈山斗争》，《井冈山革命根据地》（下），中共党史资料出版社1987年版，第495页。

③ 毛泽东：《井冈山的斗争》，《毛泽东选集》第一卷，人民出版社1991年版，第63页。

或赤卫队作战……赤卫队的武器主要是五响枪,也有九响和单响枪。各县枪数:宁冈百四十,永新二百二十,莲花四十三,茶陵五十,酃县九十,遂川百三十,万安十,共六百八十三。”①

(二)普遍建立红色政权,深入土地革命

湘赣边界工农兵苏维埃政府成立后,边界各级红色政权得到发展。边界茶陵、遂川、宁冈、永新、酃县、莲花6县都成立了工农兵苏维埃政府,区、乡红色政权也普遍建立起来。“六月二十三日龙源口(永新宁冈交界)一战,第四次击破江西敌人之后,我区有宁冈、永新、莲花三个全县,吉安、安福各一小部,遂川北部,酃县东南部,是为边界全盛时期。在红色区域,土地大部分配了,小部在分配中。区乡政权普遍建立。”②

井冈山革命根据地各县土地的占有状况,大致同全国一样,60%以上的土地集中在占人口5%以下的地主手中。遂川最为严重,地主占有土地80%;永新、茶陵、酃县次之,约70%;万安、宁冈、莲花自耕农较多,但地主的土地仍占60%。永新西乡的塘边村,除地主之外有48户、205人,仅有自耕地43亩,地主徐美山一家就占有191亩,占全村总耕地的80%多。土地的高度集中,必然导致农民对土地的强烈要求和对豪绅的坚决斗争。党只有领导农民开展土地革命斗争,没收地主豪绅的土地,分配给无地或少地的农民,才能彻底摧毁封建剥削制度,满足广大农民对土地的需要,从根本上调动农民群众支前参战、保卫革命根据地和发展生产的积极性。因此,实行土地革命,成为建设、发展井冈山根据地的中心任务,也是坚持罗

① 毛泽东:《井冈山的斗争》,《毛泽东选集》第一卷,人民出版社1991年版,第66页。
② 毛泽东:《井冈山的斗争》,《毛泽东选集》第一卷,人民出版社1991年版,第61—62页。

霄山脉中段政权的一项重要内容。井冈山革命根据地的打土豪分田地运动,先在宁冈乔林、酃县中村、桂东沙田等地试点,1928 年 5 月以后普遍开展起来。为加强对运动的领导,边界工农兵苏维埃政府设立了由特委副书记谭震林任部长的土地部;各县、区、乡工农兵苏维埃政府也都设立了土地委员会,作为分田运动的组织领导机构。分田的具体步骤和作法是:第一,召开群众大会,宣传分田的道理;第二,对田亩、人口数清查摸底,划清田亩等级;第三,提出土地分配方案,并经群众大会通过后实施,以乡为单位(个别特殊地方按村),以原耕为基础,好坏搭配,按人口(包括红军中的本地人)平均分配,地主分子及其家属也分给土地,让他们在劳动中自谋生活,得到改造;第四,宣布分田结果;第五,插牌;第六,造册登记;第七,召开大会庆祝分田胜利。

井冈山根据地的这次土地革命运动,猛烈地冲击了不合理的土地占有制度。大中小地主及富农为了维护自己的既得利益,顽固地阻挠、破坏土地的分配,或恐吓贫农、延宕分田的时间,或隐瞒土地的实数,或自据肥田而把瘠田让人。永新县的南乡,延宕分田和隐瞒土地最厉害。后来,红军狠狠地打击了豪绅地主的反革命行为,严厉惩处了几个故意延宕分田的坏分子,在军事上又接连打了几个胜仗,尤其是 6 月下旬红军取得龙源口大捷后,土地才顺利地分了下去。土地的普遍分配,解放了农村的生产力,极大地激发了边界广大农民群众的生产热情。1928 年,边界数县获得前所未有的好收成。宁冈一县粮食产量比上年增加 20%,为革命提供了可靠的物质基础。1928 年秋,宁冈县第三区第八乡苏维埃政府发布的布告充分反映了当时土地革命如火如荼开展的情景。现引录如下:

宁冈县第三区第八乡苏维埃政府布告①

(1928年秋)

本府现以〔已〕成立,从今夺取政权。

肃清反动革命,阴〔隐〕藏罪以牵连。

打倒封建势力,严禁赌博洋烟。

红军帮我农工,瓜分地主粮田。

属乡均已分好,务遂耕耘在前。

倘有自由抛荒,查觉重责难免。

刻下稻熟之期,不准鹅鸭放田。

特示公告于后,各宜领遵为先。

经过一段时间的土地革命实践,在1928年10月召开的中共湘赣边界第二次代表大会上,起草了《井冈山土地法》,通过两个月的讨论、补充修改,于12月由湘赣边界工农兵苏维埃政府正式颁布。这是土地革命战争时期我党制定的第一个土地大纲,共有9条内容。《井冈山土地法》存在一些不足:一是“没收一切土地”而不是只没收地主土地;二是规定土地没收后“归苏维埃政府所有”,而不是归农民所有;三是“一切土地,经苏维埃政府没收并分配后,禁止买卖”。这些是原则错误,后来都改正了。但《井冈山土地法》仍不失为中国共产党在土地革命战争初期制定的第一部比较成熟的土地法。它不仅指导了湘赣边界的土地革命斗争,而且为以后中国共产党领导伟大的土地革命斗争提供了宝贵的经验。土地分配充分地调动了边界广大农民群众支援红军、支援前线的积极性。他们不仅感到自

① 《井冈山革命根据地》(上),中共党史资料出版社1987年版,第180页。

己当家做了主人，更感到胜利果实来之不易，必须用战斗来保卫。广大群众全力支援前线，根据地里出现了父送子、妻送郎参军参战，群众送鞋送粮慰劳红军的热潮，边界的武装斗争和根据地建设获得了深厚的群众基础。

(三)成立群众组织，壮大革命队伍

随着土地革命运动的不断开展，特别是湘赣边界工农兵苏维埃政府宣告成立以后，边界各县的共青团、妇女会、工会等群众组织也迅速成立，并且越来越多。这些群众组织在党和政府的领导下，参加打土豪分田地，帮助革命战争，做好后勤保障等工作。为了推动湘赣边界共青团和妇女工作，1928 年 5 月湘赣边界工农兵苏维埃政府成立时还专门下设了青年、妇女委员会。青年委员会由萧子南任主任、刘真任副主任，妇女委员会由吴仲莲任主任、彭儒任副主任，具体指导湘赣边界各县的青年工作和妇女工作。

共青团。1928 年 7 月，湘赣边界共青团特委正式成立，史训川任特委书记。边界团特委自成立后，做了大量工作。“边界青年团比党要进步得快，团的特委也是去年 7 月间由湖南省委派来两同志到边界后才成立的，团的数目字，有 2500 以下，2000 以上之多，各县有党的组织的同时也有团的组织。军队最近也开始了团的组织。特委本身还算健全，书记为湘委派来的同志史训川担任。下级干部人才，也相当的充分，可以说能够拄〔做〕得工作下。各县的团都有些工作如参加苏维埃、赤卫队，自组先锋队、儿童团，做文化工作等事。”①在永新县，到 1928 年 6 月，大部分地区建立了团的区委、支

① 杨克敏：《关于湘赣边苏区情况的综合报告》(1929 年 2 月 25 日)，《井冈山革命根据地》(上)，中共党史资料出版社 1987 年版，第 281 页。

部、小组。8月以后,团组织开始注意中心区域组织的建设,把领导机关建在敌人不易到达的深山中。团的基层组织发展原则是先山上、后山下,先乡村、后城镇,波浪式地向外推进。到1929年1月,全县团员发展到900人,占湘赣边界团员总数的2/5。在宁冈县,自朱毛会师以后,红四军军委抽调一批共青团员到宁冈帮助当地团的工作,全县团的工作迅速开展。组织群众打土豪分田地,建立政权,参军参战,支援前线,在各项工作中起模范带头作用。1928年8月,一区(龙市)、二区(古城)划为西北特区;三区(新城)、四区(大陇)两区划为东南特区,分别成立西北和东南团特委。据兰文清回忆,古城区的"石口乡400余人,参加党团组织就有100人";郭金苟回忆,"柏路乡有党团员10名,大发展时期一下子发展到72名"①。边界其他各县区乡也相继成立共青团组织,根据党的中心任务开展工作。

少年先锋队和儿童团。湘赣边界在建设工农兵苏维埃政府和共青团的同时,也注重发展少年先锋队和儿童团组织。随着列宁学校的普遍发展,又发展了学生儿童团的组织。儿童团在少共领导下开展活动,"以养成儿童团体生活的习惯,勇敢牺牲的精神,替劳动阶级服务为宗旨";"凡不过16岁劳动阶级之子女,遵守本团章程者,得团员或工会会员二人以上介绍,经团部执行机关之通过,皆得为本团团员。"②在农村,以乡为单位组织,村建分团。学生以校为单位。乡团以上有区、县团的组织系统。1929年12月,永新召开了全县儿童团代表会议,成立了儿童团部委员会,主任王斯亨。宁冈县工农兵政府建立后,区、乡少先队和儿童团均已建立。村有小组,乡

① 《毛主席在宁冈伟大革命实践资料摘录》(内部)。

② 《永新苏区志》,南海出版公司1990年版,第106—111页。

有中队，由共青团领导管理。年龄一般在八九岁至十三四岁的加入儿童团，十五六岁的加入少年先锋队。儿童团和少先队的任务主要有：一、站岗放哨，实行赤色戒严。不让一个敌探混进苏区来探听消息，不让一个地主富农等跑出苏区去泄露苏区消息。二、送信，侦察敌情。少先队、儿童团必要时执行送信的任务，有时要深入白区，向白区的地下工作人员传递指示信息。三、严厉管制土豪劣绅。要求各乡村的少先队儿童团每天看好土豪劣绅，注意他们的活动，只准他们老老实实，不准他们乱说乱动，更不允许外出他村，以免逃离或走漏消息①。1928 年 6 月，莲花县工农兵代表大会作出了“建立区乡苏维埃政府，成立赤、少、童队”的决议，全县 7—15 岁的儿童都参加童子军。到 1929 年 4 月，彭乐年等 5 人参加湘东南少共分委在萍乡太安岭召开的儿童团工作会议后，分赴全县 4 个特区筹建童子团，全县共有儿童团员 2800 人②。

妇女会。1928 年 5 月后，湘赣边界工农兵苏维埃政府妇女委员会主任吴仲莲、副主任彭儒深入湘赣边界各县，指导妇女工作。边界各县、区、乡各级都建立了妇女委员会，负责宣传妇女解放，实行男女平权。为适应战争需要，组织了宣传队、洗衣队、慰劳队、担架队，积极为红军送茶送饭、做军鞋、洗衣服、削竹钉、运输、看护伤病员、探视敌情，并慰劳红军。有的妇女为了革命，保护人民群众利益，支援红军，不畏困苦，不怕流血牺牲。在宁冈县发生的两个感人故事，是边界妇女顾全大局、勇于牺牲的真实写照：1928 年夏，国民党湘军从湖南酃县方向前来睦村、上寨一带“会剿”，包围清水庵，第

① 《宁冈苏区志》（内部），1993 年版，第 144—146 页。

② 《莲花县志》，江西人民出版社 1993 年版，第 196—303 页。

六乡的部分干部就躲藏在庵子附近。一个妇女为了不暴露目标，把乳头堵住自己小孩的嘴，怕他哭，结果把婴儿活活憋死了。1929 年春，茅坪乡妇女委员、21 岁的聂槐妆，送食盐到小井，她把盐化成盐水，将衣服浸上盐水，晾干穿上，顺利完成了送盐任务。但几次后被敌人发现抓住，敌人对她严刑拷打，她坚贞不屈，壮烈牺牲①。

第三节　井冈山革命根据地红色政权全面建设

一、湘赣边界工农兵苏维埃政府对边界各县土地革命的指导

从 1928 年 5 月底湘赣边界工农兵苏维埃政府成立开始，到 1928 年 12 月《井冈山土地法》正式颁布，边界各县在湘赣边界工农兵苏维埃政府的统一领导下，掀起了轰轰烈烈的土地革命运动。由于有了大陇试点、中村插牌分田、塘边试点分田等小规模分田尝试，当土地革命全面铺开时，也就有了一定的“模式”或经验。各级苏维埃政府的中心工作就是抓土地革命，以“满足农民的土地要求”②。当时湘赣边界工农兵苏维埃政府对边界各县土地革命指导的具体步骤或主要做法是：

（一）全面调查边界的土地状况

早在 1927 年冬，毛泽东就亲自到茅坪坝上、洋桥湖一带及永新的秋溪一带，做深入细致的社会调查，并写下了《宁冈调查》和《永新调查》。湘赣边界工农兵苏维埃政府成立以后，毛泽东继续深入农

① 《宁冈苏区志》（内部），1993 年版，第 152—155 页。

② 陈正人：《创立湘赣边界“工农武装割据”的斗争》，《井冈山革命根据地》（下），中共党史资料出版社 1987 年版，第 35 页。

村，并对湘赣边界各县土地状况进行了科学的分析："大体说来，土地的百分之六十以上在地主手里，百分之四十以下在农民手里。江西方面，遂川的土地最集中，约百分之八十是地主的。永新次之，约百分之七十是地主的。万安、宁冈、莲花自耕农较多，但地主的土地仍占比较的多数，约百分之六十，农民只占百分之四十。湖南方面，茶陵、酃县两县均有约百分之七十的土地在地主手中。"①

毛泽东除自己经常深入农村调查外，还要求红军及地方干部直接参与此方面工作，并作为一项重要任务来完成。在1927年11月间开办工农革命军军官教导队时，毛泽东就要求教导队学员下到古城、新城、茅坪一带进行调查。调查的内容很广，如行政区划、人口、阶级、土客籍矛盾、土地占有情况、文化风俗等一概都要了解，然后填写调查表。谭冠三回忆说："毛泽东同志还强调宣传队要做调查研究工作（对整个红军也都是这样强调的）。他对我们讲：工商业怎样？地主怎样？工人怎样？农民怎样？都要调查清楚。对于资本家是怎样剥削工人的？地主是怎样剥削农民的？工人农民又是怎样被剥削的？一个村庄里的阶级成分以及每个人的政治态度，也都要调查清楚。他还经常和我们一起开调查会……经过调查我们处理了各种问题，解决了各种问题。从而，也使我们更能相信群众，依靠群众，做好群众工作。"②陈正人回忆说：毛泽东"很重视调查研究，对农村的情况非常了解……他了解农民，熟悉农民，根据农民提出来

① 毛泽东：《井冈山的斗争》，《毛泽东选集》第一卷，人民出版社1991年版，第68—69页。

② 谭冠三：《在我记忆中的井冈山斗争》，《井冈山革命根据地》（下），中共党史资料出版社1987年版，第494页。

的‘平分土地’的要求，正确地领导了井冈山周围几个县的土地革命运动”①。

（二）制定切实可行的土地政策

土地政策的制定是当时边界开展土地革命中的一个最为棘手的问题，开始时无章可循，全靠摸索。如在没收对象问题上，是没收一切土地，还是只没收地主的土地？在分配标准问题上，是按人口标准平均分配，还是按劳动力标准分配？或是两者兼顾？在分配区域问题上，是以乡为单位分配，还是以村或是以区为单位分配？在土地所有权问题上，分配后的土地所有权是归苏维埃政府所有，还是归农民所有？土地能否自由买卖、租赁？如何区别对待中间阶级？地主要不要分田？等等，都需要作出正确的回答。可是，土地革命这一大课题，在当时全党及各个根据地都在探索阶段，并无成法可依。而井冈山革命根据地创立后，近一年与中央失去联系，“六大”决议直至1928年11月才送至井冈山。这就必须一切从实际出发，摸索出一条路来。由于毛泽东和边界党注重社会调查研究，倾听群众的要求，从而比较正确、科学地解决了这些实际问题。如在土地分配标准问题上，起初边界实行的是以人口平均分配的方法。“以乡为分配土地的单位。山多田少地方，如永新之小江区，以三四乡为一个单位去分配的也有，但极少。所有乡村中男女老幼，一律平分。现依中央办法，改以劳动力为标准，能劳动的比不能劳动的多分一倍。”②在1928年10月召开的中共湘赣边界第二次代表大会

① 陈正人：《创立湘赣边界“工农武装割据”的斗争》，《井冈山革命根据地》（下），中共党史资料出版社1987年版，第36页。

② 毛泽东：《井冈山的斗争》，《毛泽东选集》第一卷，人民出版社1991年版，第71页。

上，起草了《井冈山土地法》，通过两个月实践修改，于12月由湘赣边界工农兵苏维埃政府正式颁布。

（三）成立分田领导机构

土地革命是苏维埃政府的重要工作。湘赣边界工农兵苏维埃政府除下设土地部外，各县、区、乡都相应成立了土地委员会。据陈正人回忆："负责分配土地的机构叫'土地委员会'。它是由工农兵代表大会（县、区、乡各级都有工农兵代表大会）选举产生的，由5至7人组成，工农兵政府在讨论分配土地时，就由他们先行研究。土地委员会还要作调查研究。"①他们组织贫雇农到各家各户调查登记。在调查摸底、搞清田亩的基础上，计算出本乡土地总数、田亩的各种等级数量和人口数量。调查研究的主要目的，是制定分田方案和划分阶级。"井冈山有划分阶级的规定"，"主要对准地主、富农来进行土地革命。"②

（四）红军干部下到各地指导分田

边界的土地革命运动全面开展时，边界特委抽调派出了大批红军干部深入各县的乡村，发动群众，调查研究，掌握政策，指导分田。当年被派到宁冈葛田乡的王紫峰回忆说："我任手枪队副班长不久，由于宁冈县要进行分配土地，缺干部"，"当时决定我从手枪队里调出来，去搞土地革命。""我去主要是帮助分配土地。当时有分配土地委员会，参加的人有农民、有教师，好几个人组成。我们那时搞分

① 陈正人：《创立湘赣边界"工农武装割据"的斗争》，《井冈山革命根据地》（下），中共党史资料出版社1987年版，第37页。

② 陈正人：《创立湘赣边界"工农武装割据"的斗争》，《井冈山革命根据地》（下），中共党史资料出版社1987年版，第37页。

田，是不正规的，大家都在学着干，但宁冈全县也有一个统一的办法。分田前，先登记户口，调查田亩数，调查好后，打乱土地按人口平均分配，除了地主头子外，其子女同样分一份土地。为什么要打乱分呢？主要是防止隐瞒土地。当时是以乡为单位平均分，一个人好像是三亩地，土地没有丈量，全造册登记。统计好了数字，就插竹牌子，竹牌子上写着：户主名字和面积多少亩，分给某某人耕管为业。土地分配后，以乡为单位，开了庆祝分田胜利大会，在会上有乡主席讲话，土地委员讲话，农民代表讲话。宁冈县的土地革命在1928年5月(农历)搞完。"①

(五)全面开展土地分配工作

在全面调查边界的土地状况、制定比较适合边界的《井冈山土地法》、成立土地分配领导机构、派出大批红军干部深入各县指导分配土地以后，土地革命便在井冈山革命根据地各县区乡全面展开。

采取以乡为单位进行土地分配，这是在试点基础上进行的。"原先以村为单位来进行分配，在实践中，证明这个办法是不好的，是容易为地主、富农所利用的"，"后来改为以乡为单位来分配土地。实践证明，这个办法是比较好的，这个办法是毛泽东同志经过调查研究，经过斗争实践摸索和总结才找到的。"②这个办法较之毛泽东在1927年8月19日湖南省委会议上提出的《土地纲领》前进了一大步。《土地纲领》规定的是"以区为单位"，而在此后提出了以乡为单

① 王紫峰：《井冈山斗争历史的一些回顾》，《井冈山革命根据地》(下)，中共党史资料出版社1987年版，第456—457页。

② 陈正人：《创立湘赣边界"工农武装割据"的斗争》，《井冈山革命根据地》(下)，中共党史资料出版社1987年版，第36—37页。

位、以几乡为单位、以区为单位三种方法，更切合各地实际，更能调动贫苦农民的积极性。

至于分配标准，当时边界各县实行的是没收一切土地，以人口为单位重新分配，所有乡村中男女老幼一律平分。后来接到中共“六大”决议案，中央主张只“没收地主阶级的土地”，而不是“没收一切土地”，但在边界已经实行“没收一切土地”，如改过来，将贫民分到手中的土地再还给富农，就会挫伤贫农阶级的积极性，所以边界特委决定“分了的田已算了事，如在创造或推广割据区域分田时，则按中央政策”①。

井冈山地区地域广阔，土地贫瘠与肥沃情况差距很大。在土地分配原则上，开始是“以原耕为基础，抽多补少。后来发现，这办法有利于富农，不利于贫雇农，因为富农的地，一般是比较好的，贫雇农的地，一般是比较差的。如果以原耕为基础，抽多补少，那么，富农种的好地就分不出来”，“经过一年多的实践，后在赣西南‘二七’会议上提出要‘抽肥补瘦’，把富农的好田抽出来，补给贫雇农耕，这样才能真正满足贫雇农的土地要求”②。“为了使土地分配得尽量合理，采取由农民群众会议（即评议）的方法。”③

在边界土地革命中，虽曾一时出现过一些“左”的做法，但基本上执行政策较好，注意了正确对待中间阶级、保护中小工商业、地主

① 杨克敏：《关于湘赣边苏区情况的综合报告》（1929年2月25日），《井冈山革命根据地》（上），中共党史资料出版社1987年版，第276页。

② 陈正人：《创立湘赣边界“工农武装割据”的斗争》，《井冈山革命根据地》（下），中共党史资料出版社1987年版，第37页。

③ 谭冠三：《回忆毛主席在井冈山的伟大革命实践》，《亲历井冈山革命根据地创建》，江西人民出版社2007年版，第427页。

也分田等,土地分配后还组织复查,看看是否公平合理。这一年的庄稼获得了很好的收成。宁冈一带的群众都踊跃交公粮。“土地税:宁冈收的是百分之二十,比中央办法多收半成,已在征收中,不好变更,明年再减。此外,遂川、酃县、永新各一部在割据区域内,都是山地,农民太苦,不好收税”①。

经过工农兵苏维埃政府正确指导和群众积极参与,湘赣边界各县的土地基本分配完成。土地革命的深入,极大地激发了广大贫苦农民的斗争积极性,不仅解放了农村生产力,而且有效地支援了革命战争,加快了根据地的发展。

根据湘赣边界一年来土地革命的实际情况,依照中共中央第二十七号通告《关于没收土地和建立苏维埃》及中央六月来信中关于土地政策的指示精神,在 1928 年 10 月 4 日召开的边界党第二次代表大会上制定了《井冈山土地法》。经过两个月的酝酿、讨论、修改,1928 年 12 月,《井冈山土地法》以边界政府名义正式颁布。这是土地革命战争时期我党制定的第一部土地法。

井冈山土地法②

(1928 年 12 月)

(一)没收一切土地归苏维埃政府所有,用下列三种方法分配之:

(1)分配农民个别耕种;

(2)分配农民共同耕种;

① 毛泽东:《井冈山的斗争》,《毛泽东选集》第一卷,人民出版社 1991 年版,第 71 页。

② 《井冈山革命根据地》(上),中共党史资料出版社 1987 年版,第 211—213 页。

(3)由苏维埃政府组织模范农场耕种。

以上三种方法,以第一种为主体。遇特别情形,或苏维埃政府有力时,兼用二三两种。

(二)一切土地,经苏维埃政府没收并分配后,禁止买卖。

(三)分配土地之后,除老幼疾病没有耕种能力及服公众勤务者以外,其余的人均须强制劳动。

(四)分配土地的数量标准:

(1)以人口为标准,男女老幼平均分配。

(2)以劳动力为标准,能劳动者比不能劳动者多分土地一倍。

以上两个标准,以第一个为主体。有特殊情形的地方,得适用第二个标准。采取第一个标准的理由:(甲)在养老育婴的设备未完备以前,老幼如分田过少,必至不能维持生活。(乙)以人口为标准计算分田,比较简单方便。(丙)没有老小的人家很少。同时老小虽无耕种能力,但在分得田地后,政府亦得分配以相当之公众勤务。如任交通等。

(五)分配土地的区域标准:

(1)以乡为单位分配;

(2)以几乡为单位分配(如永新之小江区);

(3)以区为单位分配(如遂川之黄坳区)。

以上三种标准,以第一种为主体,遇特别情形时,得适用第二、第三两种标准。

(六)山林分配法:

(1)茶山、柴山,照分田的办法,以乡为单位,平均分配耕种使用。

(2)竹木山,归苏维埃政府所有。但农民经苏维埃政府许可后,得享用竹木。竹木在五十根以下,须得乡苏维埃政府许可。百根以下,须得区苏维埃政府许可。百根以上,须得县苏维埃政府许可。

(3)竹木概由县苏维埃政府出卖,所得之钱,由高级苏维埃政府支配之。

(七)土地税之征收:

(1)土地税依照生产情形分为三种:一:15%;二、10%;三、5%。以上三种方法,以第一种为主体。遇特别情形,经高级苏维埃政府批准,得分别适用二三两种。

(2)如遇天灾或其他特殊情形时,得呈明高级苏维埃政府核准,免纳土地税。

(3)土地税由县苏维埃政府征收,交高级苏维埃政府支配。

(八)乡村手工业工人,如自己愿意分田者,得分每个农民所得田的数量之一半。

(九)红军及赤卫队的官兵,在政府及其他一切公共机关服务的人,均得分配土地,如农民所得之数,由苏维埃政府雇人代替耕种。

按①:此土地法是一九二八年冬天在井冈山(湘赣边区苏区)制定的。这是一九二七年冬天至一九二八年冬天一整年内土地斗争经验的总结,在这以前,是没有任何经验的。这个土

① 这是毛泽东1941年为《井冈山土地法》加的按语。

地法有几个错误:(1)没收一切土地而不是只没收地主土地;(2)土地所有权属政府而不是属农民,农民只有使用权;(3)禁止土地买卖。这些都是原则错误,后来都改正了。关于共同耕种与以劳力为分配土地标准,宣布不作为主要办法,而以私人耕种与以人口为分田标准作为主要办法,这是因为当时虽感到前者不妥,而同志中主张者不少,所以这样规定,后来就改为只用后者为标准了。雇人替红军人员耕田,后来改为动员农民替他们耕了。

二、湘赣边界工农兵苏维埃政府的创新工作

(一)开展政治宣传

湘赣边界工农兵苏维埃政府成立以后,组织了干部、战士深入农村进行政治宣传。宣传的目的是:揭露国民党反动政府的罪恶,揭露土豪劣绅的罪恶,鼓动农民群众起来反压迫、反剥削,启发农民自觉起来革命,以实现毛泽东提出的"三大任务"中帮助群众建立革命政权的任务;同时"教育人民要用革命斗争保卫、掌握政权,人民要自己打江山,坐江山"①。群众对红军开始不理解,"红军每到一地,群众冷冷清清,经过宣传之后,才慢慢地起来"②。

为了收到更好的宣传效果,边界要求干部、战士"在宣传时,要学会使用群众的语言,根据他们的切身利益,针对他们的思想状况,来进行马列主义的宣传……在斗争中,应该提什么口号,应该开展

---

① 陈正人:《创立湘赣边界"工农武装割据"的斗争》,《井冈山革命根据地》(下),中共党史资料出版社1987年版,第35页。

② 毛泽东:《井冈山的斗争》,《毛泽东选集》第一卷,人民出版社1991年版,第78页。

什么形式的斗争，要根据群众的觉悟程度和主客观力量对比条件。总之要从当时的实际情况出发，决不能只凭主观意愿随意作轻率的决定”①。并要求在宣传中，注意提高工人农民的信心，“我们应对同志和群众，详细分析统治阶级与政治上经济上之矛盾与冲突，极力宣传工人农民本身力量及各地暴动的势力，打破恢复没有希望的失败观念，同时要打破同志及群众专门依靠军队的等待观点”②。

边界非常注意宣传的广泛性，要求各级工农兵苏维埃政府和部队组织专门的宣传队。宣传队每到一地或在行军途中，都采用文字、口头、壁画等方式进行宣传。在凡是能写能画的地方，全都写上标语，画上壁画；在凡是有人群的地方，就口头宣传或散发、张贴油印小标语；在凡是有河流或小溪的地方，就漂流宣传单等。诚如谭冠三在回忆中所说的，“开始，我们是用纸张写的，后来，一则由于纸张容易坏，二则由于行军背一大捆纸也很不方便，就改为用墨或用颜料写。我们把墨或颜料装在木筒里，用手提着，到处去写标语。最后，我们又改为用石灰水写，提一个石灰桶，用笋壳或棕作笔，在墙上写很大一个字的标语，以宣传群众。我们还油印小的标语，到处去贴。凡是群众看得到的，又能保存比较久的地方，都贴上小标语。打下永新后，我们还用石印机印过一部分标语。当时的宣传标语都很通俗易懂，也很简短……有时，我们还把竹片削得光光的在小竹板上写标语，写好后再涂上一层桐油，放在河流或小溪里，让水

① 陈正人:《创立湘赣边界“工农武装割据”的斗争》,《井冈山革命根据地》(下),中共党史资料出版社 1987 年版,第 29—30 页。

② 《湘赣边界各县党第二次代表大会决议案》,《井冈山革命根据地》(下),中共党史资料出版社 1987 年版,第 193 页。

漂走，有的在竹片上面插上一面小红旗。这种小竹板做的宣传品，可以漂得很远，作用很大。除了文字宣传外，我们还搞口头宣传”。“毛泽东同志亲自抓宣传队的工作，他非常关心宣传队的工作情况，每到一地，总是要检查宣传队的工作情况如何，对于宣传队做得不好的地方，就给指出来。他检查我们的工作，实际上就是给我们上课。”①

（二）实行民主建政

各县、区、乡工农兵苏维埃政府的产生，起初是采取简单的民主形式，先经党内研究，确定人选名单，然后向群众宣布，将一批在斗争中表现坚决的积极分子提拔到政权组织中来，为工农掌权。这在当时，对发展革命形势、扩大革命势力起了重大作用。经过“八月失败”的严峻考验，“边界苏维埃可以说已深入人心”；但也有些县、区、乡工农兵苏维埃政府组织存在前面所说的各种问题。在民主建政方面，做法也是不规范的，“许多地方无所谓工农兵代表会。乡、区两级乃至县一级，政府的执行委员会，都是用一种群众会选举的”。“所以如此，就是因为缺乏对于代表会这个新的政治制度的宣传和教育。封建时代独裁专断的恶习惯深中于群众乃至一般党员的头脑中，一时扫除不净，遇事贪图便利，不喜欢麻烦的民主制度。”②执委会的委员和常委很少开会，遇事由主席等常驻会的几个人处理决定。为了改变这种情况，边界党的“三大”决定“由特委制定苏维埃

① 谭冠三：《在我记忆中的井冈山斗争》，《井冈山革命根据地》（下），中共党史资料出版社1987年版，第493—494。

② 毛泽东：《井冈山的斗争》，《毛泽东选集》第一卷，人民出版社1991年版，第72页。

组织法,各县各区各乡苏维埃,应一律照组织法组织之"①。同时加强民主集中主义的宣传教育,建立健全民主集体制,让这些新的政治制度植根于苏维埃干部和广大群众的头脑中。

在边界政权建设中,还存在以党代政的现象。"由于许多事情为图省便,党在那里直接做了,把政权机关搁置一边。这种情形是很多的。政权机关里的党团组织有些地方没有,有些地方有了也用得不完满。"②这种党政不分、以党代政的倾向,一方面使党的组织忙于政权机关的事务工作,削弱了党的领导;另一方面束缚了政权机关的积极性,降低了苏维埃的作用,难以发挥其职权。对此,毛泽东在1928年11月25日给中共中央的报告中明确提出:"以后党要执行领导政府的任务;党的主张办法,除宣传外,执行的时候必须通过政府的组织。国民党直接向政府下命令的错误办法,是要避免的。"也就是说,党负责领导或指导政府,而不是包办政府的行政事务。

(三)加强文化教育

湘赣边界各级工农兵苏维埃政府还开展了一系列卓有成效的文化教育活动。湘赣边界工农兵苏维埃政府下辖教育部,县工农兵苏维埃政府都设了文化科,负责文化教育工作。从县到村,共青团、妇女会、农会、儿童团等群众团体先后办起了夜校、识字班等文化组织,为推动文化教育事业发挥了重要作用。

各级工农兵苏维埃政府在开展文化教育活动中,首先是提倡民主、自由,破除封建文化。他们动员妇女放脚、剪发,走出家门参加

① 《湘赣边界各县党第二次代表大会决议案》,《井冈山革命根据地》(上),中共党史资料出版社1987年版,第194页。

② 毛泽东:《井冈山的斗争》,《毛泽东选集》第一卷,人民出版社1991年版,第73页。

社会活动;反对男尊女卑,肃清守节守贞等旧礼教;破除群众中普遍存在的“听天由命”的旧观念,反对童养媳,反对婆婆打骂媳妇等封建习俗。当时苏区流行的《放脚歌》《剪发歌》《妇女翻身歌》等,反映了苏区妇女追求自由解放的迫切愿望。

其次,紧密配合革命中心任务开展文化娱乐活动。最初,士兵委员会中设的娱乐科开展一般性的文化娱乐活动;后来,娱乐科负责纪念日的活动,或者每月举行的工农兵联欢会的筹备工作,形式有排演新剧、演说、京戏、双簧、舞蹈等。随着边界军事斗争的频繁,一切工作以服从战争的需要进行,苏维埃文化教育工作也紧密配合这一中心任务而开展。当时开展得比较广泛的是编、唱红色歌谣。一部分革命歌曲是从外地带来的,一部分是用当地旧的民歌、山歌、情歌的曲调,配上新的革命歌词。如《送郎当红军》《十劝妹》等就是从民间小调演变而来的。红色歌谣无论是形式还是内容都十分丰富,包括反映各种组织的、鼓舞士气的、欢庆胜利的、艰苦奋斗的、瓦解敌军的、宣传党的方针政策的等等。

再次,开展各类教育活动。边界各级工农兵苏维埃政府开办了许多农村夜校、苏区小学,并协助边界党举办党团训练班。农村夜校以教识字为主,同时,还向群众宣传革命道理,号召农民起来参加革命。1928 年 5 月,毛泽东提出“湘赣边界工农兵政府成立后,要尽快地发展根据地的文教事业,有条件的区、乡要开办学校”①。从此,各地红色小学如雨后春笋般建立,并逐步走向正规化,还统一了教材。宁冈县先后办起了 15 所红色小学,有学生 800 多人,学校校长

① 中共宁冈县委党史工作办公室:《宁冈苏区志》(内部),1993 年版,第 190 页。

由农会主席兼任，并由农会选派教师。永新县也普遍开办了列宁小学、工农夜校、识字运动班，女子半日学校也建立了。1928年10月和12月，边界特委在茅坪的象山庵和茨坪分别举办了两期湘赣边界党团训练班，时间都在一两个月以上；边界各县、区、乡党组织也分别举办了半个月、10天、7天不等的短期训练班，对党员和干部进行政治思想教育。各级工农兵苏维埃为此提供了人力、物力、财力的支持。许多工农干部通常识字班和训练班的学习提高了文化水平和政治思想水平，走上了领导岗位，在根据地斗争中发挥了重要作用。

（四）反击经济封锁

国民党军队除了对井冈山根据地进行频繁的军事"清剿""会剿"外，还加紧进行经济封锁，使根据地与白区之间几乎断绝了交通和贸易关系，边界军民的生活十分艰苦。红军"除粮食外，每人每天只有五分大洋的油盐柴菜钱，还是难乎为继"①。

艰苦的生活环境并没有吓倒根据地军民。他们在毛泽东及边界党和工农兵苏维埃政府的领导下，艰苦奋斗，自力更生，开展了一系列坚苦卓绝的反经济封锁斗争，用自己的智慧和力量克服一切困难。一是积极开展生产自救，节衣缩食；二是想方设法从山下弄盐上山或自熬硝盐，以解军民食用和医用之急；三是开办了许多工厂；四是开设了公卖处和红色圩场。为解决部队的穿衣、武器、货币问题，工农兵苏维埃政府在宁冈的桃寮村开办了一所被服厂和染布作坊；在茨坪开办了军械处，利用简陋的工具修理枪支，制造土地雷、土手榴弹、单响枪、鸟铳等简易武器；在井冈山上开办了红军造币

① 毛泽东：《井冈山的斗争》，《毛泽东选集》第一卷，人民出版社1991年版，第65页。

厂。湘赣边界工农兵苏维埃政府成立后，由王佐具体负责，在牛路坑和上井开办了红军造币厂，造出了“工”字银元，虽然粗糙，但成色很高，很受群众欢迎。边界还积极发展民用工业，鼓励广大手工业者多生产草鞋、斗笠、草纸和铁、木、竹器等手工业产品。1928 年 5 月，新遂边陲特别区工农兵苏维埃政府用打土豪筹的款子，买来一批物资运到井冈山，在茨坪办起了公卖处。保护中小商人的利益，促进了商业的发展。为此制定了正确的工商业政策，打击豪绅和奸商的不法行为，7 月，宁冈大陇又开办了红色圩场，沟通赤白贸易，活跃红区经济。

1928 年底，遂川县工农兵苏维埃政府曾发布严禁商人私自售卖物品的《通告》：①

我们此地的生活程度较诸别地大相悬殊，此间工作人员及居民无不感受生活上的困难，推其原因：第一，就是日常我们所需的东西，大多是由贩卖小商人运送来此拍卖，这些小商人为着要得着很厚的利润，以涨他的家里，同时感觉到此地是红军根据地，交通上很是不便利，而我们日用所需的东西又不可少，因此他们贩卖来的物品每一挑至这个地方，则物价飞涨，拿扮〔班〕作〔做〕势的摆起奇货可居的架子来了。第二，在过去各级机关，为着要别的工作。不顾及这椿〔桩〕事情，而对于物价没有规定标准，大家共守遵行，故那些贩卖小商人尽量提高物价剥削我们。第三，(1) 因为他们的物品不是由出产地买来，而是

① 《遂川县工农兵苏维埃政府文件》，《井冈山革命根据地》(上)，中共党史资料出版社 1987 年版，第 208—209 页。

在乡村中贩出，其间一买一卖相递下来，不知要经过几转才能到我们这里来，因此在这些小商人数多蚀本不卖货的，这样一来，我们的生活就〔怎〕不困苦呢？（2）现在后方各机关都认为，过去生活的困苦确系贩卖小商人所造成的，兹为解除生活上的困苦起见，特由各级机关立一公卖处拍售各样货物，这里我们要知道，这公卖处的物品，多是由繁盛的商埠及物品出产地买来，进价比较便宜出价当亦不贵，同时公卖处所赚的微利，也是供给公用，并未肥家养身。（3）今后贩卖小商人不能自由私行拍卖，工农群众在经济上亦得到相当的解放，民众们一举两得事，何乐而不为呢？必须将物品的进价实报公卖处，再由公卖处酌加力资收买，或经批准转他处，如有小商人私自售卖物品的事情，当从严重处决不宽贷。切切毋违此布。

在艰苦的条件下，广大军民在党和政府的领导下，同甘共苦，并肩作战，一起克服困难，夺取胜利。《张子清献盐》《毛泽东一根灯芯的故事》《朱德的扁担》等，就是反映当时根据地反经济封锁斗争的故事。

（五）整顿红色政权

井冈山革命根据地初创时期，党和群众缺乏政权建设经验，以致在某些方面存在比较明显的问题。如：选举完毕，大权揽于执行委员会，未能充分发挥工农兵代表会的作用；区、乡苏政府处理问题往往由主席、秘书等少数人说了算；县苏政府亦很少开全委会，遇事由常委决定；基层政权机关不够纯洁，有些小地主和富农分子也混进了乡苏政府，把持一切；党组织包揽政府日常工作，未发挥政府的职能作用等。这些问题，在红色政权的整顿中得到不同程度的解决。

第五章

井冈山革命根据地的发展,红色政权理论的形成

红四军主力离开井冈山以后,在赣西南、赣南闽西创造了更大范围的根据地,发展了井冈山的斗争,壮大了红色政权。毛泽东通过井冈山斗争实践的总结,提出的"工农武装割据"的思想以及他阐明的"农村包围城市、武装夺取政权"道路的思想,是以毛泽东为代表的中国共产党人把马列主义基本原理同中国革命实践相结合、不断探索中国苏维埃政权理论和中国革命正确道路的伟大成果,主要体现在《中国的红色政权为什么能够存在?》《井冈山的斗争》《星星之火,可以燎原》三篇光辉著作中。

第一节 革命根据地的拓展

一、湘赣边界军民坚持斗争

1929 年 1 月,红四军主力离开井冈山,向赣南出击。不久,敌人占领井冈山,实行了残酷的烧杀政策,叫嚣"石头要过刀,茅草要过火,人要换种"。小井红军医院来不及转移的 130 多名伤病员全部

被敌人杀害;茨坪被杀110人,房屋被毁2/3;大井村反复被烧9次,下井被烧13次,大小五井120多户人家被杀绝69户;从下庄到荆竹山25公里路内,所有的房屋化为灰烬;宁冈县的茅坪、大陇、乔林等地半数以上的民舍被焚烧。井冈山上到处是残垣断壁,尸骨遍野。

敌人在大肆烧杀的同时,还实行白色恐怖。边界党和政权组织遭到很大的破坏,区、乡一级工农兵苏维埃政府机关有的被打散,有的由公开转为秘密;只有永新县小江区、万年山区和天龙区还保持着割据,宁冈的一、二、四区还存在公开或秘密的苏维埃组织。

在此严峻的形势下,1929年2月,边界特委委员、特委巡视员宛希先在九陇山召集永新、茶陵、宁冈3县党组织联席会议,成立了中共湘赣边界临时特委,以刘真、宛希先、朱昌偕为常委,朱昌偕为书记。3月11日,原特委副书记陈正人由遂川来到永新,与朱昌偕、宛希先会合,并于13日在永新县召集正式特委(即以邓乾元为书记的特委)常委会议,决定3月14日在永新召开边界特委扩大会议。在边界特委领导下,永新、茶陵、宁冈等县党的组织和党的工作大部分很快得到恢复和健全,基层党组织也能积极活动。特委还设法与莲花、酃县、遂川的党组织取得了联系。此时,边界共有党员2000人,边界各县的红色政权、地方武装也在斗争中得到恢复。

敌人侵占井冈山后,因天气寒冷,粮食短缺,又常受红军和地方武装的袭击,不到10天,敌军主力部队便撤出了井冈山。王佐部乘机赶走了挨户团,收复了大小五井;何长工、李灿部也迅速收复了宁冈大部分地区。

为了适应斗争的需要,三四月间,边界特委分别从永新、宁冈、莲花、茶陵各县抽调人员和武装,加上李灿部和王佐部合编为湘赣边界红军独立第一团，下辖两个营，团长王佐、副团长李灿，有枪400余支。第一营为王佐部，王佐兼营长；第二营为红五军一部和各县的一部分赤卫队，李灿兼营长。他们以大小五井和九陇山为游击中心，积极开展游击活动，击败了宁冈龙市和古城之敌，缴获了茶陵和尚庄挨户团的枪支，打散了永新陇田路江的保安队。接着打破了茶陵、永新、酃县、宁冈4县联防，收复了宁冈、莲花等地，重新建立了两县红色政权，使湘赣边界的工作基本上得到了恢复。

1929年4月，红五军重回井冈山，带来了1929年4月13日红四军前委给湘赣边界特委的指示信。指示信要求边界的党以东固根据地为榜样，改变斗争形式，恢复和巩固井冈山根据地。此时，特委也深感政治上有重新布置的必要，遂决定召开中共湘赣边界特委二届四次执委扩大会，讨论红四军前委的指示信，研究、安排边界各项工作。5月10日，边界特委二届四次执委扩大会议在宁冈古城召开，增补了特委常委，邓乾元任书记。此后在边界特委的领导下，各县苏政府很快恢复了正常工作。公开的苏维埃组织有莲花、遂川、茶陵、酃县的小部分山区，永新的小江区、鄱梅、天龙山、绥远等地，宁冈的三九堡（源头、木头）、小亚山，遂川的大小五井等地。秘密的苏维埃政权，有永新西乡和北乡的大部分地区。

1929年9月6日和9月25日，湘赣边界特委先后得到了中共江西省委和中共中央指示信，确定了湘赣边界特委管辖区域为永新、莲花、安福、宁冈、攸县、酃县、茶陵，并指示边界特委由湖南省委领导改归江西省委领导，提出新的边界特委应建立在群众斗争的中心永新。为此，九十月间，边界地方武装趁敌人调动之机，收复了莲花和宁冈。10月30日，永新、莲花、宁冈3县地方武装在永新广大群众的密切配合下，向永新县城发起猛攻，并一举占领永新县城。从此，永新逐步成为湘赣革命根据地的中心。

二、东固、赣西苏维埃政府的建立

（一）东固苏维埃政府的建立

1929年2月20日，由毛泽东、朱德等率领的红四军与江西红二、四团在东固螺坑胜利会师，毛泽东高度赞扬东固根据地的成就及东固人民和红二、四团的斗争精神，阐明革命一定会胜利的道理。为了进一步巩固和发展东固根据地，毛泽东在坳上云汉堂主持召开部队和地方党员干部会议，传达中共"六大"决议案的主要精神，结合本地情况讨论形势、任务和斗争策略，听取东固地方党和军队领导干部李文林等的汇报。毛泽东对土地革命、政权建设等问题作了明确的指示，同时决定留下毛泽覃等参加东固根据地的领导工作，并安置了一批伤病员在东固治疗。当得知井冈山失守后，毛泽东决定东进赣南闽西开辟新的革命根据地。东固会师，使红四军摆脱了建军以来最困难的时期，促进了红二、四团的建设，在赣西南革命史上占有重要的地位。陈毅赋诗曰："东固山势高，峰峦如屏障，此是东井冈，会师天下壮。"

东固会师后，中共赣西特委和东固党组织按照毛泽东关于建党、建军和建设革命根据地的理论及方针政策来建设红二、四团和东固根据地，不断粉碎敌人的军事"进剿"，扩大了游击根据地，使赣西南的工农武装割据出现了新的局面。7月，成立了东固区革命委员会，傅月照任主席。从此，东固革命政权由秘密走向公开。革命委员会诞生后，一些群众组织机构也应运而生。在区、乡有少共委（内设区少先队和儿童局）、妇女会、农协会、拥护红军委员会、苏卫队、职工联合会、雇农工会等团体组织。这一时期,东固特别强调重视军事组织。革命委员会通过各群众团体,广泛地宣传土地革命的意义和政策,并根据《兴国土地法》的规定没收一切地主阶级和公共的土地,分给无地或少地的农民。1929 年秋末,东固开始按土地分配原则分配土地,规定土地所有权属于苏维埃政府。在东固根据地的范围内,废除了各种苛捐杂税,农业和商业都只征收极低的累进税,从而调动了农民和商人的积极性。

土地革命推动了红色政权的建设。1929 年 10 月,在东固革命委员会的基础上成立了东固区苏维埃政府,罗宗清任主席;下设财政、军事、社会保险、教育 4 个部和土地、人民审判委员会。各乡也先后建立了苏维埃政府,下设同样机构。周围的赤色区域,如泰和、吉水、吉安、兴国等县的一些区均先后成立了区革命委员会。这些地方,原系游击区,属东固区委领导,成立革委会后,都归属本县革命政权管辖。由东固区苏维埃政府直辖的有三彩、安乐、南龙、江口等 23 个乡苏维埃政府。这样,东固已形成了一块完整的革命根据地;赣西各地梅花状零星小块赤色区域逐步连成一片,后成为赣西南革命根据地和中央革命根据地的重要组成部分。

被陈毅誉为东井冈、毛泽东称为“李文林式”的东固革命根据地,它的创建和发展成为赣西南土地革命斗争中的一面旗帜。虽然东固革命根据地独立存在的时间不算长,区域范围也比较小,但却以它独特的“秘密割据”或秘密与公开相结合的武装斗争形式载入中国革命史册,丰富和发展了毛泽东“工农武装割据”的思想,在中国革命史上占有重要的地位。

(二)赣西苏维埃政府的建立

赣西地区的政权建设是先成立农民协会,然后成立革命委员会，在条件比较成熟的情况下，召开代表大会，建立苏维埃政府。在赣西地区工农武装暴动推翻国民党反动统治后，都建立了乡、区、县各级革命委员会。1928 年 1 月，万安暴动胜利后成立了万安县工农兵苏维埃人民委员会。次年 7 月，吉安东固、延福两区成立革命委员会，赤色区域亦得到发展，吉水、泰和、吉安、兴国等县的许多区均先后成立了革命委员会；峡江、新余、分宜、宁都、永丰、乐安也有较小块赤色区域。边界红色政权逐渐得到恢复和发展。

在区、乡红色政权建立的同时，赣西各县级红色政权也纷纷建立。1928 年 1 月，县级临时政权组织——永丰县革命委员会秘密成立，委员长吴立仁。次年 10 月，吉水县革命委员会在同水区石莲洞成立，委员长刘生元。革命委员会由红军（或赤卫队）、地方党组织、群众团体（农协、工会等）3 个方面代表组成，是指挥暴动、组织群众生活、向新的政权机关苏维埃政府过渡的临时权力机关。当广大工农革命群众进一步发动起来、革命局势较稳定后，便召开各级工农兵代表大会进行民主选举，正式成立各级政权机关——苏维埃政府。

湘赣边界红色武装攻占永新后，赣西革命根据地已由东固、延福等小块红色区域扩大到赣西 10 县。为了统一对各县、区、乡红色政权的领导，10 月在赣西各县、区普遍建立革命委员会的基础上，成立了赣西革命委员会，曾山任委员长。11 月，在中共赣西特委领导下，召开赣西工农兵代表大会，参加会议的有吉安、吉水、峡江、安福、分宜、万安、泰和、永新、莲花、宁冈等 10 县代表 100 余人，会期 7 天。大会选举产生了以曾山为主席的赣西临时苏维埃政府，同时制定了赣西临时苏维埃土地条例，要求各级苏维埃政府按人口平均分配土地的原则迅速分配土地。1930 年 2 月“二七”陂头会议后，召开了赣西县、区苏维埃联席会议，成立了赣西苏维埃政府，主席曾山。截至1930年初，苏区已恢复和发展到永新、宁冈、莲花、遂川、安福、万安、泰和、吉安、吉水、峡江、永丰等县，赣西各县均成立了区、乡苏维埃政府。

赣西苏维埃政府的成立，标志着赣西苏维埃运动已进入了一个新的历史发展时期，即统一的赣西苏维埃区域形成时期，赣西苏维埃区域的形成为赣西南革命根据地的建立奠定了基础，是赣西南苏维埃政权的基石。

三、赣西南、江西省苏维埃政府的成立

(一)赣西南苏维埃政府的成立

为了统一赣西南各县、区、乡红色政权的领导，并根据中共赣西南第一次代表大会的决定，1930年3月下旬，由各区、县派出代表，开了5天会，讨论许多重大问题，决定赣西苏维埃政府改为统一领导赣西南地区的革命政权组织——赣西南苏维埃政府，曾山任主席。赣西南苏维埃政府的成立，标志着赣西南革命根据地正式形成。

赣西南苏维埃发展的过程是“经过了许多零碎的部分的斗争，由零碎的部分的政权，而发展成为统一的有联系的苏维埃区域”①。赣西南地区凡成立了县、区、乡革命委员会的地方，都经过代表会议民主选举，正式成立各级苏维埃政府。各级代表大会的产生，乡一级的是以农民每50人选举产生代表1人，工人每10人选举产生代表1人；乡工农兵代表大会推选7人为委员、3人为常委，组织乡苏维埃政府。区一级则以农民每100人选代表1人，工人每20人选代

① 《赣西南的(综合)工作报告》，《中央革命根据地史料选编》(上)，江西人民出版社1982年版，第411页。

表1人,召开区工农兵代表大会,推选13人为常委,组织区苏维埃政府;下设军务、财政、社会保险和教育4个部,还组织人民审判委员会、土地委员会;选举主席1人,常委每人均兼一部或一委员会的经常工作。民主集中制原则在各级苏维埃政权机关中得到充分的体现。工农群众不仅享有选举权与被选举议,并且还有罢免权。工农群众享有罢免权,这是真正民主制度的基本原则。

赣西南苏维埃政府机关由赣西南代表大会产生人民委员会和执行委员会。执行委员会内有常务委员会,执行委员会下设秘书处、经济部、保险部、军事部、裁判部、交通部和妇女工作委员会、青年工作委员会。为适应革命斗争的需要,成立了赣西南赤卫军总指挥部,曾炳春为总指挥。政府在各地设了办事处,作为政府派出机构。东路、西路、北路和赣南东河、西河5路办事处的主任由赣西南苏维埃政府委任,黄鉴任东路办事处主任,刘天干任西路办事处主任,周鉴清任北路办事处主任,肖大鹏任东河办事处主任,丘达三任西河办事处主任。同年7月,由于进攻吉安的需要,赣西南苏维埃政府之下改设西、北、南、中4路办事处。各路办事处所管辖范围是:西路办事处管辖永新、莲花、茶陵、酃县等4个县苏维埃政府和吉安县的西区苏维埃政府。北路办事处管辖吉安县儒行、坊廓、延福等3个区苏维埃政府和吉水、峡江、新余、分宜、袁州、安福等6个县苏政府。南路办事处管辖兴国、于都、会昌、瑞金、安远、寻乌、赣县、上犹、崇义、南康、大余、南雄等13个县的政权组织。中路办事处管辖吉安县的纯化、水东、儒林、东固、富田和吉水县的中鹄等6个区苏维埃政府以及泰和、万安、永丰、宁都等4个县苏维埃政府和乐安县革命委员会。在有些管辖范围比较广大的区苏政府也下设办事处。如吉安县西区地方大、人口众多，有10万余人，故下设敖城、永阳、栗塘、固江等4个办事处，以便具体指导各乡苏维埃开展工作。

(二)江西省苏维埃政府的成立

赣西南苏维埃政府成立后，先后组织领导了数十万地方武装和革命群众，配合红军进行了八次攻打吉安的战斗，迅速将原来初具规模的赣西南革命根据地波浪式地推进。10月4日，赣西南地方武装和革命群众配合红一方面军第九次攻打吉安，并一举攻克吉安城，摧毁了赣西最后一个反动堡垒——吉安。吉安的占领，使周围一些县城也随之解放，形成了赣江中段、南段一片赤色，扩大了苏维埃区域，红色区域连成一片，“整个的江西区域有60余县的赤色版图，有千万以上的有组织的革命群众，反动武装日益削弱，革命的工农武装日益扩大而集中”①。这场长达一年之久攻打吉安的大规模武装斗争，是土地革命战争时期赣西南党和苏维埃政府以及广大群众在毛泽东“争取江西”战略思想指导下的伟大壮举，对于发展赣西南地区乃至江西全省的革命胜势，推动湘赣苏区和中央苏区的形成，起了重要作用。

10月6日，红一方面军总前委与赣西南特委召开扩大会议，决定在原江西省苏维埃筹备处的基础上成立江西省苏维埃政府，并拟定了江西省苏维埃政府委员名单。7日，在吉安城中山场举行的万人“庆祝吉安暴动胜利大会”上，宣告江西省苏维埃(临时)政府成立。《江西省工农兵苏维埃政府布告》指出：“这次大会宣布成立的省苏维埃政府系临时组织性质，应于最短期间，召集全省工农兵代

① 《江西省工农兵苏维埃政府布告》，《中央革命根据地史料选编》(下)，江西人民出版社1982年版，第108页。

表大会,正式成立。"①政纲阐明了省苏维埃政府的宗旨是驱逐帝国主义势力,打倒军阀,消灭一切反动派;提出了武装工农群众,扩大红军100万,"完成全省暴动,争取武汉附近各省首先胜利"的奋斗目标;明确规定了深入土地革命,完成全省土地没收和分配,帮助贫苦农民组织生产、贩卖、借贷合作社,改良农田水利,促进农村生产的任务;制定了一系列方针政策,改善工人生活,提高妇女地位,保障革命群众民主权利,废除苛捐杂税,保护城镇工商业,普及城乡教育,提高工农文化水平。

江西省苏维埃(临时)政府的最高行政机构为执行委员会,委员共53人,曾山为主席。执行委员会之下设秘书处和军事、财政、土地、教育、内务、外交、劳动、建设、司法等委员会(亦称部)。因当时斗争形势需要,先成立了秘书处和财政、军事两个部。财政部长周冕,军事部长金万邦。省苏维埃(临时)政府管辖范围为30个县。

江西省苏维埃(临时)政府宣告成立后,立即领导和组织了扩红、筹款支前、肃反等工作,为红军补增新兵8000名、筹款60余万元;创办了印刷厂和被服厂,使红军在吉安全部配备了过冬服装。

江西省苏维埃(临时)政府的成立,标志着赣西南土地革命形势的高涨,是第二次国内革命战争时期政权建设的一个里程碑。它既是井冈山革命根据地的拓展,也是湘赣根据地和中央根据地建立的基础。

① 《江西省工农兵苏维埃政府布告》,见《中央革命根据地史料选编》(下),江西人民出版社1982年版,第108页。

第二节 毛泽东红色政权理论的形成

一、中国共产党对苏维埃政权理论的探索

（一）围绕党的纲领对未来政权模式的构想

围绕“一大”党纲对未来政权模式的构想。近百年来，有些中国人为改造中国，曾经提出过很多变革国家政权形式的方案，如“开明专制”“君民共主”“君主立宪”等。有的方案曾一度付诸实施，更多的方案由于不适合中国国情或提出者自身软弱而被复辟势力击败。但根本问题是方案提出者只想改良，不想革命，更不懂得政权问题是革命的首要问题。俄国十月革命后，早期接受共产主义思想的李大钊、陈独秀、毛泽东和李达等人，为筹建中国共产党纷纷发表对未来政权模式的想法，提出了效仿苏联、用革命的手段在我国建立劳动阶级国家的构想。李大钊在《平民政治与工人》的讲演中，强调无产阶级用暴力手段夺取政权后，为使新制度新理想的基础稳固，不能不经过一个无产者专政的时期；陈独秀在《谈政治》一文中公开宣布，他承认用革命的手段建设劳动阶级（即生产阶级）的国家，创造禁止对内对外一切掠夺的政治法律，为现代社会第一需要；毛泽东在讨论成立新民学会的通讯中，也表示自己“赞成马克思式的革命”，认为必须“用俄式方法（阶级战争、无产阶级专政）”，才能“达到改造中国与世界”的目的；李达认为“无产阶级的革命，在颠覆有产阶级的权势后，建立劳动者的国家，实行无产阶级专政”①。许多

① 《李达文集》第一卷，人民出版社1980年版，第31页。

早期马列主义者承认苏维埃的管理制度，并建议“采取苏维埃的形式把工农劳动者和士兵组织起来”，“以无产阶级革命军队推翻资产阶级、由劳动阶级重建国家”①。事实上，他们也确实把建立无产阶级专政的政权作为未来国家模式写入了党纲。1921 年 7 月，中共“一大”通过的中国共产党的第一个纲领的第三条就明确指出：“我们党承认苏维埃管理制度，要把工人、农民和士兵组织起来，并以社会革命为自己政策的主要目的。”可以说，中国共产党在成立的第一天起，就明确地宣布了要把建立苏维埃作为自己的政治纲领，提出要通过苏维埃把工人、农民、士兵组织起来。

围绕“二大”党纲对未来政权形式的设计。1922 年 1 月，中国共产党派出代表团参加在莫斯科召开的远东各国共产党和民族革命团体代表会议时，接受了列宁关于民族殖民地政权问题的思想，明确了半殖民地半封建国家走向社会主义必须经过民主革命阶段，主要任务是反帝反封建。在 1922 年 7 月召开的党的第二次全国代表大会上，依据列宁的这一理论，阐明了中国革命的性质、对象和动力，制定了党的最低纲领和最高纲领。大会通过的“宣言”指出：民主主义革命成功了以后，“无产阶级便须对付资产阶级，实行‘与贫苦农民联合的无产阶级专政’的第二步奋斗”。把未来国家政权形式同革命的不同发展阶段联系起来，即在民主革命阶段统一中国为真正的民主共和国，然后再进一步创造条件；中国共产党的目的“是要组织无产阶级，用阶级斗争的手段，建立劳农专政的政治，铲除私有财产制度，渐次达到一个共产主义的社会”②。大会“宣言”还要

① 《列宁选集》第四卷，人民出版社 1995 年版，第 218 页。
② 《中共中央文件选编》第一册，中共中央党校出版社 1982 年版，第 77 页。

求工人在民主主义联合战线中，时常记得自己"是一个独立的阶级，训练自己的组织力和战斗力，预备与贫农联合组织苏维埃，达到完全解放的目的"。党在成立的初期关于苏维埃政权的理论，已经明确肯定苏维埃是与农民联合的无产阶级专政，具有社会主义的性质。党把建立苏维埃的实践规定为在民主革命胜利之后的"第二步奋斗"。由于这时中国革命还未提出立即建立苏维埃的实践要求，特别是由于第一次国共合作的建立，政权、军队都掌握在国民党手里，所以党对苏维埃的理论未有更进一步的探讨。当然，这与共产国际的意见也是有关的。

（二）国共合作时期的参政主张

共产国际的参政主张。1920 年 7 月 19 日至 8 月 7 日在苏联召开的共产国际第二次代表大会，讨论了民族和殖民地问题。在《共产国际第二次代表大会关于民族与殖民地问题的补充提纲》中提出："殖民地革命在最初时期不会是共产主义革命"，"但是不能由此得出结论说：殖民地革命的领导应当放在资产阶级民主派手中。相反地，无产阶级政党应当加紧宣传共产主义思想，并在最初的可能之下创立工农苏维埃。"①共产国际在这里提出了殖民地革命在一定的时期内建立苏维埃政权的任务。而 1923 年 1 月 16 日苏联政府特使越飞与孙中山发表的《孙文越飞宣言》中则表示，"苏维埃制度不合中国国情，因为中国没有使共产主义或苏维埃制度成功的那些条件"；承认广东政府是革命的，是含有无产阶级、农民、城市小资产阶级等革命力量联合的、有民权独裁制萌芽的政权；认为国共合作期

① 《列宁斯大林论中国》，人民出版社 1954 年版，第 270 页。

间中国共产党在政权建设方面的主要任务，就是号召共产党员参加广东政府，加紧共产党在国民党里的活动，吸收最广大的群众，发展工农组织，以推动革命向前发展。据共产国际有关中国革命的文献资料记载，北伐开始后，共产国际又指示中国共产党协同国民党在新解放的区域建立广州政府类型的政治机构，并“深入到新政府机构中去”，“利用政权机关没收土地，减少捐税并给农民以实权，以便根据革命纲领逐步实行改革”；同时还要向农民群众说明，“只有在工农联盟的基础上建立独立的革命民主政权，才能彻底改善农民的物质状况和政治地位”；这期间，中国共产党的主要任务就是巩固和扩大工农群众组织，并使这些组织成员大量加入国民党，“使无产阶级便于在中国资产阶级民主革命中起领导者的作用，并促使过渡到无产阶级革命的时期更快地到来”。直到1927年5月召开的共产国际第五届执委第八次全会，还是反对在中国建立苏维埃。会议关于中国问题的决议说：“共产国际执行委员会认为在目前提出工农代表苏维埃的口号是不适宜的。”①中国革命的形势很快发生了急剧、严峻的变化。如果说四一二政变蒋介石叛变革命、屠杀共产党人还不足以充分说明中国革命遭到严重挫折的话，那么7月份武汉政府实行“分共政策”、实现“宁汉合流”则完全证明了这一点。共产国际对中国革命形势的严峻变化作出了迅速的反应。7月26日苏联《真理报》社论《国民党左派的危机》指出：“共产党员应当毫不迟疑地着手宣传苏维埃思想，以便一旦争取国民党的斗争失败，出现新的革命高潮时能动员号召群众成立工农兵代表苏维埃，把它们作为劳动

① 向青：《共产国际与中国革命关系史稿》，北京大学出版社1988年版，第120页。

群众的机关与资产阶级的组织相抗衡。”①7 月 28 日《真理报》发表了斯大林的《时事问题简评》，在这篇文章中斯大林谈到中国问题时指出：“在当前革命发展阶段上，在新的革命高涨条件下，成立苏维埃将是一个完全成熟的问题。”②1927 年第 7、8 期《布尔什维克》社论《中国的革命和反革命》说：“退出国民党的口号和立即在中国建立苏维埃的口号是同现在举行起义的策略相一致的。”

陈独秀的参政主张。陈独秀片面理解党的最低纲领和共产国际的指示，认为在实现最低纲领的过程中，共产党只能是追随和帮助资产阶级进行革命，根本不存在建立政权问题；在民主革命和社会主义革命之间有一个资产阶级专政、发展资本主义的阶段，待资本主义发展后，无产阶级建立政权的问题才能提到日程上来。他还认为，既然是资产阶级民主革命，就应由资产阶级领导并让“资产阶级握得政权”，无产阶级只能站在消极帮助的地位参与政权工作，充当资产阶级的助手，努力在革命中“获得若干自由及扩大自己能力之机会”；“共产党取得政权，乃是无产阶级革命的事”，不仅在国共合作期间不应有“共产党与国民党左派争政权的事，即在国民革命成功后之建设时期，也必然是革命的民主的民众政权，而不是无产阶级专政，并且还不是工农政府”③。在实践上，他主张一切服从国民党，反对共产党和工农掌握政权，参加政府工作，反对李大钊参加国民党在汉口成立的“特别委员会”，反对董必武参加湖北省政府工

① 苏联《真理报》：《有关中国革命的文献资料选辑》（第一辑），四川社会科学院出版社 1985 年版，第 528 页。

② 《斯大林全集》第九卷，人民出版社 1954 年版，第 322 页。

③ 陈独秀：《我们现在为什么争斗？》，《向导》第 172 期，1926 年。

作，并指示鄂区党组织把人力全部“用在民众方面，万勿参加政府工作”，甚至严令禁止江西党组织中有人在政府中占有位置，要已经担任永修、九江等县县长的共产党员限期辞职。至1927年四一二政变后，主持中央工作的陈独秀也没有醒悟。

毛泽东推翻旧政权、建立新政权的主张。早在1921年5月，彭湃在自己的家乡海陆丰发动和组织农民运动。国共合作后他积极组织农会，主办农民运动讲习所，对中国农民运动的兴起起到了巨大的推动作用。毛泽东自1925年春开始注重研究农民问题，他首先发现农民问题是国民革命的中心问题，只有发动农民起来革命，才能推翻几千年来根深蒂固的、一切权力的核心和基础的地主政权。为进一步论证这一思想，毛泽东撰写了《中国社会各阶级的分析》《国民革命与农民运动》等文章，阐述了中国革命的领导权、同盟军、革命的对象等问题，指出“农民问题乃国民革命的中心问题”，“若无农民从乡村中愤起打倒宗法封建的地主阶级之特权，则军阀与帝国主义势力总不会根本倒塌”。此外，毛泽东还从湖南农民运动的实践中看到了农民武装在地主与农民冲突中的作用，主张在解除地主武装的同时，用从地主手里拿过来的武器组织农民自己的武装；并主张将这种军事组织置于农民政权的领导之下，使其在农村权力变换中发挥更大的作用。在实践上，毛泽东还把农会作为新生政权的萌芽加以热情地支持和扶持，使农民运动得到了飞速发展。据当时武汉政府农民部1927年6月的统计，农会组织遍及全国十几个省，其中有5个省建立了省级农会，各省总共建立市农会201个、区农会1102个、乡农会16134个，会员近千万人。这样庞大的势力，使农会成了当时农村中的实际政权。在此期间，工人运动中也相继出现了城市政权的萌芽,如1924年省港工人大罢工中建立的“罢工工人代表大会”、1927年上海工人第三次武装暴动时召开“市民大会”选举的“市民政府”等。但是,这些尝试特别是乡村中的农会,都因没有得到当时党的领导人的重视,而未能获得充分的发展。就在中央还不打算建立苏维埃的情况下,善于独立思考的毛泽东就已经开始考虑建立苏维埃的问题了。作为中央特派员在湖南做秋收暴动准备工作的毛泽东,从赴湘的共产国际代表马也尔那里得知共产国际“新训令”——主张在中国立即实行工农兵苏维埃,便于1927年8月20日以中共湖南省委的名义给中共中央写信,信中说:“工农兵苏维埃完全与客观环境适合,我们此刻应有决心立即在粤、湘、鄂、赣四省建立工农兵政权。此政权既建设,必且迅速的取得全国的胜利。”信中提出:“因国际这个新训令,影响到我对国民党的意见,即在工农兵苏维埃时候,我们不应再打国民党的旗子了,我们应高高打出共产党的旗子……国民党旗子已成军阀的旗子,只有共产党旗子才是人民的旗子”;我们应该“立刻坚决的树起红旗”,“小资产阶级也必定在红旗领导之下”①。而中央在8月23日的回信中却指责关于应当抛去国民党的旗帜、实行苏维埃政权的主张,说“此时我们仍然要以国民党名义来赞助农工的民主政策”②。

(三)蒋介石背叛革命后在中国建立苏维埃的问题

早在中国共产党筹建时期,列宁在共产国际第二次代表大会讨论民族与殖民地问题时,对落后国家的政权建设问题作了系统的阐述。他预言“苏维埃这种组织一定能够适应资本主义前的社会制度

① 《毛泽东年谱》(上卷)中央文献出版社2005年版,第211—212页。
② 《毛泽东年谱》(上卷),中央文献出版社2005年版,第212页。

的条件，共产党应该立刻在全世界开展这方面的工作”①；并“尽一切努力，用建立‘劳动者苏维埃’等方法把苏维埃制度的基本原则应用到资本主义前的关系占统治地位的国家中去”②，特别是“在一切殖民地和落后国家”，“不仅应该立即宣传组织农民苏维埃，设法使这种苏维埃适应资本主义前的条件”，而且“还应该从理论上说明，在先进国家无产阶级的帮助下，落后国家可以不经过资本主义发展阶段而过渡到苏维埃制度，然后经过一定的发展阶段过渡到共产主义”③。随着北伐战争的胜利，共产国际内部有人主张立即在中国农村成立农民苏维埃，而斯大林从苏联模式出发，认为这是错误的，他认为“只有在中国已处于摧毁旧事物并创造新政权的农民运动最高涨的时期，并且估计到中国工业中心已经冲破堤防而进入成立苏维埃政权的阶段，才组织得成”④。由于斯大林反对立即在中国农村成立农民苏维埃，所以这个建议没有被共产国际采纳。四一二政变后，托洛茨基和季诺维也夫又提出立即在中国建立工农兵代表苏维埃问题，斯大林认为这是不符合列宁思想的，他认为列宁关于民族和殖民地问题的提纲，“是说明在没有或几乎没有工业无产阶级的中亚西亚诸国成立‘农民的’、‘人民的’、非无产阶级的苏维埃”，“这个提纲指的不是中国或印度，因为在这些国家里有一定数量的工业无产阶级，并且在这些国家里建立工人苏维埃在一定条件下是成立农民苏维埃的先决条件”⑤。因此斯大林坚决反对托洛茨基和季诺维也夫的建议。时至1927年七八月间，斯大林鉴于中国形势的

①②③ 《列宁选集》第四卷，人民出版社1995年版，第279、220、279页。

④ 《斯大林全集》第八卷，人民出版社1954年版，第329页。

⑤ 《斯大林全集》第八卷，人民出版社1954年版，第270页。

变化,思想上有所转变。他在当时召开的联共(布)中央委员会和中央监察委员会联席会议上,认为中国革命应分为三个阶段:第一阶段为全民族联合战线的革命(指国共两党合作的广东政府时期);第二阶段为资产阶级民主革命(指四一二政变后的武汉政府时期);第三阶段为苏维埃革命。

共产国际因受斯大林上述思想的影响,在武汉政府背叛革命后的政策转变过程中,因不能及时确定中国革命的性质,提不出符合中国实际的政权建设理论,而再次陷入争论之中。共产国际驻中国代表罗米那兹和他的助手纽曼认为,既然中国是亚洲式的生产方式,那么资产阶级就不能形成一股有力的政治力量,因此在资产阶级背叛革命后,无产阶级要“不断革命”,即跨过资产阶级民主革命阶段,直接进行建立无产阶级政权的社会主义革命;共产国际书记布哈林则认为无产阶级革命的时机尚未成熟,共产党应和小资产阶级进行有限的合作。因当时在中国执行共产国际政策的是罗米那兹,由于他的坚持,所以在1927年7月底以后,共产国际一反过去的主张,要求立即举行以城市为中心的武装暴动,建立苏维埃政权。

国共合作破裂后,中国共产党对建立苏维埃的看法是随着时间的推移逐渐变化着的,大体分四个阶段:

第一阶段,从汪精卫七一五政变背叛革命到中央八七会议前,仍存在与国民党左派组建政权的幻想。在这段时间里,中国共产党在政权建设方面的方针并没有随武汉政府的叛变而改变。大革命失败后,党内仍有人对国民党的某些左派存在幻想,主张“组织工农暴动于革命的左派国民党旗帜下”,并认为在这种旗帜下组织的政权,在将来向工农兵代表苏维埃过渡时更容易,更没有流弊。在这种思想指导下，南昌起义胜利后，就建立了一个以国民党中央委员及各省、区、特别市、海外党部代表联席会议的名义、由中国共产党领导的挂国民党牌子的全国性政权——中国国民党革命委员会。当起义部队到达瑞金后，获悉原来认定的国民党左派大多数也背叛了革命，又想打出工农政权的旗帜。到达汀州后为了应付外交，又继续沿用国民党名义。这些都说明党在政权建设方面不但在事变前没有应付变化的准备，就是在七一五到八七会议前的这段时间里，对当时所建政权的性质及用什么样的形式组织政权的问题，都没有能够正确地解决。

第二阶段，八七会议后，公开举起苏维埃的旗帜。8 月 7 日，中共中央在汉口召开紧急会议，以总结第一次大革命失败的经验教训，纠正和清算陈独秀右倾机会主义的错误，确定党在新时期的任务。会议确定实行土地革命和武装反抗国民党反动派的总方针，批判陈独秀放弃建立民主革命政权的错误思想，提出了建立革命政权的口号。同年 9 月临时中央政治局通过的《关于“左派国民党”及苏维埃口号问题决议案》，承认“中央以前复兴左派国民党的估计不能实现”，决定将“八月决议案中关于左派国民党运动与在其旗帜下执行暴动的一条取消”，用“苏维埃”取代国民党左派运动的旗帜。同年 11 月召开的中央临时政治局扩大会议又重申了放弃国民党旗帜、打出苏维埃旗帜的决定，提出用“苏维埃制度的形式”建立“无产阶级领导之下的工农民权独裁制性质的政权”①，将全党的政权建设思想统一到苏维埃建设上来。八七会议以后，由于受共产国际代表罗

① 《中共党史教学参考资料》（第一辑），人民出版社 1957 年版，第 131 页。

米纳兹“左”倾思想的指导，形成了以瞿秋白为代表的“左”倾盲动主义，“左”倾情绪曾在党内一度蔓延；不过，从此，中国革命开始了共产党独立领导工农武装、夺取政权的新时期。

第三阶段，组织暴动创建苏维埃。组织武装暴动创建苏维埃政权，从党的工作重心上看，是发动城市暴动，建立城市苏维埃。当时党的某些负责人错误地估计形势，要求一些城市拟定计划，发动暴动。著名的广州起义，在暴动取得暂时胜利后，还仿效苏联工农兵苏维埃的形式召开了代表会议，组织了苏维埃政府，宣布“一切政权归苏维埃——工农兵代表会议”。结果只存在三天，就在反动势力的“围剿”下失败了。这表明当时党内除某些领导人的“左”倾盲动主义思想外，还有很多人没有认识到在反动势力较强的城市建立政权是不可能持久的，更没有认识到中国革命就是农民革命，应该把战略重点从城市转入乡村。失败的教训使一些共产党人认识到，像俄国十月革命那样首先在某中心城市建立政权是行不通的。

早在八七会议上批评陈独秀右倾机会主义时，毛泽东就阐述了土地、政权和武装问题在中国革命中的重要性。会后，毛泽东受中央委托，以特派员身份前往湖南发动农民起义。他在亲自主持召开的秋收起义准备会议上，提出了“在我们暴动力量发展最大的地方，应即刻建设苏维埃式的政府”，并明确指出这种“政权是工农的，不是纯粹无产阶级”的。这就解决了根据地苏维埃与俄国十月革命中建立的苏维埃政权在性质上的区别问题，从而克服了当时党内普遍存在的照搬苏联政权建设经验的错误。毛泽东在会上还特别强调没收地主土地分配给农民和用枪杆子夺取政权、建设政权的重要性。所以在秋收起义部队受挫后，毛泽东果断放弃原来攻打长沙的计划，率领起义部队向井冈山进军，并在进军途中的古城会议上阐述了创建根据地所必须执行的武装斗争、土地革命和根据地政权建设三项任务。在这一思想指导下，起义部队迅速建立了以宁冈为中心的根据地，建立了中国第一个以农村根据地为依托的苏维埃政权，点燃了"工农武装割据"的星星之火，开创了在革命转入低潮的形势下，重新聚集革命力量、武装夺取政权的新局面。

在当时，毛泽东的这些正确主张和做法不但没有得到党的某些领导人的支持，反而遭到批评。1927 年 11 月 9 日、10 日召开的中央临时政治局扩大会议，批评湖南省委在秋收起义指导上"完全违背中央策略"，是"单纯的军事投机的失败"；并指出毛泽东对湖南省委的错误"应负严重的责任"，决定撤销毛泽东中共中央临时政治局候补委员和湖南省委委员职务。尽管如此，毛泽东在井冈山创建农村根据地，意义和影响巨大而深远，开始了苏维埃政权建设的伟大实践，为中国共产党根据地政权理论的确立，提供了多方面可以借鉴的经验和教训。

第四阶段，党的"六大"决议对苏维埃问题的阐述。1928 年 6 月 18 日至 7 月 21 日召开的党的"六大"，批判了"左"、右倾机会主义特别是盲动主义的错误；制定了反对帝国主义和封建主义、实行土地革命、建立工农民主专政政权的革命纲领；同时对过去苏维埃建设方面的经验作了总结，对新形势下的苏维埃建设作出了一系列《决议案》。

"六大"《决议案》的主要内容有三个方面：

首先，总结了南昌起义、秋收起义、广州起义在政权建设方面的经验教训。大会认为，南昌起义在政权建设方面的主要经验教训是,“没有明显的政纲”,“没有摧毁旧的政权机关,而代以劳动者底政权”①。其原因就在于大革命失败后,仍然对左派国民党存有幻想。大会在总结秋收起义的经验教训时,肯定了它在武装农民、建立政权、创立苏维埃区域和扩大党在农民群众中的影响等方面的作用;但在政权建设方面所作的探索,不仅没有给予应有的重视,反而认为这种做法在中国没有普遍性,到处搬用就会出现“玩弄武装起义和军事冒险的行动”。大会在总结广州起义的经验教训时,完全同意共产国际第五届执行委员会第九次全会的评价,认为广州起义是无产阶级在中国组织苏维埃政权的英勇尝试,是中国工人的极其伟大的英雄主义范例。由于大会盲目夸大广州起义的作用,对失败的教训只看到一些组织和策略上的不足,没有认识到在当时的历史条件下,以城市为中心发动起义的做法是根本行不通的。

其次,确定了以政权建设为中心的工作任务。为了在新的历史阶段统一全党的工作,“六大”对全党的中心工作做了规定:一是驱逐帝国主义者,达到中国的真正统一;二是实行土地革命,推翻地主阶级私有土地制度;三是建立以苏维埃为国家政权形式的工农民主专政。大会认为,这三项任务并不是依次进行的,必须首先用武装起义的革命方法,推翻帝国主义的统治和地主军阀及资产阶级国民党的政权,建立在工人阶级领导之下的苏维埃的工农民主专政,然后才能解决这两个任务②。因此,现阶段的中心任务,“就是力争建立工农兵代表会议(苏维埃)的政权”③。

① 《中共中央文件选编》第四册,中共中央党校出版社 1989 年版,第 176 页。
② 《中共中央文件选编》第四册,中共中央党校出版社 1989 年版,第 169—170 页。
③ 《中共中央文件选编》第四册,中共中央党校出版社 1989 年版,第 170 页。

第三，对苏维埃政权组织做了详细的规定。为了在今后的斗争中更好地进行苏维埃政权建设，“六大”还对建立苏维埃的准备工作和夺取政权后的任务作了明确的规定。大会认为，建立苏维埃政权的准备工作，应该与武装起义的准备工作同时进行，要在武装起义前就组织起未来政权的核心，做好一切准备，“造成那维持并巩固苏维埃政权的先决条件”，以便在摧毁旧的政权后，马上“建立足以保证新政权及其革命政策之实现的政权机关”①。为使新生政权能够在斗争中发挥更大的作用，大会《决议案》还对如何组织城市和乡村苏维埃、指导暴动的临时性政权机关“革命委员会”与苏维埃政权的关系、苏维埃与党的关系、苏维埃与农会的关系、苏维埃与职工会的关系、苏维埃与军队的关系做了明确的规定。周恩来在1944年3月《关于党的“六大”的研究》中，对上述思想做了客观公正的评价：“关于苏维埃问题。从决议中看不出像毛泽东同志那样的在农村中创造苏区长期割据的思想，而是抄袭苏联的经验，看重城市苏维埃，所以仍是教条主义的。”②其不足是没有认识到中国革命的特点是农民战争与武装割据以及同这个问题相联系的以农村为中心的根据地政权建设在中国革命中的重要地位。

二、毛泽东关于红色政权理论的三篇著作

（一）《中国的红色政权为什么能够存在?》

1927年大革命失败后，国内形势发生了急剧的变化，革命从高

① 《中共中央文件选编》第四册，中共中央党校出版社1989年版，第235—236、237页。

② 周恩来：《关于党的“六大”的研究》，《周恩来选集》上卷，人民出版社1980版，第182页。

潮转入低潮,白色恐怖笼罩全国。在这一历史的转折关头,如何看待革命形势?革命的力量在哪里?革命还有没有复兴的希望?革命应当向何处去?中国革命正确的道路是什么?所有这些关系中国革命命运和前途的重大问题都摆在了共产党人面前,需要从理论上作出科学的分析,从实践上作出正确的抉择。然而就在这革命的紧要关头,党内却出现了右倾悲观和"左"倾冒险两种思想情绪,二者都不能正确地认识当时的形势和中国的国情,尤其不能正确理解中国政治经济发展的不平衡性。前者只看到大革命失败后革命的力量大为削弱,而没有看到反革命力量由于各自割据、长期混战也相对地削弱了。他们对革命的前途悲观失望,不愿做艰苦的工作去创建革命根据地,而希望用比较轻便的流动游击方式去扩大政治影响,等到全国各地争取群众的工作做好了,再举行全国武装起义去夺取和建立政权。显然,这种理论不可能将革命引向胜利。后者则片面夸大国内统治阶级的危机,过高估计革命力量的发展,否认中国革命和世界革命发展的不平衡性,低估军事斗争特别是农民游击战争和建立农村根据地的重要性,不切实际地梦想发动中心城市的武装起义,实现所谓"一省数省的首先胜利",从而形成所谓全国革命高潮和全国胜利,建立革命政权。这种"左"的理论显然也不能适应中国革命形势的变化。以毛泽东为代表的真正的马克思主义者没有被上述两种错误思潮所影响,也没有被反革命的气焰所吓倒,而是积极开展武装斗争,摸索中国革命的特殊道路。湘赣边界秋收起义后,毛泽东率领起义部队转战井冈山,到农村建立革命根据地。

井冈山位于湘赣边界罗霄山脉中段,在历史上就曾是农民武装积聚和发展的基地。这里具有十分重要的战略地位和良好的自然条件与社会条件:远离敌人控制的大城市和交通要道,反动统治力量比较薄弱,又有两省军阀间的矛盾可以利用;有较好的党的工作和群众工作的基础;地势险要,易守难攻;盛产粮食,便于筹款筹粮。在这里实行武装割据,进可以发展革命战争,退可以保存革命力量,为新形势下的中国革命提供了一块实验的基地。井冈山革命根据地的建立,正确地反映了中国革命和中国革命战争的规律,为中国革命的发展找到了正确的道路。这条正确道路,是在革命处于低潮的形势下,革命力量被迫从战略进攻转入战略防御、从城市转到敌人统治力量较薄弱的农村、在农村实行工农武装割据的斗争中被逐步地认识清楚的。井冈山的斗争,是发现并确立中国革命道路的伟大开端,因此在当时的历史条件下,正确总结井冈山斗争的经验,指明中国红色政权为什么能够存在及其存在和发展的意义,对于继续开创和摸索中国革命的具体道路,批判"左"、右倾思潮,特别是批判右倾悲观主义情绪,无疑具有十分重要的意义。

正是在这样的历史条件下,毛泽东于1928年10月5日撰写了《政治问题和边界党的任务》的决议案,提交中共湘赣边界第二次代表大会通过。收入《毛泽东选集》的《中国的红色政权为什么能够存在?》是《政治问题和边界党的任务》决议案中的一部分,其内容包括:第一,分析了大革命失败后国内的政治状况;第二,阐述了中国红色政权发生和存在的原因;第三,总结了湘赣边界的割据和八月失败的经验教训;第四,论述了湘赣边界的割据局面的重要地位;第五,强调了解决经济问题在巩固和发展红色政权工作中的重要性;第六,具体论述了巩固军事根据地问题的若干方法。

毛泽东在中国革命历史的关键时刻,在中国的特殊的历史条件下，既不能照搬巴黎公社的历史经验，又不能照搬苏维埃的现成经验，以大无畏的开创精神进行着井冈山革命根据地斗争的伟大实践，探索解决中国革命的根本问题即政权问题，为在小块农村地区和偏僻山村建立红色政权提供了极其重要的宝贵经验。《中国的红色政权为什么能够存在?》系统地阐述了这一政权的性质、使命和前途，体现了深刻的哲学世界观和丰富的实践经验的结合。

历史的经验证明，走工农武装割据的道路，建立红色政权，乃是中国革命重新积聚力量和进一步发展的最好的形式，是中国革命重新走向振兴、最终夺取政权的必由之路。遵循毛泽东这一正确思想，中国革命就会出现星火燎原的形势；而背离这一思想，放弃农村这块革命根据地的艰苦斗争，则中国革命的有生力量就会受到沉重的打击，中国革命的前途就有被葬送的危险。

(二)《井冈山的斗争》

《井冈山的斗争》是毛泽东于1928年11月5日以红四军前委书记名义写给中共中央的长篇报告中的一部分。从写作时间来看，《井冈山的斗争》一文与《中国的红色政权为什么能够存在?》一文相差仅50天，它们所处的历史背景、面临的情况、所要解决的问题是大致相同的。实际上，《井冈山的斗争》一文作为红四军前委给中共中央的报告，吸取了《中国的红色政权为什么能够存在?》的主要内容和精神，只不过它比前者在思想上、理论上又进一步系统化和明确化了。

众所周知，大革命失败以后，中国革命转向农村，实现"工农武装割据"，是经历了一个艰苦的发展过程的。在大革命失败的1927年，党中央召开的八七会议确定了武装斗争必须同农村的土地革命相结合。瞿秋白在这次会议的报告中要求用我们的军队来发展土地革命,要利用农民武装暴动的极好时机去发动土地革命。稍后他在《农村的游击战争之前途》一文中指出,现阶段革命已不能有夺取"首都"一击而中的发展形势,因此,要使农村的游击战争达到建立革命地域的目标。毛泽东在八七会议上强调了农民问题和军事问题,提出了政权是由枪杆子中取得的重要思想。诚然,这些思想虽为后来提出的"工农武装割据"思想作了初步的酝酿和准备,但对于从战略上建立农村根据地问题以及开展长期的农村游击战争问题,还没有明确的认识。当时党还没有摆脱"城市中心"论的影响,党的高级领导机关仍然长期留在上海等大城市里,党的工作重点仍然放在城市工人方面。就连毛泽东"也还是认为要以城市工作为中心的"①。这一切都说明,大革命失败后的一段时间里,许多同志仍然把党的中心工作放在准备城市起义和白区工作方面。

1927 年年底,党中央根据各地暴动失败后相继退入农村的实际情况,提出了"农村割据"的问题。1927 年 12 月 14 日,中央要求"在江西应集中党团的力量到赣南赣西发动与湘南湘东联合造成割据的局面"②。次日又指示湖南省委:立即派人去指导湘南建立一个非单纯凭靠军队而是工农群众为主体的割据局面,去湘西也要尽可能形成一个割据局面。21 日,中央在致朱德的信中,要求他们与在湘赣边地区活动的毛泽东"确实联络,共同计划一起发动群众以这些

① 周恩来:《关于党的"六大"的研究》,《周恩来选集》上卷,人民出版社 1980 年版,第 179 页。

② 《中共中央文件选编》第三册,中共中央党校出版社 1989 年版,第 466 页。

武力造成割据的暴动局面，建立工农兵代表会议——苏维埃政权"①。但是，此时党中央提出的"割据局面"，仍是作为准备和推动中心城市暴动、进而迅速夺取一省数省首先胜利的必要一环提出来的，还没有认识到这就是中国革命唯一正确的道路。

而作为提出独特的中国革命道路的主要代表毛泽东，在经历了领导湘赣边界秋收起义和游击战争，并总结攻打长沙失败的经验教训后，开始创建井冈山农村根据地的革命实践。他在这一实践的初期，便认识到中国社会的特点，认识到中国革命有在农村区域首先取得胜利的可能以及中国革命事业的长期性和艰巨性。1928 年 4 月，毛泽东率领的秋收起义部队与朱德、陈毅率领的南昌起义军余部在井冈山胜利会师，合编为中国工农革命军第四军，共同创建井冈山革命根据地。

1928 年 5 月 20 日，毛泽东在中共湘赣边界第一次代表大会上阐明中国革命战争发展和胜利的可能性，重申创造罗霄山脉中段政权的方针。6 月 30 日，毛泽东主持召开中共湘赣边界特委、红四军军委和永新县委联席会议，讨论巩固和发展井冈山革命根据地的各项工作，提出建立以永新为中心的巩固根据地的计划。10 月 5 日，中共湘赣边界第二次代表大会通过了毛泽东起草的《政治问题和边界党的任务》决议案。这个决议案初步总结了井冈山斗争和建立红色政权的经验，首次提出了"工农武装割据"的重要思想，着重分析了中国红色政权能够发生、存在的原因和条件。

从当时党内来说，中央起初并不支持井冈山的斗争，党内有些

① 《周恩来年谱》，中央文献出版社 1998 年版，第 130 页。

同志还攻击井冈山斗争是“枪杆子运动”。毛泽东认为有必要向中央写一个全面系统的报告。

1928年11月25日毛泽东写的报告(《井冈山的斗争》)讲了两个方面的问题:湘赣边界的割据和八月失败;割据地区的形势。其中“割据地区的形势”又分为军事问题、土地问题、政权问题、党的组织问题、革命性质问题、割据地区问题六个方面。

报告分析了以宁冈为中心的罗霄山脉中段最利于军事“割据”的原因:第一,有经营了一年多的群众基础;第二,党的组织有相当的基础;第三,经过一年多的时间,创造了富有斗争经验的地方武装,再加上红军第四军的力量,是什么敌人也不能消灭的;第四,有很好的军事根据地——井冈山;第五,影响湘赣两省,政治意义很大。正由于上述原因,不能轻易放弃边界根据地而贸然向别的地方出击;这一点对于巩固根据地,扩充红军队伍,都极为重要。只要边界的红旗子始终不倒,就不但表示了共产党的力量,而且表示了统治阶级的破产,在全国政治上有重大的意义。

《井冈山的斗争》一文丰富了《中国的红色政权为什么能够存在?》一文关于“工农武装割据”的思想,正确地回答了关系中国革命的前途和命运的最基本问题。报告把马克思主义普遍原理和中国革命的具体实践结合起来,从而初步形成了关于中国革命发展道路的崭新的理论。

当然,仅《井冈山的斗争》一文还不能从理论上系统地解决农村包围城市、最后武装夺取政权的中国革命道路问题。这是因为:第一,当时毛泽东只担负井冈山一个地区的领导工作,对全国革命形势的观察和了解不能不受到客观条件的限制;第二,当时统治全党的是“左”倾错误路线，党的工作重心是放在城市工作上，这就不能不从理论上和实践上对于农村包围城市这一正确思想的发展产生很大的阻碍作用；第三，革命斗争的实践经验还不丰富，还不具备上升到完整的理论高度的坚实基础。关于中国革命道路的理论探索，它的进一步的丰富、发展和完善，是在此后的《星星之火，可以燎原》这部光辉著作中完成的。

（三）《星星之火，可以燎原》

《星星之火，可以燎原》是1930年1月5日毛泽东写给林彪的一封长信。

1927年大革命失败以后，国民党新军阀在全国范围内建立起反革命统治，白色恐怖遍布全国城乡。中国共产党领导的人民革命斗争进入了最艰苦的年代，对于怎样坚持革命，中国共产党进行了艰苦的探索，付出了高昂的代价。北伐战争的失败，使中国共产党进一步认识到领导武装斗争的重要性，于是发动了多次起义。但是，由于在指导思想上仍未摆脱十月革命城市武装起义的模式，所以各地的武装起义大多遭到失败。毛泽东领导的秋收起义部队向井冈山进军，成功地建立了井冈山革命根据地，从实践上为中国革命找到了一条正确的道路。但是这条道路，并不是一开始就被全党所认识和接受的。一些有右倾悲观思想的人被国民党反动派的进攻所吓倒，在困难面前，对革命前途丧失信心，认为革命形势“未可乐观”，革命前途“渺茫得很”。对根据地存在和发展抱怀疑态度，提出了“红旗到底打得多久”的疑问。

为了从理论上阐明中国革命发展的客观规律，回答革命根据地和红军能否存在和发展的问题，批判“左”倾错误和右倾悲观论调，消除党内和红军内一些同志的思想疑虑，毛泽东在1928年的10月初和11月底先后写了《中国的红色政权为什么能够存在?》和《井冈山的斗争》两篇重要著作。但是不久，林彪等人的悲观论调又冒了出来，林彪还散发了一封对红军前途究竟应该如何估计的征求意见的信。1930年1月5日，毛泽东给林彪写了一封回信，并以党内通信形式印发给部队干部，对广大指战员进行形势与任务的教育。毛泽东在这封信中明确指出："在对于时局的估量和伴随而来的我们的行动问题上，我们党内有一部分同志还缺少正确的认识。"或者是"不切当地看大了革命的主观力量，而看小了反革命力量"，或者是"把革命的主观力量看小了，把反革命力量看大了"①。毛泽东对国际国内的基本矛盾作了科学的分析，说明了中国革命高潮快要到来、星星之火可以燎原的道理，批评了林彪以及党内一些同志对时局估量的悲观思想。

《星星之火，可以燎原》有四个方面的基本内容：第一，阐述了建立红色政权的必要性及其在中国革命中的作用；第二，论述了中国共产党领导的红军和小块红色区域存在、发展的可能性；第三，明确地提出了巩固和扩大农村革命根据地的路线和政策；第四，指出中国革命的历史进程，由小块红色政权的"星星之火"发展成为夺取全国革命胜利的"燎原之势"。

毛泽东在文章中列举了许多引起中国革命发展的客观社会矛盾，但最根本的还是帝国主义与中华民族、封建主义与人民大众的矛盾。毛泽东指出，"中国是全国都布满了干柴，很快就会燃成烈

① 毛泽东：《星星之火，可以燎原》，《毛泽东选集》第一卷，人民出版社1991年版，第97、99页。

火。‘星火燎原’的话，正是时局发展的适当的描写”①。毛泽东认为，大革命失败以后，中国革命只剩下了一点小小的力量，分散在农村中；但是这点小小的力量，是中国革命的火种，这个火种在到处充满矛盾的中国社会中，一定会很快的发展起来，发展到取得全国革命胜利的“燎原”之势。这就是说，中国小块的红色政权的发展是由弱到强，由小到大，逐步积蓄、发展革命力量，最后夺取全国革命的胜利。这是中国革命发展的必由之路。毛泽东用“星星之火，可以燎原”这句中国老话形象地表述了中国革命要先占农村、后取城市、最后夺取全国胜利的革命思想。

三、红色政权理论核心——“工农武装割据”

南昌起义打响了武装反抗国民党发动派的第一枪，广州起义是对国民党新军阀的一次英勇反击，但它们都属于中心城市起义，因为“军事运动”不能与农民运动相结合而失败。实践证明，中国在强敌占据中心城市的条件下，不能走像苏联那样先夺取城市后占领农村的革命道路。毛泽东从中国实际出发，在领导革命斗争的实践中，总结正反两方面的经验，以极大的理论勇气提出了“工农武装割据”的思想。这是共产党和割据地方的工农群众必须充分具备的一个重要思想，也是红色政权理论的核心。要发展中国革命，要巩固和扩大红色政权，必须走“工农武装割据”的道路。

所谓“工农武装割据”，就是在共产党领导下的武装斗争、土地革命和根据地建设的紧密结合。这三者是互为条件、缺一不可的。

武装斗争是中国革命的主要斗争形式，没有武装斗争就不能夺

① 毛泽东：《星星之火，可以燎原》，《毛泽东选集》第一卷，人民出版社 1991 年版，第 102 页。

取政权，就不能建设革命根据地，就不能进行土地革命。毛泽东指出，湘赣边界的斗争，完全是军事斗争。“以农业为主要经济的中国的革命，以军事发展暴动，是一种特征。”①所谓工农割据，必须是武装的、强调军事根据地的建设。若只有地方性质的赤卫队而没有正式的红军，则只能对付挨户团，而不能对付正式的白军。所以虽有很好的工农群众，若没有相当力量的正式武装，便决然不能造成割据局面，更不能造成长期的和日益发展的割据局面。

土地革命是中国民主革命的基本内容，没有彻底的土地革命，就不能发动农民群众投入武装斗争和根据地建设。毛泽东在井冈山地区以湖南省委讨论通过的《土地纲领草案》为基础，在宁冈、酃县进行了土地革命试点。在湘赣边界工农兵苏维埃政府成立时，总结了土地革命试点经验，提出了一个“没收一切土地”分配给农民的实施办法（约10条），依据山区村落分散的特点，将《土地纲领革命》“以区为单位”改为以村为单位。土地分配办法下发后，湘赣边界各县的土地革命普遍地轰轰烈烈地开展起来。广大贫苦农民分得了土地，极大地调动了他们参加武装斗争和根据地建设的积极性。随后，毛泽东经过对永新土地革命的调查研究，制定出我党第一个地方性土地法——《井冈山土地法》，规定“没收一切土地”、主要以乡为单位平均分配给一切乡村农民。这个土地法是根据井冈山地区地主阶级占总土地60%～70%的极不合理和易于分配等情况制定的，有的规定有待进一步完善和改进。

革命根据地是中国革命的主要战略阵地，不建设根据地，武装

① 毛泽东：《井冈山的斗争》，见《毛泽东选集》第一卷，人民出版社1991年版，第79页。

斗争就会因为没有可靠后方做依托而陷于失败,土地革命的成果也无法保住。毛泽东领导湘赣边界军民对根据地进行了一系列的建设,并且总结打碎茶陵、遂川旧政权,建立工农兵新政权的经验,主持制定《遂川县工农兵政府临时政纲》30 条(现存 24 条——笔者注)。这是井冈山根据地红色政权建设的蓝本,也是以后湘赣、赣西南、赣南、闽西根据地红色政权建设的蓝本。

毛泽东的红色政权理论,是通过"工农武装割据"思想,把农民土地革命、武装斗争和根据地的建设统一起来,在白色政权统治的间隙中建立、巩固和发展红色政权。这条由毛泽东创造的先在农村地区建立和发展红色政权,待条件成熟时以农村包围城市、武装夺取全国政权的正确道路,在马克思主义经典作品的"本本"中是找不到的。《中国的红色政权为什么能够存在?》《井冈山的斗争》《星星之火,可以燎原》这三篇文章的发表,是马克思主义的基本原理和中国革命实际相结合的伟大胜利,它标志着毛泽东以"工农武装割据"为核心的红色政权理论基本形成,丰富和发展了马克思主义关于武装夺取政权的学说。

四、毛泽东对红色政权理论形成的贡献

毛泽东是红色政权理论的创立者。大革命失败后,中国共产党开始了土地革命和武装反抗国民党新军阀的斗争。秋收起义后,毛泽东率领参加起义的工农革命军挺进罗霄山脉的井冈山,开辟了中国第一个革命根据地,分别成立了茶陵、遂川、宁冈、永新、酃县、莲花等县以及湘赣边界工农兵苏维埃政府,建立了红色政权,开始了在革命根据地建立红色政权的实践。毛泽东在红色政权的实践中,提出了一系列红色政权建设的理论。在毛泽东红色政权理论的指

引下,以后的赣南闽西中央革命根据地、闽浙赣革命根据地、湘鄂西革命根据地、鄂豫皖革命根据地、陕甘边革命根据地、陕北革命根据地等均以井冈山红色政权建设为模型,相继建立了红色政权。井冈山苏维埃红色政权的诞生,是中国共产党进行革命政权建设的开端,是土地革命战争的成果,是毛泽东红色政权理论的结晶,为今后中国共产党政权建设积累了丰富的经验,为后来建立全国政权创造了一个雏形。

毛泽东是红色政权性质的确定者。中国共产党在土地革命战争时期创建的红色政权,其性质是工农民主专政的政权。红色政权给中国人民带来了解放的希望,广大人民群众热忱地拥护和支持红色政权。红色政权是工农的政权,政权建设的目的是为工农劳苦大众谋福利和求解放,政权为一切工农劳苦大众所有,这就是工农苏维埃政权的性质。在苏维埃红色政权的建设中,中国共产党始终居于领导地位。苏维埃政权组织在领导红色区域的人民开展打土豪、分田地,实行土地制度改革的基础上,积极开展红色区域的政治、经济、文化、社会等方面的建设,取得了重大的成就。毛泽东曾对革命根据地红色政权建设做过这样的评说:“党开辟了人民政权的道路,因此也就学会了治国安民的艺术。”①

毛泽东是红色政权组织形式的设计者。民主集中制是井冈山革命根据地红色政权建设的组织原则。毛泽东在红色政权建设的实践中始终坚持民主集中制原则。从“三湾改编”开始,毛泽东就进行了民主政治的可贵尝试,致力于实施“民主集中主义的制度”。毛

① 《毛泽东选集》第二卷,人民出版社1991年版,第661页。

泽东强调指出:“民主集中主义的制度,一定要在革命斗争中显出了它的效力,使群众了解它是最能发动群众力量和最利于斗争的,方能普遍地真实地应用于群众组织。”①在井冈山斗争时期建立的苏维埃工农政府,是中国共产党第一次创建的革命根据地政权,是新民主主义革命的一个伟大的创举。以毛泽东为代表的中国共产党人在领导土地革命的实践中建立了红色政权,适应了中国新民主主义革命发展的客观要求,有力地推动了土地革命战争的发展。红色政权的建立和建设,是中国共产党吸取大革命失败的经验和教训,在土地革命战争的实践中逐步走向成熟的成果,也就是中国共产党把马克思主义政权建设的理论与革命根据地政权建设具体实践相结合的过程。井冈山革命根据地红色政权的建立和建设,为中国革命事业的发展作出了重要贡献,凝聚着毛泽东创造性的历史贡献。

第三节　井冈山革命根据地红色政权建设的经验及意义

一、井冈山革命根据地红色政权建设的主要经验

(一)构建“大家过太平日子”社会

保护民主权利。人民享有充分的民主权利是构建“大家过太平日子”社会的主要标志,政治、劳动、教育权利的保护是民主权利的充分体现。1928 年 1 月 4 日,中国工农革命军打下遂川后,成立了遂川县工农兵政府。为了巩固政权,保障工农民主权利,毛泽东指示中共遂川县委书记陈正人起草了一份代表红色政权机关权力的

① 《毛泽东选集》第一卷,人民出版社 1991 年版,第 72 页。

《遂川县工农兵政府临时政纲》，这份“施政纲领”经过毛泽东修改后，正式颁布实施。《遂川县工农兵政府临时政纲》中的第1条、第2条是关于保护工农政治权利的：“凡从〔事〕劳动及不剥削他人以为生活的男人和女人，如工人、农民、士兵和其他贫民，都有参与政治的权利”；“凡工农兵平民有集会、结社、言论、出版、居住、罢工的绝对自由。”第10条、第11条、第13条是关于保护劳动权利的：“制定真正能够保障工人阶级利益的劳动法和劳动保险法，实行八小时工作制，星期例假休息照给工钱，男女工作同等要得同等的工钱”；“工人应该〔给〕适合他们生活需要的最低限度的钱”；“特别保护童工和女工，童工每天做工不得过六小时，童工女工不许做夜工，又不许做那些剧烈有害健康的工作，八岁以下的儿童，不参加劳动，女士产前产后须有八星期的休息，休息时间照给工钱。”第23条是关于保护教育权利的：“由工会开办工人学校，由农民协会开办农民学校，由县工农兵政府开办高级的工农学校，以增工农平等的劳动知识和一般文化程度。”①井冈山斗争时期，实行的是广泛的民主，各级工农兵政府由代表大会选举产生，而且直接接受人民的监督，行使人民赋予的权力。广大人民群众有充分参政议政的权利，有发表自己意见、选举自己信任的政府管理人员的自由，有享受劳动并按劳分配的权利，有享受“义务教育”和社会文化的权利。正如陈正人回忆的那样：“工农兵政府虽然不是普遍产生的，但是在工农群众高度民主的基础上产生的，它与群众有非常密切的关系和群众共患难，在政

① 《遂川县工农兵政府临时政纲》，《井冈山革命根据地》（上），中共党史资料出版社1987年版，第71—73页。

治上、生活上，都和群众打成一片，有高度民主。”①

维护社会公平。社会公平是构建“大家过太平日子”社会的基本条件，法律制度是社会公平的根本保证。井冈山斗争时期，毛泽东首先从农民土地分配不公问题入手，制定《井冈山土地法》。经过充分的酝酿、讨论和修改，《井冈山土地法》于1928年12月以湘赣边界工农兵苏维埃政府名义正式颁布并实施，这是在中国共产党领导下的第一部土地法。《井冈山土地法》共有9条②，其中主要内容包括：没收一切土地归苏维埃政府所有，并以农民个别耕种、农民共同耕种、苏维埃政府组织模范农场耕种等三种方式进行分配；分配后的一切土地禁止买卖；除老幼疾病没有耕种能力及服公众勤务者以外，其余的人均须强制劳动；土地分配以乡或几个乡或区为单位，以人口或劳力为标准，男女老幼平均分配或能劳动者比不能劳动者多分土地一倍，但主体是以乡为单位以人口平均分配；红军及赤卫队的官兵，在政府及其他一切公共机关服务的人，均得分配土地；土地税依照情形征收，如遇天灾或其他特殊情形，可免纳七地税。1928年10月4日的中共湘赣边界第二次代表大会在通过《井冈山土地法》的同时，“还讨论了《工会组织法》”③。1928年12月，遂川县工农兵苏维埃政府文件《共产主义者须知》中提出了构建“大家过太平日子”社会的目标：共产主义“不是抢产主义。不是均贫富。消灭资

① 陈正人：《创立湘赣边界“工农武装割据”的斗争》，《井冈山革命根据地》（下），中共党史资料出版社1987年版，第35页。

② 《井冈山土地法》，《井冈山革命根据地》（上），中共党史资料出版社1987年版，第211—213页。

③ 陈正人：《创立湘赣边界“工农武装割据”的斗争》，《井冈山革命根据地》（下），中共党史资料出版社1987年版，第40页。

本主义制度。大家过太平日子”;“‘天下为公,世界大同’‘各尽所能,各取所需’(不做工的不准吃饭)废除资本主义,达到共产主义社会”;“为团体努力。作群众导师。到群众中去。到反动荆棘中去。不畏难,不怕死,不爱钱,为主义而献身”;人民享有充分的公平权利,以达到“思想系统化。行动集体化。言论革命化。工作艺术化。生活科学化”①的理想社会。

(二)发展“有足够给养的经济力”②

自力更生渡难关。井冈山斗争时期,国民党军队不仅对井冈山根据地实行军事“进剿”和“会剿”,而且在经济上进行严密封锁,妄图把红军饿死、困死在井冈山革命根据地。那时,山上的东西运不出去,山下的东西又运不进来,经济上面临着极大的困难。“在白色势力的四面包围中,军民日用必需品和现金的缺乏,成了极大的问题。一年以来,边界政权割据的地区,因为敌人的严密封锁,食盐、布匹、药材等日用必需品,无时不在十分缺乏和十分昂贵之中,因此引起工农小资产阶级群众和红军士兵群众的生活的不安,有时真是到了极度。”③为了解决军民的给养,安定群众的生活,保障战争的需要,巩固新生的政权,根据地军民自力更生、艰苦奋斗,进行了有效的经济斗争。发展农业生产,是根据地经济建设的头等任务。为此,边界党和工农兵苏维埃政府想方设法把农民的革命热情引导到发展农业生产、支援革命战争上来。一是颁发了动员农民积极参加

① 《遂川县工农兵苏维埃政府文件》,《井冈山革命根据地》(上),中共党史资料出版社1987年版,第205—206页。

② 毛泽东:《井冈山的斗争》,《毛泽东选集》第一卷,人民出版社1991年版,第57页。

③ 毛泽东:《中国的红色政权为什么能够存在?》,《毛泽东选集》第一卷,人民出版社1991年版,第53页。

农业生产的布告,激励农民生产的积极性;二是动员妇女下田务农;三是边界政府利用冬闲时,组织农民整治道路、兴修水利、植树造林等。同时,边界党和政府还领导军民自力更生、因陋就简地创办了一些军民所需的工业企业,如创办了修械所和军械处、红军被服厂、造币厂、红军印刷厂等军需工厂;恢复、发展了民间的编织、缝纫、铁器、木器、篾器等个体手工作坊,通过生产满足人民的日常生活需要。边界党和政府对个体手工业实行保护政策,并领导他们组织行业工会。井冈山革命根据地内创办的军需工业和民用工业,不仅有力地支援了战争,而且稳定、方便了群众的生活,从而奠定了红色政权的物质基础。

活跃经济与市场。发展农业生产、创办军需工厂、恢复和发展民间手工业,仍无法解决根据地的食盐、布匹、药品等问题。为了克服国民党的严密封锁所造成的困难,边界党和政府遵照毛泽东的指示,恢复了遂川草林圩场,新辟了宁冈大陇圩场,用以开展根据地内外的物资交流。圩场是农村商品交易的场所,农民在那里出售自己生产的农副产品和手工业产品,换回生产和生活所需要的工业品。红色圩场直接由各地工农兵苏维埃政府管理,并成立了相应的管理机构。圩场的建立,繁荣了市场,打破了敌人的经济封锁。工农兵苏维埃政府还创办了一种适应根据地供需实际的新的经济形式——公卖处。其性质一种是公营的,一种是集股的。公卖处的货源开始主要是红军的战争缴获品,后来通过白区党的地下组织转送到根据地或派人到白区秘密采购货物。公卖处实行公买公卖,颇受群众欢迎。

(三)实行"民主集中主义的制度"

厉行民主集中制。在井冈山斗争初期,工农群众乃至党员多数没有认识苏维埃意义，不懂得什么叫苏维埃，不懂得工农兵代表大会是固定的最高权力机关，而执行委员会只是代表会议闭会期间处理具体事务的机构。因此，政府机构内不重视民主，独裁专断的事时有发生。边界党为了克服各级工农兵苏维埃政府中的种种不民主的现象，坚持毛泽东提倡的“民主集中主义”原则，在红色政权建设中，除注意充分发挥各级工农兵代表大会的权力、作用外，还注意健全各级工农兵苏维埃政府执行委员会的民主集中制，在思想上加强对群众宣传民主集中的意义和实质，在制度上制定详细的各级苏维埃组织法，并在实际斗争中吸引广大工农兵群众参加苏维埃工作。毛泽东曾总结说：“民主集中主义的制度，一定要在革命斗争中显示出了它的效力，使群众了解它是最能发动群众力量和最利于斗争的，方能普遍地真实地应用于群众组织。”①

查处贪污腐化分子。在井冈山时期，有些政权机关缺乏群众监督，“对经费的滥用和贪污”，“到处发现”②。1927 年 11 月，工农革命军打下茶陵后，只成立了一个县人民委员会，一切按旧政府的样子，还是原来的衙门，升堂审案，收税免粮。团长陈皓、副团长徐庶、参谋长韩昌剑、一营营长黄子吉等则贪图享乐，贪污腐化，丢下土豪不打，专找商会派军饷，影响极坏；后因腐化秉性难改，企图率部叛变投敌。毛泽东发现后，下令逮捕了陈皓、徐庶、韩昌剑、黄子吉，公审后处决了他们。这是我党我军打响的反腐倡廉第一枪。

整顿政权组织，纯洁内部。当时，在工农兵苏维埃政府中，还存在一种可能给红色政权机关造成严重危害的现象，那就是地主富农

① 毛泽东：《井冈山的斗争》，《毛泽东选集》第一卷，人民出版社 1991 年版，第 72 页。
② 毛泽东：《井冈山的斗争》，《毛泽东选集》第一卷，人民出版社 1991 年版，第 72 页。

投机钻营混入政府当中。他们把持一切,使贫农委员只作配角。因此,整顿政权组织,纯洁内部,成为当时的一项重要工作。为此,采取了两项措施:一是发动群众,在斗争中识别阶级异己分子和投机分子。如当时宁冈新城区工农兵苏维埃政府中,刘泽贤、尹日汗、吴美如等都是土豪子弟,为了保家,他们钻进革命队伍里,后来都被群众识别出来,驱逐出政府。二是对被小地主、富农和投机分子把持的苏维埃政府,进行“重新改组,限苏维埃的代表和委员会之成分与质量,选出代表,重新组织苏维埃”①。经过以上措施,红色政权内部开始纯洁。

(四)牢记“真心实意地为群众谋利益”的宗旨

服务人民群众。要想得到群众的拥护和支持,就得服务人民群众,时时处处关心爱护群众,并给群众带来实实在在的好处。工农兵苏维埃政府将打土豪所得的浮财、稻谷分给贫苦农民,给老农送棉衣,给孤寡老人送木炭,帮助农民解决生活上的一些困难。青黄不接时,政府委员们用自己的粮食和银毫子帮助贫苦缺粮户。边界农民几千年来受着残酷的封建地主的压迫和剥削,大部分土地被地主豪绅控制,广大农民群众无地少地,受着地租和高利贷的残酷剥削。贫苦农民迫切需要土地,这是他们的根本利益之所在。工农兵苏维埃政府发动群众,废除农村封建剥削制度,开展分田运动,解决农民几千年来梦寐以求的土地问题,从而解除了农民一直以来的最大痛苦。各级工农兵苏维埃政府土地委员会将土地分配给农民,农民分到土地后,一个个欢天喜地、笑逐颜开。工农兵苏维埃政府的

① 杨克敏:《关于湘赣边苏区情况的综合报告》,《井冈山革命根据地》(上),中共党史资料出版社 1987 年版,第 277 页。

干部忠实地代表广大人民群众的利益，一心为老百姓办事，时刻将群众的冷暖疾苦挂在心上。那时，党群之间、干群之间、军民之间关系非常密切，可以说是同生死、共患难，建立了一种血肉联系。军民一心形成的“铜墙铁壁”，使得国民党“虽以数倍于我之敌，不但不能破坏此割据，并且不能阻止此割据的日益扩大”①。服务人民群众是得到群众真心拥护的根本前提，诚如毛泽东后来所说：“要得到群众的拥护吗？要群众拿出他们的全力放到战线上去吗？那末，就得和群众在一起，就得去发动群众的积极性，就得关心群众的痛痒，就得真心实意地为群众谋利益，解决群众的生产和生活的问题，盐的问题，米的问题，房子的问题，衣的问题，生小孩子的问题，解决群众的一切问题。”②

依靠人民群众。毛泽东指出，“有很好的群众”③是工农武装割据的存在和发展需要具备的条件之一，也是工农兵苏维埃政府战胜困难的法宝。

首先，建立苏维埃政权要依靠广大群众。秋收起义部队受挫后，是依靠袁文才、王佐“打开了山门”，有了“立足之地”，才顺利进驻井冈山，并建立了中国第一个农村革命根据地。工农革命军攻克茶陵、遂川、宁冈、永新、酃县、莲花县后，是依靠群众先后成立了各县区乡工农兵苏维埃政府和湘赣边界工农兵苏维埃政府。

其次，苏维埃政府的权力基础在广大工农兵。苏维埃政府能否

① 毛泽东：《中国的红色政权为什么能够存在？》，《毛泽东选集》第一卷，人民出版社1991年版，第51—52页。

② 毛泽东：《关心群众生活，注意工作方法》，《毛泽东选集》第一卷，人民出版社1991年版，第138—139页。

③ 毛泽东：《井冈山的斗争》，《毛泽东选集》第一卷，人民出版社1991年版，第57页。

做到执政为民，关键在于政府权力由谁来执掌和行使，尤其是执掌和行使权力的人是怎样产生出来的。井冈山斗争时期苏维埃政府组成人员是工农兵代表大会产生的。毛泽东从中国第一个工农兵苏维埃政府——茶陵县工农兵政府诞生开始，就十分注重建立和健全民主选举制度。谭震林回忆说：1927 年 11 月工农革命军第二次打下茶陵县城后，成立了人民委员会，但仍沿用旧政权的一套，因此群众十分不满，“毛泽东同志得知后，立即指示要改变做法，召开工农兵代表大会，成立工农兵政府，保卫商店、邮局和学校”①。

再次，苏维埃政府的工作要依靠广大群众。那时的政府工作全部是军事化，政府是依靠群众的力量战胜了许多战争困难，粉碎了敌人的多次“进剿”和“会剿”。1928 年 4 月下旬朱毛两部会师后，井冈山上的人数猛增 1 万多人，这对原本“人口不足两千，产谷不满万担”的井冈山来说，吃饭、穿衣、住房和医药等都困难，加上敌人对井冈山革命根据地进行经济封锁，就难上加难了。但工农革命军在苏维埃政府的组织下，在人民群众的大力支持和帮助下，战胜了困难。井冈山革命根据地创建时期，留下了很多佳话：茅坪中亚陂村的萧婆婆送鸡蛋给伤病员吃，宁冈县东源乡麻上村的邱祖德主动献粮，茅坪苍边村的聂槐妆巧计送盐等等。在艰难困苦的岁月里，井冈山人民为什么倾其所有支援红军，甚至不惜冒着生命危险为红军送粮、送盐、支援革命战争？根本原因就在于党和政府领导他们打倒了土豪劣绅，给了他们土地，给了他们生存的权利，给了他们翻身的喜悦。

① 谭震林：《回顾井冈山斗争历史》，《井冈山革命根据地》（下），中共党史资料出版社 1987 年版，第 12 页。

密切联系人民群众。边界战争的伟大力量,最深厚的根源存在于民众之中。因为根据地的党和政府能密切联系群众,为群众谋利益,因而从人民群众中取得了源源不断的人力、物力的支援。边界的群众从大人到小孩都动员了起来,平时帮助站岗放哨、送信、抓坏人、探敌情,当敌人来“进剿”或“会剿”时则参军参战、抬伤兵、运子弹、送茶送饭。正是由于人民群众的支持配合,粉碎了赣敌四次“进剿”,使边界进入全盛时期。在1928年7月粉碎湘、赣两省敌军对井冈山根据地发动的第一次“会剿”中,红军以不足1个团的兵力,在永新数万革命群众的配合支持下,“用四面游击的方式,将此十一团敌军困在永新县城附近三十里内至二十五天之久”①。8月下旬,湘、赣两省敌军乘红军主力远在湘南欲归未归之际,又以7个团的兵力进犯井冈山革命根据地。当时根据地内所有县城和平原地区均被敌军占领,坚持在井冈山大本营的是袁文才第三十二团两个营,朱云卿第三十一团第一营坚守在永新西乡一带。8月28日,湘敌4个团由黄洋界进攻大小五井。第三十一团第一营紧急回援。茅坪等地的农民赤卫队、暴动队手持梭镖大刀赶来参战;妇女们组织支前队运弹药、送茶饭;老人、儿童共同日夜赶削竹钉,削好后把坚韧的竹钉埋在上山的崎岖小道旁。井冈山军民团结一致,凭险抵抗,奋勇杀敌,终于打垮了湘敌4个团的进攻,取得了黄洋界保卫战的胜利,粉碎了敌军第二次“会剿”,使井冈山革命根据地得以恢复和巩固。在建立和保卫井冈山革命根据地的战斗岁月里,边界党的红军、红色政权就是因为密切联系了根据地的广大群众,才取得一个

① 毛泽东:《井冈山的斗争》,《毛泽东选集》第一卷,人民出版社1991年版,第60页。

又一个的胜利。

(五)确立党政分工原则

井冈山斗争时期建立“民主集中主义的制度”,就是通过实行党政分开、加强政府自身建设、纯洁政权组织来实现的,这是红色政权巩固和发展的重要条件。

政权建设中的一个棘手的问题就是如何处理好党与政府的关系。从1927年开始,边界县区乡政府相继建立。由于边界的红色政权是在中国共产党的领导下建立的,党在边界的干部和民众中享有崇高的威信;同时由于党缺乏领导革命政权的经验及其他种种原因,虽然那时也规定了党领导政府的基本方式,但在实践中却往往以党代政。这种偏向一方面使党的组织陷于政权机关的事务工作,另一方面又束缚了政权机关的手脚,降低了苏维埃政权的作用。党组织处于行政工作第一线,常常使党成为矛盾的焦点。同时,集决策和执行于一身的组织,也难以对其进行有效的监督。有些县特别是区乡两级党的负责人同时又兼政府主席或秘书。针对根据地政权机关建设中出现的以党代政或党政不分的现象,毛泽东和他领导的前委确定了党不包办政府工作的原则,党的主张由政府和民众组织去执行。这是我党历史上最早提出的“党政分开”的政策主张。《湘赣边界各县党第二次代表大会决议案》也明确指出:“各级党部与各级苏维埃的关系要弄清楚,免除党即政府的币〔弊〕病。关于党与政府的不同,特委颁发一通告,各级党部要作一普遍宣传。”①

边界党为了加强对各级工农兵苏维埃政府的领导,对各级政府

① 《湘赣边界各县党第二次代表大会决议案》,《井冈山革命根据地》(上),中共党史资料出版社1987年版,第194页。

的自身建设提出了要求:第一,要求改组苏维埃政府。“过去苏维埃政治〔府〕差不多完全是农民协会的变形,所以它的工作,是秘书长和主席包办,甚至有些政府还是富农当权,成为知事衙门。这些所谓苏维埃政府,应一律改组。”第二,要求依法行政。“由特委制定苏维埃组织法,各县各区各乡苏维埃,应一律照组织法组织之。”第三,要求真正做到工农兵掌权,“苏维埃必须以工人贫农革命兵士为主要力量,反对富农秘书长把持,实现一切政权归苏维埃”。第四,要求“湘赣边界政府重新彻底改造”。

(六)建立“相当力量的正式红军”

“相当力量的正式红军的存在,是红色政权存在的必要条件。”①根据地初创时期的斗争,完全是军事的斗争,怎样对付敌人?怎样作战?成了日常生活的中心问题。毛泽东在领导井冈山的斗争中,深刻认识到,要创立、发展、巩固革命根据地,使革命斗争向前推进有一个依托,就必须有一支力量可观的正式红军,单靠地方民众组织起来的暴动队、赤卫军,决然抵挡不了强大正规敌军的进攻,决然实现不了红色区域的扩大,决然完成不了农村包围城市、武装夺取政权的使命。所以毛泽东非常强调建立“相当力量的正式红军”的重要性。这是毛泽东总结井冈山斗争得出的一条重要结论。

二、井冈山革命根据地红色政权建设的重要意义

(一)为中国革命开辟了一条唯一正确的道路

道路问题,是革命的重要问题。道路正确,革命才能比较顺利地发展;道路错误,革命就要遭受挫折甚至失败。回顾井冈山革命

① 毛泽东:《中国的红色政权为什么能够存在?》,《毛泽东选集》第一卷,人民出版社1991年版,第50页。

斗争及其发展的历程，从根据地的建立、壮大、发展，到赣西、赣西南根据地的建立、发展，到中央革命根据地的建立……最后从农村包围城市，武装夺取政权，每一步都离不开道路的正确。毛泽东通过井冈山斗争实践开辟的“农村包围城市、武装夺取政权”的道路，对于中国革命的成功，对于它在中国革命史上的重要地位和意义，无论怎么评价都不会过分。

（二）正确总结了中国革命的实践经验

“农村包围城市、武装夺取政权”道路的思想，是以毛泽东为代表的中国共产党人坚持实事求是原则，一切从实际出发，正确总结中国革命的实践尤其是井冈山斗争和红色政权建设的实践经验得出来的，是毛泽东等人具体革命实践的产物。从创建工农武装，建立井冈山根据地，到实行工农武装割据，摸索出红军、土地革命和根据地红色政权建设三位一体的经验模式，再到以农村的斗争推动革命高潮到来的设想，再到这个思想的具体内容的不断变换、充实、完善，都是有具体斗争实践作背景的。这就充分体现了以毛泽东为代表的中国共产党人脚踏实地的实践精神，而这种精神在我党的任何一个历史时期都是不可或缺的。

（三）开创了敢于冲破思想禁区、勇敢探索革命真理的大无畏精神

“农村包围城市、武装夺取政权”道路的思想，是在反对“左”和右的错误的斗争中逐步形成的，是同“左”和右的错误斗争的胜利成果。在半殖民地的东方落后国家如何进行革命，走什么样的道路，这是马克思、列宁都没有回答的问题。我党历史上出现的三次“左”倾错误，都是在道路问题上照搬俄国经验、坚持城市中心论的结果。

敢不敢冲破这个禁区,是对中国共产党人的一个严峻考验。毛泽东和他的同志们冒着被处分、撤职甚至被杀头的危险进行探索,体现了马克思主义者探索真理的大无畏精神,同时体现了以毛泽东为代表的中国共产党人革命的首创精神,显示出巨大的理论勇气。

(四)树立了实事求是认识中国国情的典范

以毛泽东为代表的中国共产党人,不仅对中国历史文化有着丰富的知识,而且对半殖民地半封建的中国现状也有深切的了解。他们从实际出发,实事求是,深刻分析中国社会各阶级的现状,从而清楚地认识到农民的要求、农民的价值和农民对于中国革命的意义,进而正确解决了中国革命的道路问题。在中国,没有对农村和农民的深入了解和深切体验,就难以办好中国的事情。

(五)开辟了共产主义运动的多元化

俄国是世界上第一个通过无产阶级革命取得政权的国家,俄国革命的模式,长期以来一直是各国革命所效法的榜样。但是,世界上各个民族各个国家具有各自不同的国情,有着不同的具体革命实践,只有把马克思列宁主义的普遍真理与各国具体实际相结合,走多元化的道路,才能把共产主义运动推向深入。而打破僵局、冲破禁区,就是由中国共产党人在革命道路问题的探索上开始的。中国革命胜利的意义,既在于胜利事实的本身,同时也在于通向胜利的道路。

(六)马克思主义中国化的开端

中国革命的关键问题是农民问题,而政权问题又是革命的根本问题。红色政权,是在一国之内的白色政权包围中的一小块或若干块共产党领导的红色区域。毛泽东成功地运用了马克思主义的观点和辩证的分析法，在实践的基础上提出并论证了红色政权的理论，这是对马克思主义理论宝库作出的新贡献。诚如邓小平指出的："马克思、列宁从来没有说过农村包围城市，这个原理在当时世界上还是没有的。但是毛泽东同志根据中国的具体条件指明了革命的具体道路，在军阀割据的时候，在敌人控制薄弱的地区，领导人民建立革命根据地，用农村包围城市，最后夺取了政权。列宁领导的布尔什维克党是在帝国主义世界的薄弱环节搞革命，我们也是在敌人控制薄弱的地区搞革命，这在原则上是相同的，但我们不是先搞城市，而是先搞农村，用农村包围城市。"①

"农村包围城市、武装夺取政权"道路的思想，是马克思主义基本原理与中国革命实际相结合的产物。第一次国内革命战争的失败虽然形成了国民党白色恐怖笼罩全国的局面，但统治阶级内部的分裂和混战都给革命以可乘之机。而农民问题在中国革命中的突出地位和重要性、农民根本需求的解决，不仅有助于井冈山革命根据地的形成和发展，而且促使毛泽东在实践中形成了"以农村包围城市、武装夺取政权"道路的思想。这个思想是土地革命、武装斗争和根据地建设三者的统一。它既具体解决了在中国特殊条件下如何建立革命政权问题，也为红色政权规定了具体形式。毛泽东所提出的"农村包围城市、武装夺取政权"道路的思想，是在井冈山斗争实践中形成，又为以后革命实践所验证，实践证明它完全符合中国的国情。它从理论上发展了马克思列宁主义关于武装夺取政权的学说，又是马克思主义中国化的开端。

① 邓小平：《高举毛泽东思想旗帜，坚持实事求是的原则》，《邓小平文选》第二卷，人民出版社 1983 版，第 126—127 页。

井冈山革命根据地政权建设大事记

1927 年

8 月

7 日,中共中央在汉口召开紧急会议(史称八七会议)。会议总结了大革命失败的经验教训,彻底结束了陈独秀的右倾机会主义在党中央的统治,成立了临时中央政治局;确定了土地革命和武装反抗国民党反动派的总方针,并把发动工农举行秋收起义作为当前党的最主要任务,从而使全党没有在白色恐怖面前惊慌失措,指明了今后革命斗争的正确方向,特别是毛泽东在会上提出"须知政权是由枪杆子中取得的",为挽救党和革命作出了巨大贡献,中国革命从此开始由大革命失败到土地革命战争兴起的历史性转变。会后,临时中央政治局派毛泽东和彭公达改组湖南省委,领导秋收起义。

8 月 20 日,毛泽东在《湖南致中央函》中指出:工农兵苏维埃完全与客观环境适合,我们此刻应有决心立即在粤湘鄂赣四省建立工农兵政权;此政权既建设,必且迅速的取得全国的胜利。信中还提出:因国际这个新训令,影响到我对国民党的意见,即在工农兵苏维埃时候,我们不应再打国民党的旗子了。我们应高高打出共产党的旗子,以与蒋唐冯阎等军阀所打的国民党旗子相对。国民党旗子已成军阀的旗子,只有共产党旗子才是人民的旗子。

9 月

9 月初,毛泽东在安源张家湾召开军事会议,讨论了秋收起义的具体部署,并将参加起义的革命武装编为工农革命军第一军第一师。

9 月 9 日,湘赣边界秋收起义爆发,第一团失利以后,部队向浏阳方向转移。

9 月 10 日,第二团在安源开始行动,先攻萍乡不克,后占老关,于 12 日攻克醴陵,成立县革命委员会。后因遭敌进攻,部队经老关北上,于 15 日占领浏阳县城,由于骄傲轻敌,陷入优势敌人的重围,部队在突围战斗中遭受很大损失。

9 月 11 日,第三团在毛泽东的亲自领导下于铜鼓起义,向浏阳进攻,当日占领白沙镇,次日占领东门市,9 月 13 日遭敌第八军两个团的围攻,经六小时激战伤亡较大,被迫向上坪撤退。9 月 17 日,毛泽东下令各团向浏阳文家市撤退。

9 月 19 日,各路起义保留下来的部队在文家市集中。毛泽东在文家市主持召开前敌委员会,讨论部队的行动方向问题。他在会上正确地分析了敌强我弱和工农革命军面临的严重形势,主张放弃攻打长沙的计划,部队沿罗霄山脉南下,在农村实行土地革命,开展游击战争。会议否定余洒度“取浏阳直攻长沙”的错误意见,通过了毛泽东的正确主张。

9 月 20 日,工农革命军 1500 余人在文家市举行会师大会。毛泽东站在里仁学校的操场上,向指战员宣布中共前敌委员会关于不打长沙而转兵向湘南的决定。

9月22日,工农革命军到达萍乡所属的上栗市。毛泽东原打算经萍乡去安源,这样既可收集二团在浏阳溃散的士兵,又可以与安源工人力量会合,而后继续南下。但到上栗市后,毛泽东听说萍乡有重兵把守,于是决定部队绕道去芦溪。不幸的是,次日清晨,部队出发后遭到江西敌军朱培德所部以及地主武装的伏击。经激战后部队虽然突出了重围,但是总指挥卢德铭却为掩护部队撤退在战斗中英勇牺牲。芦溪战斗后,起义的残剩部队继续南下。

9月24日,部队到达莲花县的甘家村。

9月25日,部队冒雨攻克莲花县城,战士们砸开监狱,营救出100多名被捕的共产党员和革命群众。同时,他们还开仓分粮,救济贫苦百姓。

9月26日,毛泽东在县城的宾兴馆召开莲花县党组织负责人会议。会上听取了朱亦岳等人的汇报,根据江西省委信中的嘱咐,再一次询问了永新、宁冈等地的情况,并和莲花县的同志研究了部队的军事路线,随后引兵井冈山。

9月27日,毛泽东率领工农革命军离开莲花县城,经过桥头,直接插向九陇山区。

9月29日,部队到达永新县的三湾村。鉴于部队的实际情况,毛泽东决定在此对部队进行整编,也就是著名的"三湾改编"。

10月

10月3日,工农革命军进驻宁冈古城。当天,毛泽东主持召开前委扩大会议。出席会议的人员有前委委员、营以上干部和宁冈县的党组织负责人及袁文才的代表,共计60余人。

10月6日,毛泽东在宁冈东源大仓村与袁文才首次会见。毛泽东向袁文才介绍了大革命失败后的国内形势、秋收起义经过和古城会议的情况,说明工农革命军要在茅坪“安家”,在罗霄山脉中段建立根据地的原因,消除了袁文才心中的戒备和疑虑。袁文才热情欢迎工农革命军进驻茅坪“安家”。

10月7日,工农革命军进入茅坪。茅坪群众以当地传统的最高礼节迎接工农革命军的到来。这一切,使工农革命军指战员颇受感动,有的还高兴得流了眼泪,真好像是到家了。

10月中旬,毛泽东率部至酃县水口,在此得知茶陵空虚的消息。为了扩大革命影响,毛泽东决定分兵两路:一路,由毛泽东率三营、特务连和一营的一连去遂川等地;另一路,由前委委员、团党代表宛希先率一营之二连、三连经安仁打茶陵。

10月21日上午,宛希先率部攻占茶陵县城。这次军事行动,史称“一打茶陵城”。

10月27日,攻打茶陵县城的部队抵达茨坪。

11月

11月初,毛泽东率部回到茅坪与宛希先会合。此时,毛泽东通过调查了解到宁冈是一个多山的小县,其周围有茶陵、永新、遂川、酃县、莲花五县。宁冈是中心,易守难攻。茶陵是井冈山割据区通往湖南的门户和屏障。宁冈因为完全在赤色政权保障之下,自然也有好的发展。毛泽东在确定了以宁冈为落脚点的同时,还加紧了对茶陵的经营。

11月15日,毛泽东作出了工农革命军“二打茶陵城”的决定。

部队奉命集中于宁冈的大陇，毛泽东向干部、战士作战前动员。11月16日，团长陈皓、党代表宛希先率团部和一营及特务连离开大陇，由李炳荣当向导，向茶陵进发。当晚在茶陵坑口墟宿营，打了土豪。

17日早上，挨户团前来骚扰，工农革命军一举将其击溃。

18日早上，工农革命军开始攻城。罗定的部队自知不敌，没有怎么抵抗就闻风而逃，县长刘拔克仓皇窜回攸县。

11月18日，"茶陵县人民委员会"成立，仍沿用"茶陵县政府"这块牌子，陈皓委任谭梓生当县长。

11月下旬，中共茶陵县委成立，陈韶任书记。县委机关设在福音堂，县委的会议以及县委与政府的联席会常在这里举行。

11月27日，县总工会、县农民协会和士兵委员会分别选出谭震林、李炳荣、陈士榘为各自的代表。当天，宛希先召集他们三人开会，研究茶陵县工农兵政府如何组建。当讨论到由谁来出任政府主席问题时，三位代表相互谦让。宛希先见谦让不下，便说："不要推了，依我看，工农兵政府'工'字排头，还是工人代表谭震林来当主席吧！"就这样确定了工农兵政府的主要领导人。

1927年11月28日组成工农兵代表会议，成立茶陵县工农兵政府，谭震林担任主席。

1928年

1月

1月2日，毛泽东和团长张子清率领工农革命军离开宁冈龙市。

1月4日，毛泽东和团长张子清率领工农革命军来到遂川大坑。

1月5日，工农革命军打垮肖家璧的靖卫团和一个工兵连后，兵临遂川城下。守城的敌军听说肖家璧部在大坑惨败后，深知不是革命军的对手，弃城而逃。工农革命军不费一枪一弹，就占领了遂川县城。几天后，毛泽东检查了西庄王次楱等人想方设法保存的 6 支枪，建立遂川游击大队（后改称赤卫大队），队长王次楱，党代表毛泽覃。

1 月 8 日，毛泽东在遂川县城天主教堂主持召开了遂川县的党员会议，决定重建遂川县委，指定陈正人为书记，王遂人、肖万燮、王次淳、王佐农、毛泽覃为县委委员，王遂人为组织部长，肖万燮为宣传部长。

1 月 10 日，经过艰苦努力，遂川县城的工作局面已基本打开。逃离的市民陆陆续续返回城中，各工厂也恢复了生产，商业、船业、木业、作坊业等行业工会也恢复了运作。

1 月 16 日，趁逢圩期间，毛泽东在万寿宫主持召开群众大会，宣讲保护中小工商业及其他各项政策，号召社会各界团结起来，夺取革命胜利。

1 月 21 日，毛泽东返回遂川县城，他嘱咐陈正人等人尽快拟订出一个施政大纲。

1 月 23 日，遂川县工农兵政府的筹备工作已经就绪。

1 月 24 日，万余人聚集在县城李家坪，参加当天召开的遂川县工农兵政府（人民委员会）成立大会。毛泽东出席并讲话。大会宣布了《遂川县工农兵政府临时政纲》和遂川县工农兵政府组织机构。王次淳任遂川县工农兵政府主席，下设土地、教育、裁判、劳动、财政等部。办公地点在万寿宫。

1 月中旬到 1 月底，城区、雩田区、碧洲区、草林区工农兵政府先后成立。

1月底，毛泽东还针对部队存在的纪律问题宣布“六项注意”：上门板，捆稻草，说话和气，买卖公平，不拉伕、请来伕子要给钱，不打人骂人。

1月底，万安暴动胜利后成立了万安县工农兵苏维埃人民委员会。

2月

2月4日，遂川县工农兵政府随军迁往黄坳、行洲、下庄、茨坪、大井等地办公。5月后，改称遂川县工农兵苏维埃政府，隶属湘赣边界工农兵政府，辖城区、雩田区、碧洲区、草林区、黄坳区、新遂边陲特别区、上下烟区、车坳区、左安区、大汾区等10个工农兵苏维埃区政府。

2月初，黄坳区工农兵政府成立。

2月中旬，工农革命军第一团返回宁冈茅坪，与刚刚升编的袁、王率领的第二团会合。

2月17日，前委在茅坪攀龙书院召开军事会议，部署攻打新城方案。

2月18日，工农革命军攻打新城并取得了胜利。

2月21日，宁冈及附近县的贫苦农民万余人聚集龙市沙州广场，参加在这里举行的宁冈县工农兵政府成立大会。

2月底，宁冈县第一届苏维埃代表大会决定成立4个区、39个乡工农兵政府。

2月底，在毛泽东的亲自指导下，经前委讨论决定，将茨坪、大小五井、白泥湖等地分别划出，单独成立“新遂边陲特别区工农兵政府”（后称“新遂边陲特别区工农兵苏维埃政府”），召开了第一次新遂边陲特别区工农兵代表大会，推选李尚发担任主席。区政府办公地点设在新遂边陲的中心茨坪村的李益茂家。新遂边陲特别区隶属遂川县工农兵政府和县委领导。湘赣边界防务委员会成立后，实行双重领导。

3 月

3 月初，湘南特委派周鲁来到宁冈，根据中央和湖南省委的指示精神，要求把工农革命军调往湘南，致使边界被敌人占领一个多月。

3 月 24 日，在毛泽东直接指导下，创建了酃县第一个工农政权——中村区工农兵政府，盘华坤（瑶族）任主席。

4 月

4 月底，五斗江战斗中红军打垮了敌第二十七师两个团，第一次占领永新县，在县城召开大会，宣告永新县工农兵政府成立，彭文祥任主席。

5 月

5 月 9 日，红四军第一次攻打永新并占领永新县城以后，永新县工农兵苏维埃政府成立，朱昌偕任执行委员会主席，之后全县普遍建立了区、乡工农兵苏维埃政府。永新县工农兵苏维埃政府是继茶陵、遂川、宁冈工农兵政府之后成立的湘赣边第 4 个县级工农兵红色政权。

5 月中、下旬，草市坳战斗红军歼灭敌人 1 个团，赶跑了敌师长杨如轩，第二次占领永新县。

5 月 20 日，中共湘赣边界第一次代表大会在宁冈茅坪的谢氏慎公祠召开，出席会议的有宁冈、永新、莲花、遂川、酃县、茶陵等县及红四军的代表。

5月下旬，湘赣边界工农兵政府成立后，在上井开办红军造币厂，制造了“工”字银元。

5月底，在宁冈茅坪成立了湘赣边界工农兵苏维埃政府，袁文才任主席。当时的政府组织系统是：湘赣边界工农兵政府正、副主席，湘赣边界工农兵代表大会，湘赣边界工农兵代表大会执行委员会。

6月

6月初，宁冈县工农兵苏维埃第二次代表大会在县城龙市召开，会议传达贯彻湘赣边界特委、军委制定的建设和巩固根据地的政策。会议着重就如何在全县深入开展土地革命、全面分配土地问题进行了讨论研究。会议按3个月一届，选举了新的执委会，组成工农兵政府(5月后，工农兵政府改称工农兵苏维埃政府)。

6月初，酃县县委在大院西坑召开了为期2天的党员代表大会，到会代表20余人。会议传达了毛泽东关于建立中心区域，然后波浪式地扩大根据地的指示，确定了建立以大院、青石岗为中心，然后向四周发展，与井冈山连成一片的工作方针；讨论通过了三项决定，即《关于发动群众，扩大红色区域，建立红色政权的决定》《关于根据地内开展土地改革的决定》《关于发展地方武装的决定》。

6月上旬，在大院匡神宫召开酃县首次工农兵代表大会，出席代表30余人，会议主要议程是发展地方革命武装，扩大红色区域。会后成立了酃县工农兵苏维埃政府，推选徐鼎燕任县政府主席，何国诚、李惠云、曾纪林、周亚水分别任军事、财政、土地、妇女部长。

6月22日，红四军取得龙源口大捷，歼敌1个团，击溃敌2个团，缴枪千余支，井冈山革命根据地进入全盛时期。

6月23日，七溪岭战斗结束并获得龙源口大捷后的第二天，红四军第三次占领永新县城。

6月26日，毛泽东在永新禾川中学礼堂主持召开红四军连以上干部、地方党和地方武装负责人联席会议，会议总结了龙源口战斗的经验，研究了红军短期分兵发动群众、开展土地革命等问题。

6月26日开始，毛泽东在永新塘边进行社会调查。

6月30日，莲花县以乡农会为单位，每乡派2名农民代表（总共300余名代表）在县城万寿宫召开莲花县第一次工农兵代表大会，宣告莲花县工农兵苏维埃政府成立，选举刘仁堪为县政府主席。同时成立了县总工会，王者兴为县总工会主席；根据上级指示精神，会议作出了建立县、区、乡三级苏维埃政府，加强地方建设，实行土地分配等决议。莲花县工农兵苏维埃政府成立后，将全县划分为8个区、136个乡。各区乡（除路口、珊田）都建立了红色政权，基本上实现了一片赤色。

7月

7月初，开办了大陇红色圩场，沟通了赤白贸易，活跃了井冈山根据地的经济。

7月30日，毛泽东离开永新塘边。

夏秋间，遂川县车坳区苏维埃政府，在成立车坳区委的同时，成立车坳区苏维埃政府，办公地点在湘洲，主席李月珍。

7月底，酃县工农兵政府在青石岗区工和大院乡开展插牌分田，组建区赤卫分队，扩编赤卫大队。

8月

8月上旬，由于冒进，边界出现“八月失败”。

9 月

9 月初,莲花区乡政权全部停止活动。莲花县工农兵苏维埃政府随县委和地方武装转移到上西山区,进行游击活动。

9 月上旬,宁冈县工农兵苏维埃第三次代表大会在县城召开。大会根据边界特委的指示,就建设巩固的红色政权进行讨论研究。

9 月至 11 月间,按照湘赣边界特委的部署,在收复失地、重建工农兵苏维埃政权的过程中,对各级政权机关大力进行整顿。

10 月

10 月初,在湘赣边界党的第二次代表大会上,起草了《井冈山土地法》。

10 月初,遂川县大汾区苏维埃政府成立,辖大汾等 10 个乡。11 月初,红军离开大汾,大汾区苏维埃政府停止活动。

10 月初,遂川县左安区苏维埃政府成立,办公地点在王家祠,主席王绍沾,辖 4 个乡政府。11 月,红军离开左安后,左安区苏维埃政府消失。

11 月

11 月 4 日,第二次新遂边陲特别区工农兵苏维埃代表大会召开,改选政府执委委员 11 人,5 人为常委,李子青为主席。新遂边陲特别区工农兵政府的组织机构及人事安排:区政府主席:李子青、柳青(后);区党代表:陈正人(前)、肖万侠(后);区政府秘书:李子青(前)、罗张扬(又名罗冬祥)(后);土地委员:蔡月明;组织委员:黄梓香;财政委员:罗发开;军事委员:李佐臣(又名李火龙);宣传委员:李才龙;文化委员:罗张扬(兼);妇女委员:刘鹅(女);特别区政府下设农赤卫队、妇女会、儿童团、少先队等各种组织。

11月中旬,莲花县苏维埃主席刘仁堪调任县委书记,由李伟接任县苏维埃主席。

12月

12月初,永新县第一次工农兵代表大会在县城万寿宫举行,参加会议的代表200余人。会议实行民主主义的选举方法,改选了县工农兵苏维埃政府组织,成立了永新县工农兵苏维埃政府。彭文样当选为执行委员会主席。会议选举产生了苏维埃政府委员。永新县工农兵苏维埃政府下设军事部、财政部、裁判部、土地部、妇女部等,县政府机关设在县城左家祠。12月9日,遂川县工农兵苏维埃政府颁布《共产主义者须知》。

12月中旬,《井冈山土地法》正式颁布。边界各县在湘赣边界工农兵苏维埃政府的统一领导下,掀起了轰轰烈烈的土地革命运动。

1928年底至1929年初,边界曾筹备召开湘赣边界工农兵苏维埃政府第二次工农兵代表大会,力图健全边界苏维埃政府的组织,为此还成立了一个秘书处作为筹备机关。但由于湘赣两省敌人对井冈山革命根据地发动第三次"会剿",边界第二次代表大会未能召开。

1928年底,遂川县工农兵苏维埃政府发布严禁商人私自售卖物品的通告。

1929年

1月

1月中旬,红四军主力离开井冈山,向赣南出击。

1月中旬,宁冈、莲花等地重新建立了两县红色政权,湘赣边界的工作基本上恢复。

2月

2月初，边界特委委员、特委巡视员宛希先在九陇山召集永新、茶陵、宁冈三县党组织联席会议，成立中共湘赣边界临时特委，以刘真、宛希先、朱昌偕为常委，朱昌偕为书记。

2月20日，由毛泽东、朱德等率领的红四军与红二、四团在东固螺坑胜利会师。

3月

11日，特委副书记陈正人由遂川来到永新，与朱昌偕、宛希先会合。

12日，在永新县召集正式特委（即邓乾元为书记的特委）常委会议。

14日，在永新召开特委扩大会议。

4月

4月，红五军重回井冈山，带来1929年4月13日前委给湘赣边界特委的指示信。指示信要求边界的党以东固根据地为榜样，改变斗争形式，恢复和巩固井冈山根据地。

6月

6月，在宁冈县城召开县苏维埃第四次代表大会，贯彻边界特委二届四次执委会精神，介绍东固根据地经验，着重讨论研究"公开与秘密割据相结合"的形式。

7月

7月，红军路口、五口大捷后，改变了莲花县革命斗争的被动局面，全县苏区得以逐渐恢复，县苏维埃政府在上西蕉叶冲召开扩大会议，谢元大任主席。

7月，东固区革命委员会成立，傅月照任主席。从此，东固革命政权由秘密走向公开。

8月

9月

9月6日和9月25日，湘赣边界特委得到中共江西省委和中共中央指示信，指示信确定湘赣边界特委管辖区域为永新、莲花、安福、宁冈、攸县、酃县、茶陵，并指示边界特委由湖南省委领导改归江西省委领导，提出新的边特应建立在群众斗争的中心永新。

9月底，边界地方武装趁敌人调动之机，收复了莲花和宁冈。

10月

10月，吉水县革命委员会在同水区石莲洞成立，委员长刘生元。

10月30日，永新、莲花、宁冈三县地方武装在永新广大群众的密切配合下，向永新县城发起猛攻，并一举占领永新县城。从此，永新逐步成为湘赣革命根据地的中心。

10月，湘赣边界红色武装攻占永新后，赣西革命根据地由东固、延福等小块红色区域扩大到赣西10县。为了统一对各县、区、乡红色政权的领导，在东固革命委员会的基础上成立东固区苏维埃政府，罗宗清任主席。下设财政、军事、社会保险、教育4个部和土地、人民审判委员会。各乡也先后建立苏维埃政府，下设同样机构。

10月，在赣西各县、区普遍建立革命委员会的基础上，成立了赣西革命委员会，曾山任委员长。

11月

11月，在中共赣西特委领导下，赣西临时工农兵代表大会召开。参加会议的有吉安、吉水、峡江、安福、分宜、万安、泰和、永新、莲花、宁冈等10县代表100余人,会期7天。大会选举产生了以曾山为主席的赣西临时苏维埃政府。同时,制定了赣西临时苏维埃土地条例,并要求各级苏维埃政府按人口平均分配土地的原则迅速分配土地。

12月

12月,在永新县城万寿宫举行了永新县第一次工农兵代表大会,参加会议的代表200余人。会议实行民主主义的选举方法,改选县工农兵苏维埃政府组织,成立永新县工农兵苏维埃政府,彭文祥当选为执行委员会主席。

12月下旬,在石洲板下楼召开酃县苏维埃代表大会,成立酃县苏维埃政府(后迁柳树坝和石洲锅厂下),设主席1人、秘书1人,下设土地、财政、粮食、裁判、文化5个部及邮政局。

1930年

2月

2月6日—9日,毛泽东在吉安陂头主持召开中共红四军前委、赣西特委和红五军、红六军军委联席会议,即"二七"会议,会上通过了赣西南《苏维埃土地法》。

2月,"二七"会议以后,召开了赣西县、区苏维埃联席会议,成立了赣西苏维埃政府,曾山任主席。截至1930年初,苏区恢复和发展到永新、宁冈、莲花、遂川、安福、万安、泰和、吉安、吉水、峡江、永丰等县。赣西各县均成立了区、乡苏维埃政府。

3月

3月18日—24日,中共闽西特委在龙岩召开闽西六县第一次工农兵代表大会,成立闽西工农兵苏维埃政府,邓子恢任主席。

3月下旬,由各区县派出代表,开了5天会,讨论许多重大问题,并在赣西苏维埃政权的基础上,成立了赣西南地区统一的革命政权组织——赣西南苏维埃政府,曾山任主席,统一指挥赣西南的武装斗争。赣西南苏维埃政府的成立,标志着赣西南革命根据地正式形成。

5月

5月,赣西南苏维埃政府下设东路、西路、北路和赣南东河、西河5路办事处。各路办事处主任由赣西南苏维埃政府委任,黄鉴任东路办事处主任,刘天干任西路办事处主任,周鉴清任北路办事主处任,丘达三任西河办事处主任,肖大鹏任东河办事处主任。

7月

7月,由于进攻吉安的需要,赣西南苏维埃政府之下改设中、西、北、南4路办事处。各路办事处所管辖范围是:西路办事处管辖永新、莲花、茶陵、酃县4个县苏维埃政府和吉安县的西区苏维埃政府。北路办事处管辖吉安县儒行、坊廓、延福区苏维埃政府和吉水、峡江、新余、分宜、袁州、安福6个县苏政府。南路办事处管辖兴国、于都、会昌、瑞金、安远、寻乌、赣县、上犹、崇义、南康、人余、南雄等13个县的政权组织。中路办事处管辖吉安县的纯化、水东、儒林、东固、富田和吉水县的中鹄6个区苏政府以及泰和、万安、永丰、宁都4个县苏维埃政府和乐安县革命委员会。在有些管辖范围比较广大的区苏政府下设立办事处,如吉安县西区地方大、人口众多,约有10万人,故下设敖城、永阳、栗塘、固江4个办事处,以便具体指导各乡苏维埃开展工作。

8月

8月1日,赣东北特区第一次工农兵代表大会在弋阳劳家墩召开,将1929年10成立的信江苏维埃政府改为赣东北特区革命委员会,方志敏任主席。

8月,中国革命军事委员会颁布《苏维埃土地法》,明确了土地分配的新原则。

10月

10月4日,赣西南地方武装和革命群众配合红一方面军第九次攻打吉安,并一举攻克吉安城,摧毁了赣西最后一个反动堡垒——吉安。

10月6日,红一方面军总前委与赣西南特委召开扩大会议,决定在原江西省苏维埃筹备处的基础上成立江西省苏维埃政府,并拟定了江西省苏维埃政府委员名单。

10月7日,在吉安城中山广场举行万人"庆祝吉安暴动胜利大会",宣告江西省苏维埃政府成立。江西苏维埃政府的最高机构为执行委员会,委员共53人,曾山为主席。

主要参考文献

1.《毛泽东选集》(第一卷),人民出版社 1991 年版。

2.《毛泽东选集》(第二卷),人民出版社 1991 年版。

3.《毛泽东选集》(第三卷),人民出版社 1991 年版。

4.《毛泽东选集》(第四卷),人民出版社 1991 年版。

5.《毛泽东著作选读》(上册),人民出版社 1993 版。

6.《井冈山革命根据地》(上、下),中共党史资料出版社 1987 年版。

7. 余伯流、陈钢:《井冈山革命根据全史》,江西人民出版社 1998 年版。

8. 中共炎陵县委党史工作办公室:《炎陵县人民革命史》,1994 年版。

9. 中共莲花县委党史工作办公室:《莲花县人民革命史》,1992 年版。

10. 中共茶陵县委党史工作办公室:《茶陵县人民革命史》,中共党史出版社 1994 年版。

11. 中共宁冈县委党史工作办公室:《宁冈苏区志》,赣出内吉字(93)第20号,1993年版。

12.《星火燎原》(井冈山斗争专辑),解放军出版社1986年版。

13. 中共井冈山党委宣传部:《回忆井冈山斗争时期》,江西人民出版社1983年版。

14. 余伯流、夏道汉:《井冈山革命根据地研究》,江西人民出版社1987年版。

15. 温新华:《吉安人民革命史》,天马图书有限公司2001年版。

16. 中共吉安地委党史工作办公室:《吉安苏区史》,中央文献出版社1995年版。

17. 刘孚威:《井冈山精神·中国革命精神之源》,江西人民出版社1999年版。

18. 中共宁冈县委党史工作办公室:《红军大本营》,1992年版。

19. 江西省宁冈县地方志编纂委员会:《宁冈县志》,中共中央党校出版社1995年版。

20. 江西省井冈山市地方志编纂委员会:《井冈山志》,新华出版社1997年版。

21. 江西省永新县志办公室:《永新苏区志》,南海出版社1990年版。

22. 永新县志编纂委员会:《永新县志》,新华出版社1992年版。

23. 遂川县地方志编纂委员会:《遂川县志》,江西人民出版社1996年版。

24. 莲花县县志编纂委员会:《莲花县志》,江西人民出版社1993年版。

25. 茶陵县县志编纂委员会:《茶陵县志》,中国文史出版社 1993 年版。

26. 酃县县志编纂委员会:《酃县志》,中国社会出版社 1994 年版。

27. 吉安县县志编纂委员会:《吉安县志》,新华出版社 1994 年版。

28. 中共遂川县委党史工作办公室:《中共遂川县发展简史》,1991 年版。

29. 中共遂川县委党史工作办公室:《中共在遂川历史大事记》,1993 年版。

30. 炎陵县档案史志办公室:《中国共产党炎陵县历史》(第一卷),中共党史出版社 2007 年版。

31.《中共中央文件选集》,中共中央党校出版社 1989 年版。

32. 井冈山、湘赣革命根据地党史资料征集编研协作领导小组办公室:《党史资料专题选编》,1985 年版。

33. 黄允升:《毛泽东开辟中国革命道路的理论创新》,中央文献出版社 2006 年版。

34. 张万禄:《毛泽东的道路》,中央文献出版社 2006 年版。

35. 黄允升:《毛泽东三起三落》,中央文献出版社 2006 年版。

36. 张泰城、罗学渭、肖长春、李忠:《井冈山精神与当代大学生》,江西人民出版社 2009 年版。

37. 江西省档案馆:《井冈山革命根据地史料选编》,江西人民出版社 1986 年版。

38. 井冈山革命博物馆:《井冈山斗争大事记》,解放军出版社

1985 年版。

39. 湘赣革命根据地斗争史编写组:《湘赣革命根据地斗争史》,江西人民出版社 1982 年版。

40. 中共江西省委党史研究室:《江西党史通讯》(1981—1984 合订本),1984 年。

41. 中共江西省委党史研究室:《井冈山革命根据地与各地的联系》,中央文献出版社 1993 年版。

42. 胡页朵:《毛泽东在永新》,1997 年版。

43. 余伯流、余品华、梅宏:《井冈山的斗争及其历史经验》,2004 年版。

44. 井冈山革命博物馆:党史资料丛书《井冈山革命根据地(回忆录)》(1—11),1986 年版。

45. 中共江西省委党史研究室:《江西苏区党的建设和政权建设》(上、下),江西人民出版社 2006 年版。

后　记

2014年是井冈山革命根据地创建87周年，在这值得纪念的日子里，我们将《井冈山革命根据地政权建设史》重新修订再版，希望以此来表达我们对创建共和国历史的铭记，对创建共和国功勋们的崇敬。

井冈山的政权建设奠定了共和国的基石。1927年10月，毛泽东率领秋收起义的工农革命军上了井冈山，11月攻占茶陵县城后，成立了湘赣边界第一个红色政权——茶陵县工农兵政府。1928年初，先后成立了遂川县工农兵政府、宁冈县工农兵政府和新遂边陲特别区工农兵政府。5月以后，又成立了永新县工农兵政府、湘赣边界工农兵政府、酃县工农兵政府、莲花县工农兵政府。尽管“六县一边一区”工农兵政府存续的时间不长，但这是中国共产党领导的第一次政权建设的实践，也是中国共产党局部执政的最早尝试，其开展的政治、经济和文化等方面的建设为中国共产党以后的执政留下了宝贵的经验和财富。

作为教育部人文社会科学重点研究基地——井冈山大学中国

共产党革命精神与文化资源研究中心、江西省“2011 协同创新中心”——井冈山大学红色文化研究与传承应用协同创新中心、江西省高校人文社科重点研究基地——井冈山大学井冈山研究中心的研究人员,研究、传承井冈山时期这段艰难而又辉煌的历史责无旁贷。二十年来,我们利用得天独厚的条件,走访了井冈山时期六县一山所在地的博物馆、纪念馆、展览馆以及革命旧居旧址保护单位和党史工作部门,访问了许多依然健在的革命斗争的亲历者及其后人,收集到大量的第一手资料,撰写并发表了多篇论文。本书就是我们在收集整理大量资料、借鉴同行成果、请教专家学者的基础上,经过潜心研究完成的。

第一版由李忠、陈钢拟定提纲,李忠修改、统稿;修订版由李忠提出修改意见,编委会最后审定。修订撰稿分工如下:绪论、第三章、第四章、第五章,李忠;第一章、第二章,肖子华;大事记,李忠、肖子华。

在本书修订过程中,我们参考和借鉴了一些专家、学者的研究成果,在此致以诚挚谢意!由于掌握的史料及理论水平有限,本书难免疏漏和错误之处,敬请广大读者批评指正。

作　者

2014 年 9 月

图书在版编目(CIP)数据

井冈山革命根据地政权建设史/李忠,肖子华著.—南昌:

江西人民出版社,2007.10(2015.4重印)

(井冈山革命根据地历史研究丛书)

ISBN 978-7-210-03691-3

Ⅰ.①井…　Ⅱ.①李…②肖…　Ⅲ.井冈山革命根据地-政权-建设-史料

Ⅳ.①K269.4

中国版本图书馆CIP数据核字(2007)第155234号

书名:井冈山革命根据地政权建设史
作者:李忠　肖子华
出版:江西人民出版社
发行:各地新华书店
地址:江西省南昌市三经路47号附1号
编辑部电话:0791-86898330
发行部电话:0791-86898815
邮编:330006
网址:www.jxpph.com
E-mail:swswpublic@sina.com　web@jxpph.com
2007年10月第1版　2015年4月第3次印刷
开本:787毫米×1092毫米　1/16
印张:18
印数:1—1500册
字数:210千
ISBN 978-7-210-03691-3
定价:36.00元
承印厂:南昌市红星印刷有限公司
赣人版图书凡属印刷、装订错误,请随时向承印厂调换